上海市"十三五"重点出版物出版规划项目
世界经济危机研究译丛

1825年以来英国的金融危机

尼古拉·蒂姆斯戴尔
(Nicholas Dimsdale)　编
安东尼·霍特森
(Anthony Hotson)

沈国华　译

上海财经大学出版社

图书在版编目(CIP)数据

1825年以来英国的金融危机/(英)尼古拉·蒂姆斯戴尔(Nicholas Dimsdale),(英)安东尼·霍特森(Anthony Hotson)编,沈国华译.—上海:上海财经大学出版社,2017.2
(世界经济危机研究译丛)
书名原文:British Financial Crises Since 1825
ISBN 978-7-5642-2584-1/F·2584

Ⅰ.①1… Ⅱ.①尼…②安…③沈… Ⅲ.①金融危机-研究-英国 Ⅳ.①F835.615.9

中国版本图书馆CIP数据核字(2016)第261423号

□ 责任编辑 李成军
□ 封面设计 张克瑶

1825 NIAN YILAI YINGGUO DE JINRONG WEIJI
1825年以来英国的金融危机

尼古拉·蒂姆斯戴尔
(Nicholas Dimsdale) 著
安东尼·霍特森
(Anthony Hotson)
沈国华 译

上海财经大学出版社出版发行
(上海市武东路321号乙 邮编200434)
网　　址:http://www.sufep.com
电子邮箱:webmaster @ sufep.com
全国新华书店经销
上海叶大印务发展有限公司印刷装订
2017年2月第1版 2017年2月第1次印刷

890mm×1240mm 1/32 10印张(插页:1) 213千字
印数:0 001-3 000 定价:45.00元

序　言
PREFACE

　　人类文化对货币的发明是人类朝着创建我们今天所处的高度发达、复杂的社会迈出的重要一步。由于摆脱了易货交易中"同步"与"临近"两方面的束缚,资源得以跨越时间和空间进行互利交易。货币就是一种非常有价值的发明,并且成了一种在发达社会具有一般属性的商品,以至于它是在什么时候发明的这个问题也多少已经被人们所忘却。现在,我们简直无法想象一个没有货币的世界。

　　货币的发明差不多是与农业的问世同时发生的,两者在为发展更大规模的人类组织形式(如城镇、军队、王国和帝国)铺平道路的过程中肯定发挥过一定的作用。与此同时,货币又在这些不同的社会中建立并发展起了自己的制度、机构和衍生物,如银行、通货、利息和薪水。货币制度、机构和衍生物合在一起就产生了经济的概念,也就是以占据和支撑人类生活的货币为媒介的全部贸易和商业交往集合。经济学作为研究贸易和商业交往体系运行的学科,很自然地会转而从人体的运行机理中寻找隐喻和类比。在经济学研究中,货币总是被比喻为人体中的血液,也就是被看作一种通过人体组织和器官给予人体活力的生命物质。但是,这种比喻与所有的类比一样并非完美无缺:虽然有时能提供一些信息,但在另一些时候也可能模糊我们的认识。

由于不同的经济形态以及货币及其相关制度和机构在文明概念中占据着非常重要的位置,因此,它们的作用引起了学者们的注意。它们不但有自己的行为表现,而且还产生各种各样的现象。但与大自然抗拒物理学家的"监视"相比较,它们通常能够更加成功地抵制经济学家试图揭示它们的运行原理的努力。随着电磁理论、相对论、量子理论和遗传学理论等包罗万象的一般描述性理论的创立,物理学已经取得了巨大的成功。相比之下,我们试图发现经济运行主导原理的努力有时好像总是止步不前!

金融危机就是我们在经济运行过程中观察到的一种现象,这种现象常常被说成"恐慌",并且有时会出现在所谓的经济萧条之前。金融危机是人类历史上具有深刻意义的事件,有时甚至会导致战争或者革命。因此,很多人认为研究金融危机这样的事件具有极其重要的意义就不足为奇了。本书就是一本研究英国金融危机史的专著,我们希望本书能够对那些认为了解经济史有助于更好地预知未来经济政策发展和治理的人带来些许启迪。

大卫·哈丁

David Harding

目录
CONTENTS

序言 / 001

1 总论 / 001

2 19 和 20 世纪英国发生的金融危机 / 013

引言 / 013

金融危机期间会出现什么状况？ / 014

19 世纪英国发生的金融危机 / 016

危机的解决和防范 / 021

若干非危机事件 / 030

重商主义间歇期的结束 / 032

可吸取的历史教训 / 034

7 1931年的金融危机与大萧条对英国经济的影响 / 175

引言 / 175

1931年的金融危机与金本位制的暂时废弃 / 177

20世纪30年代大萧条对英国经济的影响 / 189

模拟结果 / 201

结束语 / 207

附录：两次"大战"间隔期内大萧条影响英国经济的模拟 / 209

8 如何让股东承担责任

——英国的银行业稳定与或有资本制 / 212

引言 / 212

或有资本制度如何造就稳定的银行？ / 214

英国银行业的或有资本制度 / 217

1800~2008年的英国银行业稳定状况 / 223

对银行业或有资本制的批评 / 234

或有资本制的回归 / 238

9 从1870年前后到2010年英国狭义的银行业、房地产业与金融稳定 / 241

引言 / 241

支付与储蓄 / 243

住房金融 / 246

1945年前后～1970年的英国银行业 / 251

1979～2008年的信贷自由化 / 255

房地产暴利经济 / 259

高潮 / 262

10 金融危机导致了政策变化？ / 266

引言 / 266

如何理解过去的危机 / 267

危机与监管改革 / 275

2007～2008年危机后的政策制定 / 286

参考文献 /289

1 总 论

尼古拉·蒂姆斯戴尔　安东尼·霍特森

本书考察了英国自拿破仑战争以来遭遇的金融危机。最近发生的危机又重新唤起了人们对货币和银行史的兴趣和了解过去曾经发生的金融危机的愿望。早几代经济学家和历史学家都熟悉这些危机,但是,他们在这方面的兴趣已经从第二次世界大战结束后金融状况普遍良好时期开始逐渐消失。其他领域的学术研究崭露头角,尤其是凯恩斯学派旨在调节经济周期的需求管理、货币学派的反通货膨胀研究,还有更近的通货膨胀目标稳定作用研究。然而,在2007～2008年实施信贷紧缩以及其后发生欧元区危机以后,银行业市场研究又重新居于核心地位。

本书的基本素材来源于牛津大学温顿货币史研究所在2010年春季学期召开的系列研讨会。研讨会由尼克·梅休(Nick Mayhew)和卢克·萨米(Luke Samy)组织安排,而会议演讲人应邀提交了会议论文,内容涉及19世纪初期以来英国发生的金融危机,但选题不限。艾米·屈维坦(Amy Trevethan)提供了编辑方面的帮助。牛津大学出版社的亚当·斯沃洛(Adam Swallow)和艾梅·赖特(Aimee Wright)在本书的出版准备过程中给予了支持并提出了建议。作为编者,我们俩由衷地感谢本书的各位作者。

原先考虑单独讨论各次危机,但结果研讨会做了不同的安排,有些作者单谈某次危机,而另一些学者则讨论了某几次危机的共同点。研讨会收到的论文都秉承了在详细描述危机的同时坚持分析金融市场的传统。福雷斯特·卡皮写的那章盘点了1825年以来英国遭遇的历次金融危机,因此被安排在第二章,作为整部论文集的引子,用于概述英国过去的金融史经历。尼古拉·蒂姆斯戴尔和安东尼·霍特森写的那章也总体回顾了1825年以来英国发生的金融危机的发展状况,但特别提到了金融危机与经济周期之间的相互影响问题。之后3章回顾了几次单个危机的状况:加雷斯·坎贝尔考察了铁路热和1847年发生的金融危机;马克·弗朗德罗和斯蒂法诺·乌戈利尼考察了1866年由欧沃伦—格尼(Overend-Gurney)银行倒闭引发的那场危机,并且与1890年由巴林(Baring)银行倒闭案导致的那场危机进行了比较;理查德·罗伯茨考察了1914年的国际金融危机。尼古拉·蒂姆斯戴尔和尼古拉·豪斯伍德考察了1931年的危机以及大萧条对英国产生的影响。约翰·特纳和艾弗纳·奥弗尔对英国的不同银行进行了细致的考察,而尤瑟夫·卡西斯则对银行业监管的发展状况进行了评价。以下对以上提到的这些章节进行简要概述。

福雷斯特·卡皮在他写的那一章里提出了如何区分金融危机与金融风波的问题。他认为,支付机制濒临崩溃就属于金融危机,而单家银行倒闭有可能不一定会导致系统性问题。他表示,1866年那场危机后出现的长期金融稳定在很大程度上得益于英格兰银行扮演的最后贷款人这个新角色。英格兰银行受益于沃尔特·白芝浩(Walter Bagehot)提出的忠告,学会了在危机时期如何大量发放高利率贷款和缓解货币市场压力。卡皮指出,英格兰银行通过贴现市场而不是直接救助个别银行的方式,匿名向货币市场提供了援助。他认为,1890年巴林银行经历的濒临破产并没有触及英国的支付体系,因此,在他看来,这不能算金融危机。卡皮推测英格兰银行是从20世纪70年代初二级银行业危机开始改匿名救市为救助个别银行的。这种政策变化有可能怂恿金融机构去冒更大的风险,并且在导致2007~2008年金融危机恶化方面起到了一定的作用。

尼古拉·蒂姆斯戴尔和安东尼·霍特森重拾卡西在他写的那章中提到的主题,特别是维多利亚王朝中期发生的那几次金融危机。他们俩更多地强调了由金融危机导致的信贷流中断及其对整体经济的后续影响等问题,并且认为1870年后信贷稳定性的提升得益于承兑银行的崛起,因为承兑银行业务的发展大大提高了票据的品级和市场的复原能力。这两位作者考察了承兑银行体系解体的问题,并且认为承兑银行体系解体始于1971年实施的竞争和信贷管制政策,并且又从1979年起被撒切尔政府所加剧。他们表示,包括放松国内金融监管在内的改革对2007~2008年的金融危机发展到那么严重的程度起到了推波助澜的作用。

蒂姆斯戴尔和霍特森通过考察商业周期与金融市场危机之间的关系探索了金融危机的因果问题。商业周期与金融危机之间的关系在1866年以前相对比较密切,并且也存在于2007~2008年的危机中。这两位作者认为,如果一个具有复原能力的货币市场不会产生对抗性效应,那么,金融市场风险往往具有顺周期性,也就是说,金融市场风险在经济回升时趋于增大。金融危机常常出现在商业周期的繁荣时期,冻结货币市场会导致信贷紧缩,而信贷紧缩又会反过来加剧周期性衰退。因此,货币市场与整体经济之间的相互作用是互为因果的。这两位作者介绍了票据市场在1870年前被滥用的情形,并且认为相似的行为以更大的规模出现在了最近一次金融危机中。最后,他们俩总结指出,2007~2008年危机的严重性以及后续衰退的长期性在英国金融史上是绝无仅有的:"这次情况真的不同。"

加雷斯·坎贝尔关注的是政府在铁路热时期执行的政策以及后来发生的1874年金融危机。他认为,对于抑制19世纪40年代铁路繁荣时期出现的股价高涨,政府的政策是低效率的;在铁路泡沫破灭以后要求股东补缴股本的做法导致股价下跌。政府通过实施小麦进口关税政策来防范小麦价格大幅波动的策略同样也没有取得成功。在1845~1846年小麦价格高涨以后,1847年又发生了小麦价格暴跌,这对货币市场产生了严重的影响,并且导致倒闭成风,英格兰银行因其储备水平太低以及写入《1844年银行特许法案》(Bank Charter Act of 1844)的限制条件而几乎没能缓解危机。结果,暂停实施《1844年银行特许法案》就平息了恐慌,根本不用求助于超额信用发行。

坎贝尔在他写的那一章中对缓解危机的有效措施与《1844年银行特许法案》规定的解决方法的低效性进行了比较，并且认为对于应对棘手情况，危机管理要比事前规定的监管措施更加有效。这个论点的一个蕴涵就是事前设计的危机应对策略有可能注定要失败。

马克·弗朗德罗和斯蒂法诺·乌戈利尼认为，欧沃伦—格尼银行倒闭以及随后发生的1866年危机是英国金融史上的一个转折点。在这两位作者看来，英国金融体系能够迎来相对稳定的局面，是因为英格兰银行愿意慷慨救助陷入危机的市场，还因为英国金融体系有一个能够防范道德风险的有效制度。他们表示，英格兰银行的援助并非是匿名的，因为它要审核贴现票据背书人的资信。英格兰银行不但要记录票据贴现行的商号，而且还要记下承兑人和出票人的姓名。他们认为，此举允许英格兰银行通过威胁行为不当的货币市场参与者将被拒之贴现窗口外来保证市场流通票据的品级。

弗朗德罗和乌戈利尼考察了导致欧沃伦—格尼银行破产的因素。19世纪60年代，该银行投资于投机性票据和一些期限较长的投资项目。在1865年的一次股市下挫中，欧沃伦—格尼银行因其投资大幅贬值，于是向英格兰银行请求特别救助，但遭到了拒绝。原因就是申请再贴现的票据不符合标准的资格规则。英格兰银行的拒绝迫使欧沃伦—格尼银行宣布破产，从而导致市场出现了普遍恐慌。英格兰银行做出的回应是大量发放贷款并且把贷款利息提高到很高的水平。英格兰银行的这项新政策对于市场参与者并非没有作用，而是让他们明白了"想获得救助，必须谨慎行事"这个道理。伦敦货币市场信用状况的改善有助于英镑确立其国际货币地位。

理查德·罗伯茨写的那一章考察了第一次世界大战爆发后国际支付体系崩溃的问题。他表示,国际支付体系的崩溃导致伦敦货币市场这个主要的国际短期资本市场遭遇了严重的问题。当时,伦敦的承兑银行都面临着债务人违约的风险,而债务人违约有可能殃及贴现市场和整个银行体系。罗伯茨考察了这场危机的性质以及英格兰银行和英国财政部作为金融监管当局为应对危机而采取的措施。这些应对措施显示了一定的创造性和灵活性,包括暂停支付、购买受损票据以及为向承兑人发放抵押贷款。英国政府还决定发行小面额政府纸币,这种纸币颇受公众欢迎。大恐慌很快就平息了下来,但商业票据供给有所减少,从而为增发纸币铺平了道路。政府还采取了旨在保护伦敦证券交易所活力的措施。在第一次世界大战期间,伦敦证券交易所已经成为政府筹措长期借款的渠道。这样一来,这场金融危机被用来改变短期和长期资本市场的服务方向,让它们为满足一个进行了战争动员的经济体的需要而效力。根据危机刚开始就在财政部帮忙的J.M. 凯恩斯(J.M. Keynes)的建议,英国做出了保留金本位制这一关键的决定。

尼古拉·蒂姆斯戴尔和尼古拉·豪斯伍德所写的那一章考察了1931年那场金融危机和大萧条对英国经济的影响。这一章一上来先讨论一些导致决定放弃金本位制的事件,并且还考察了造成1931年英镑表现疲软的原因。放弃金本位制和英镑疲软都是由国际收支基本差额问题所造成的,而世界贸易萎缩又起到了雪上加霜的作用。面对奥地利和德国的金融风暴,英国能否维持金本位制取决于美联储和法兰西银行的支持。英格兰银行越来越难以满足其债权人提出的条件,因为他们不断对英国政府施加压力,要求英国政府压缩预算赤字,并且以此作为信贷展期的一个条件。在工党政府下台、由联合政府取代之后,英国政府在削减预算赤字方面取得了一些进展,但是,政府选举前景的不确定性和隐约可见的汇率危机风险不断增大。这两位作者利用一个由莫里斯(Morris)和申(Shin)开发的货币危机模型洞察了事件的发展过程。这一章强调指出了中央银行之间的合作而不是传统的央行利率机制对于英国恢复金本位制的重要性。

在这一章的第二部分,作者运用一个经济计量学模型评价了大萧条对英国经济的影响。模拟结果证实了英国放弃金本位制后的英镑贬值产生了巨大的影响。作者认为,世界贸易萎缩产生了重要影响,导致英国出口、产出和就业萎缩,而英国的消费也被预期下降。但在衰退期间,消费实际有所增加。消费增加也许可解释如下:进口品价格下跌,导致实际收入增加,因此在出口和投资萎缩的不利影响下,消费支出仍然有所增长。最后,作者简要评估了有助于经济复苏的因素。模拟显示,出口比1931~1932年低迷水平略有上涨为英国经济复苏做出了宝贵的贡献。相比之下,利率下跌在促进英国住房投资的同时并没有产生重要的宏观经济影响。不管怎样,英国的公共总支出为提高经济活动水平做出了重要的贡献。

约翰·特纳写的那一章试图用资本结构来解释英国银行体系的相对稳定性。1826年前,英国只有英格兰银行以及爱尔兰和苏格兰的另外4家国家特许银行是股东承担有限责任的股份制银行,而所有其他银行都是负无限责任的合伙制银行。英国从1826年开始允许创建股份制银行,但股东要负连带且严格无限的责任。有限责任银行从1857~1858年开始获准设立,但可发行缴付部分股本的股份。倘若董事会要求,股东就有义务追缴未清股本。不管怎样,后续追缴未清股本(即银行的或有资本)为银行券持有人和(国家特许银行存款人除外的)存款人提供了追加保护。

后续追缴未清股本的做法意味着:如果银行倒闭,股东和经理人就要蒙受损失,这样就能阻止风险朝着不利于银行券持有人和银行存款人的方向转移。特纳认为,英国的银行体系相对而言一直是比较稳定的,在1826~1958年实行后续追缴未清股本制期间没有发生过连环破产事件。虽然有个别银行倒闭,但银行倒闭率(按银行数或者银行股本计算)没有达到临界水平——10%。银行倒闭率一旦超过10%,支付体系就可能受到威胁。特纳还表示,1958年废除后续追缴未清股本的做法后,英国的银行体系就出现了代理问题和系统性风险。

艾弗纳·奥弗尔在他写的那一章里指出,从1870年持续到1970年的英国银行业稳定时期是一种例外,而不是一般规律。他表示,金融机构职能专业化在这个时期扮演了关键角色。负责支付机制运营的商业中心(High Street)银行曾经不再明显暴露在长期贷款的风险下。虽然今天银行的标准做法是吸收短期存款、发放长期贷款,但是,1970年前那个时期的清算银行并没有玩弄这种变换期限的把戏。它们的资产负债状况比当今银行的资产负债状况更具流动性,而它们的资产也比当今银行的资产具有更好的信用评级。传统上,清算银行不做国内金融和商业不动产贷款业务,原因就在于这些贷款业务期限太长,而且不动产被用于贷款担保作用平平。这个原因非但没有阻止清算银行把房地产作为短期贷款抵押物来接受,反而导致清算银行变本加厉地做房地产贷款业务。但在爱德华统治时期,英国的房地产价格下跌 1/3 以上,而抵债的房地产难以变现。奥弗尔还指出,房地产的变化周期并没有影响到清算银行,因为这些银行并没有在房地产贷款业务上冒太大的风险。

奥弗尔把在"竞争与信贷管制"名下的监管放松一揽子计划视为英国金融史上的一个重要转折点。1971 年推出这些新安排,就是为了创建一个更具竞争性的信贷市场。后来,撒切尔政府又从 1979 年起实行了进一步的监管放松计划。购房互助会从此摆脱了曾经制约它们活动的限制条件,银行都进入了抵押贷款市场,而有些购房互助会脱离了互助地位,变成了上市银行。金融自由化以后的信贷体系增发购房贷款,从而导致住房价格快速上涨。在 2007~2008 年的金融危机中,做住房和商业房地产抵押贷款业务的银行变得十分脆弱,尤其是在它们依靠短期借款来筹集资金时。

奥弗尔还进一步考察了为巩固银行体系而提出的行动方案,他支持在金融业恢复金融机构职能专业化制度,并且指出采纳威克士(Vickers)的分业经营方案是朝这个方向迈出的第一步。不过,他还表示采纳威克士方案还远远不够,况且它也没能让构成支付体系的银行脱离房地产抵押贷款业务。而政府的银行改革政策也没打算让信贷这个精灵回到它自己的瓶子里。关于这一点,奥弗尔表示,恢复稳定性也许需要恢复拉德克利夫(Radcliffe)时代的信贷配额制。

尤瑟夫·卡西斯对金融危机以及随后的监管应对措施进行了广泛的评论。他以国际为研究背景,并且运用了一种长远的历史视角。

一次严重的金融冲击很可能促使当局采取一种旨在抑制过剩的监管对策,因为过剩会导致危机。一般来说,这样的对策都是短命的,但是,美国为应对大萧条采取的对策导致了持续时间很长的金融业监管变革。对1890年的巴林银行危机与1907年纽约发生的危机进行比较,就能发现两者之间的细微差异:前者只导致伦敦金融市场组织结构发生了很小的变化,而后者则促使对美国金融体系进行认真检讨,并且在1913年创建了美国联邦储备系统。不过,美国的金融体系在大萧条中又受到了考验,并且暴露出严重的缺陷,进而导致在新政中推行涉及面更广的改革。

随着巴塞尔(银行监管)委员会前身(银行法规与监管事务委员会)的成立,1974年开始了一场致力于促成某种国际银行监管形式的运动,随后在1988年签署了主要关注银行资本充足率和风险评估的《巴塞尔协议Ⅰ》。每次讨论创建某种形式的国际银行监管机制,都会出现倾向于放松金融体系监管的观点。撒切尔和里根执政时期,新自由主义在盎格鲁撒克逊国家成了占据支配地位的思想流派。结果就是国家减少干预,这种局面一直持续到2007~2008年爆发金融危机才受到质疑。这种自由化趋势并没有阻止巴塞尔委员会在经过漫长的谈判协商以后于2004年推行《巴塞尔协议Ⅱ》规定的监管措施。但是,这些监管措施的有效性受到了质疑,甚至有可能加剧顺周期性波动。

本书的全体作者一致同意1870年前后到1970年是英国银行业稳定发展的黄金时期,但特纳认为起始年份应该还要早一些。本书的作者还都认为有必要对金融动荡和严重的金融危机进行区分,但在何谓系统性危机这个问题上仍存在分歧:卡皮和奥弗尔强调支付体系的重要性以及保护支付体系的必要性;蒂姆斯戴尔赞同"重要的是支付体系应该具有复原能力"的观点,但认为还必须避免信贷流中断危机。他们都认为,金融危机的主要代价也许就是经济的周期性下滑,而不只是金融部门遭到破坏。

本书的全体作者普遍认同英格兰银行扮演的最后贷款人角色,但仍有作者赞同稳定所发挥的作用。特纳非常关注银行的资本结构尤其是或有资本,奥弗尔强调了金融机构职能专业化的重要性以及全能银行制度面临的系统风险。英格兰银行的救市行动如何在"黄金世纪"保持银行业稳定的同时又防止道德风险这个问题上存在重视程度差异。卡皮强调了根据抵押物——而不是借款人——贷款的匿名性;蒂姆斯戴尔和霍特森更看重新型承兑银行以及以伦敦为付款地的票据这些优势;而弗朗德罗和乌戈利尼则更加强调英格兰银行对货币市场参与者的监管以及市场参与者发挥的杠杆作用。

显然,同样有必要对金融危机的起因和为解决危机而采取的手段进行区分。坎贝尔考察了错失的解决19世纪40年代历次银行业和商业危机的机会以及所采用的手段,并且认为政治现实决定了在危机期间采取果断行动通常比制定规则预防危机来得容易。罗伯茨讨论了1914年采取的紧急措施,并且表达了广泛支持所采取方法及其实施的观点。然而,我们还是难以看透如何能够事先显著缓解1914年的金融问题。卡西斯关于危机(包括最近的危机)监管对策的思考进一步支持了解决危机比防范危机容易的观点。这种观点意味着周期性危机可能是常态,而英国出现的百年稳定(1870~1970

年)则可能是一个例外。

  想理清 2007~2008 年这场系统性危机的所有脉络仍为时尚早。这场危机促成了一次严重的衰退,但它是否真的与众不同这一点仍需论证。"再也不会发生"的情绪仍然普遍存在,而金融体系改革讨论也已经持续了很长时间。与以前一样,根本性变革正在遭遇来自现状守卫者们的抵制,我们仍面临着以局部监管改革告终的风险。

2

19和20世纪英国发生的金融危机

福雷斯特·卡皮

引言

19世纪,英国经常发生金融危机,后来大约有100年没有发生。但到了20世纪下半叶,金融危机又卷土重来。英格兰银行和英国的银行体系逐渐明白了如何应对乃至防范金融危机,随后迎来了一个很长的稳定时期。但是,危机在人们忘却各方面的教训后再度袭来。

何谓金融危机?有些具有可操作性的定义十分有用,有一个有用的金融危机定义是:金融危机是发生威胁到支付体系的金融动荡的结果。支付体系是关键[关于支付体系历史和核心作用的详细介绍,请参阅 Norman et al.(2011)]。用一名重要权威人士的话来说,金融危机是由害怕以任何代价都得不到支付手段的恐惧心理所引发的,并且在一个实行部分准备金制度的银行体系里会引发"强力货币"(high-powered money)争夺战。金融危机由公众突然挤兑银行存款的行动促成……金融危机的实质就是一种短命现象,最终以公众减少货币需求而结束(Schwartz,1986)。

金融危机并不是某个金融机构或市政当局破产或者任何其他类似的事情。破产的事情经常发生,只要它们没有威胁到支付体系,从我们研究金融危机的目的来看就可以被忽略。资产价格波动可能是反映后续可能出现情况的指示器,因此予以关注有利无弊,但也仅此而已。资产价格大跌本身并不是金融危机,只有当它殃及银行部门时才有可能引发金融危机。

金融危机期间会出现什么状况?

金融危机的现象特征现已众所周知。很多作者已经阐述过金融危机的现象特征,金德尔伯格和阿里伯(Kindleberger and Aliber,2011)对金融危机出现的典型现象特征进行了很好的概述:开始时会出现金融体系受到某种冲击的状况,但比较温和,也就是欧文·费雪(Irving Fisher)所说的"位移"(displacement)。然后,这种外生事件会开辟赚钱机会,可能是某种诸如发现新技术或者新资源之类的事情。新的投资者被吸引到相关活动中来,然后投资者们的兴趣会转移到其他资产。下一个阶段就是借钱购买,到了这个阶段,经济开始繁荣,并且会越来越繁荣,于是就会出现一种欣快状态。然后,渐渐地,信贷会变得过多,并且必然会出现舞弊、欺诈。在某个点上,聪明的参与者或者内部人会决定获利离场。然后，一切显而易见。到了这个阶段，货币当局常常会感到害怕并且收紧银根。随后，经济开始衰退。历史上，银行(商业银行和中央银行)在这个过程中扮演了重要角色，因为在很大程度上是银行信贷支持了繁荣，尔后银行又在经济崩溃时破产倒闭。

货币乘数是考量银行体系主要成分如何运行的一种有用方法，能帮助我们理解公众如何持有与存款有关系的现金以及银行如何持有与存款负债有关的现金准备。如果广义货币的增加因公众回应流动性短缺恐慌(挤提存款兑现)而受到威胁，而货币乘数则在收缩，那么，货币当局就能通过按照需要增加基础货币的方式来采取必要的补偿性行动。

我们还可以做进一步的推导。实行部分准备金的银行制度是发生金融危机的一个先决条件。但是，在银行业的货币乘数发展到一定程度之前很难发现银行业危机(这才是我们讨论的问题的核心所在)正在形成之中。如果银行像刚问世时那样只吸收储蓄，那么很难看出银行怎么会倒闭，或者至少不会造成比较严重的问题。因此，只是在银行的金融中介角色发展到一定程度以后，我们才能看到规模充分大的货币乘数导致银行业面临的问题。

直到 19 世纪初，英国银行业的货币乘数都没有达到这种规模。当然，18 世纪英国银行业的货币乘数一直在向这个规模靠拢，但到了 18 世纪末，英国的货币乘数最多也只有 1.3 左右。在银行体系尚不健全的发展中国家，货币乘数通常位于 1.2~1.5。无疑，英国银行业在 18 世纪获得了巨大的发展，但对银行业的监管限制了它的发展

[请参阅Cappie(2004)]。到了19世纪中叶,英国银行业的货币乘数已经接近4,然后保持在这个水平上100多年没变(Capie and Webber,1985)。

19世纪英国发生的金融危机

在从19世纪20年代到19世纪过去大半部分的时间里,英国发生了一连串的金融危机:1825年、1836~1837年、1847年、1857年和1866年。其间还发生了一些虽然称不上金融危机但常常也被认为是金融危机的事件,如(1873年)、1878年、1891年、(1907年)、1914年和1931年。[①] 笔者将在后文重新谈论这些事件。但从1866年开始,英国迎来了一个长达100年的金融稳定时期,其间没有发生任何金融危机。此后,金融危机卷土重来,但势头比较温和,如1973~1974年、1982~1983年和1991~1992年,然后又在2008年发生了一场严重的金融危机。

下面,笔者将简要介绍英国在19世纪发生的真正金融危机,只是为了指出它们之间的重要相似性;然后对20世纪发生的金融危机进行更加简要的介绍。

在发生1825年危机前的几年里,当时人们可能已经认识到一个大部分危机都有的显著特点:银根宽松,信贷充盈。1825年这场危机的起因是"全英银行不节俭的金融行为"(King,1936),它们犯下了过度发行银行券的错误。但是,英格兰银行也起到了推波助澜的作

---

① 括号内的年份表示在世界其他地方发生但英国没有发生的危机。

用,它把自己的再贴现率降低到了4%,并且把汇票的有效期从65天延长到了95天。充盈的信贷和活跃的投机活动扩展到了众多商品,很多银行还制定了瞄准新生的南美共和国的发展计划。在从1822年到1825年的3年里,它们发放了20笔总额高达4 000万英镑(当时,英国的国民收入——国内生产总值——大约是3亿英镑)的贷款。1825年年初,英格兰银行已经发现了一些问题,于是设法通过拒绝接受汇票再贴现来加以纠正。可惜,恐慌开始蔓延,彼得·波尔爵士公司(Sir Peter Pole and Co.)在随后发生恐慌的那年年底不幸倒闭。根据一份报告,英国在"24小时内就重回易货贸易"。值得注意的是,就在当今时代,同样的情形实际上也有人说起过——银行体系在24小时以内就彻底崩溃了。1825年,英格兰银行行动迟缓,但最终还是采取了行动,并且平息了恐慌。就如英格兰银行的一名董事(和前行长)耶利米·哈尔曼(Jeremiah Harman)当时所说的那样:

"我们采用各种可能的方法并且通过之前从来没有使用过的方式到处发放贷款,我们接受股票作为抵押,购买国库券,发放国库券抵押贷款。我们不但对再贴现有求必应,而且还大量发放汇票抵押贷款。总而言之,我们采用了英格兰银行可用的各种方法。有时,我们也并不太殷勤,眼看着公众陷入非常糟糕的状况,但我们总是尽自己的能力提供援助"(Bagehot,1873:52)。

白芝浩补充说道:"在我们这样做了一两天之后,恐慌完全被平息了下去,'伦敦城'也变得非常平静"(1873:52)。

19世纪30年代,至少在银根宽松方面出现了一些相似的情况。1830年,英格兰银行批准证券经纪人开立再贴现账户,因为此举被认为有利于改善货币市场的运行。后来,也就是1834年,英格兰银行收到了东印度公司(East India Company)的特大存款,但除了不计后果地把它们用于新的再贴现业务外没有找到使用这些资金的适当用途。依然是在金(King)看来,英格兰银行应该为这次危机负责,因为它不但允许而且还促成了银根宽松,而银根宽松助长了品级值得怀疑的票据的泛滥。货币市场银根空前宽松,这个责任应由英格兰银行承担。国内外商界越来越崇尚大胆冒险的精神,国内又有很多股份公司上市。正如当时有一本没有署名的小册子所说的那样,"那个时候已经把谨慎和一般规则"统统抛在了脑后,随后英格兰银行又再贴现收进了过多的劣质票据。19世纪30年代中期,其中的很多票据与英美贸易有关。后来,英格兰银行先是拒绝英美贸易商行的再贴现请求,然后又觉得不能坐视这些破产商行不管,于是决定帮助它们履行正常的清算程序。1836~1837年和1839年,虽然欧洲银行的扩展又节外生枝,但危机势头已经减弱并逐渐消失。

19世纪40年代中期,铁路成为投资新宠,并且发展迅速,但没有像新项目招股说明书宣传的那么快。在这期间,英格兰银行显然受到了《1844年银行特许法案》获得通过的鼓励,推出了一项大胆的贷款计划。《1844年银行特许法案》付诸实施后,英格兰银行觉得自己有义务提供有竞争力的再贴现业务,于是立即把再贴现率降低到了2.5%,并且"在另行通知之前"一直根据可接受抵押物的宽泛定义发放短期贷款。1845年,《银行家杂志》(Bankers' Magazine)警告称,"这样下去,货币危机在所难免"。但是,银根继续宽松,铁路热已经形成,一下子出现了很多新的铁路建设项目,其中有许多完全是虚假项目。有些公司的股票价格在 10 个月里上涨了 10 倍。在铁路繁荣过后,股价大跌,人们的狂热劲头扩散到了其他风险事业。在这段时间里,英格兰银行保持 2.5% 的再贴现率不变,手中持有的票据迅速增加,因此不可能看到任何问题。不过,英格兰银行也不是人人都有罪过,乔治·W. 诺尔曼(George W. Norman)就持不同的立场。他曾表示:

"那年(1847 年),我没能让内阁记住'我觉得提早采取行动为好,而且提高再贴现利率效果会更好'的看法。那年 3 月,我以提交正式议案的方式提请内阁注意。我本人因这个以及我后来的行为而没少挨骂,并且得罪了一些内阁成员。有些内阁成员自己交易过头,并且把货币市场宽松视为对他们自己生死攸关。我没做生意,因此能够任凭暴风雨肆虐,不因私利而惊慌失措,但就这也没能让我的建议变得比较可以接受"(O'brien and Creedy, 2010: 417~418)。

对农业歉收的担心蔓延开来以后,恐惧进一步加剧,英格兰银行后来在意识到自己的黄金储备面临威胁时才开始提高再贴现利率,并且强制规定越来越苛刻的再贴现条件,直到票据不能再贴现或者说不能用一流证券融资为止。随后,交易陷入瘫痪。这些年来,责任归属几乎也没有发生变化,1844 年立法的拥护者们把危机全部归咎于商界,指责"商界不计后果地过度交易、愚蠢地投机,从而导致不合逻辑的繁荣"(King, 1936: 149)。

19 世纪 50 年代逐渐发展起来的投机狂热起源于那个年代的黄金发现。1853 年,英格兰银行的再贴现利率上涨到了 3.5%,但投机因受到开发加利福尼亚的刺激而势头不减。到了 1854 年,据说,土地、铁路和采矿等的过度总投资处处都孕育着金融危机。不过,那场危机并不是在那年就结束了,而是因澳大利亚黄金输入而又持续了3年。市场利率下降,英格兰银行鲁莽地跟进。然后,英格兰银行照例收紧银根。美国西部传来了利空消息,尤其是8月底俄亥俄寿险信托公司(Ohio Life and Trust Company)因无力偿还700万美元的债务而宣布破产的消息,随后就发生了大规模的银行倒闭事件,恐慌波及了格拉斯哥和利物浦——这两个城市受影响最为严重。英格兰银行的黄金储备再度减少,于是不得不提高利率,恐慌随即接踵而至。事实上,英格兰银行在最终采取行动中止繁荣之前已经犹豫不决了2年多。

1858年3月,英格兰银行决定改变再贴现窗口的进入通道,这个决定在几年以后的1866年经受了考验[请参阅Calomiris(2011),还请参阅Flandreau and Ugolini(2010)]。1866年,情况发生了一定的变化。危机主要起因于欧沃伦—格尼公司这家大银行。欧沃伦和格尼原先都是贵格会的教徒,他们至少早在17世纪末就在金融街受到高度尊敬。据说,在伦敦城很少有人能比萨缪尔·格尼(Samuel Gurney)更聪明,或者比他更精明。

19世纪60年代见证了维多利亚王朝中期繁荣的鼎盛时期。1866年年初,财政大臣格莱斯顿(Gladstone)绝对看好经济。5月,英格兰银行的黄金储备处于良好状态。但是,5月10日,欧沃伦—格尼公司宣布破产。破产前,欧沃伦—格尼公司已经变成一家主导贴现市场的特大金融机构,但由于参与了不良资产经营活动,还由于过度投资于风险企业而不堪重负。19世纪60年代,很多蓬勃发展的企业纷纷倒闭,等欧沃伦—格尼公司破产以后,恐慌立刻笼罩了整个英国,而且是1825年以来最严重的恐慌:"它(英格兰银行)的最著名邻居,有时也是最著名的竞争对手,'拐角商行'(Corner Firm)这家英格兰最大的金融机构不幸破产"(Clapham,1966:261)。

欧沃伦—格尼公司是以一种非常鲁莽、愚蠢的方式破产的,因此有人认为就是一个在伦敦城做贷款的孩子也会比他们做得好(Bagehot,1873:19)。萨缪尔·格尼原先完善的经营方式要求"极其谨慎地对待每一张票据,清楚地了解票据'有关各方的信用状况',并且注意用好手头掌握的信息。可后来,年纪轻轻的管事手中持有信用可疑的次级票据,公司资产中充斥各种各样的劣质票据,包括所谓的'金融证券'"——又叫"有毒资产"(Clapham,1966:261)。金融证券是"由公司发起人提前也许在公众认购前向承销商发行并且通过他们去贴现的证券"。而欧沃伦—格尼公司所做的交易远远不止是优良票据或者不良票据,他们参与各种各样的融资业务,是"几乎做各种投机和违禁生意的合伙人"(Clapham,1966:262)。

1866年5月11日,英格兰银行的黄金储备减少到了空前低的水平,再贴现利率上涨到了10%,并且有3个月维持在这个水平上没变;与此同时,有越来越多的银行宣布破产。白芝浩批评英格兰银行"放贷犹豫不决、很不情愿,而且还疑虑重重。实际上,用这种迟疑不决的方式大量发放短期贷款就是在得不到任何好处的情况下拿钱造孽"(Bagehot,1873:64—65)。

危机的解决和防范

那么,这些金融危机怎么会隔一段时间重复出现,然后就消失呢？笔者的观点是：金融危机的解决方法由三部分组成。首先，各银行都明白应该怎么做，并且有自己的谨慎做事方式。其次，英格兰银行学会了如何扮演最后贷款人的角色。最后，政府营造它认为适当的监管环境。

一、商业银行

19世纪初，银行一般都很小，不设分支机构。银行系统遭遇任何让人对存款安全产生疑虑的冲击都可能导致挤兑，而银行的资产负债基本状况甚至意味着即使表现良好的银行也可能破产倒闭。因此，它们必须找到能使自己达到最适当的资本资产比、现金存款比和流动－固定资产比的方式，以便实现可接受的利润率。这些比率可能就像预期的那样开始都定得相当高，然后随着银行可能找到了能实现可接受利润率的水平而逐渐下调。

银行逐渐学会了谨慎，到了19世纪中期，谨慎已经成为银行的代名词。毫不奇怪，对此做出重要贡献的是一个苏格兰人——苏格兰人以谨慎闻名于世。但是，苏格兰还有一些因极其谨慎而受到注意的人，他们就是亚伯丁人。据说，亚伯丁人从不轻言放弃。乔治·雷(George Rae)的祖籍就是亚伯丁。他在亚伯丁学会了银行生意，并且在19世纪30年代下决心到英格兰来检验自己的能力，于是入伙加盟一家利物浦银行。这家银行名叫"威尔士北方和南方银行"(North and South Wales Bank)。雷在19世纪40年代的金融危机中陷入了困境。之前，一切顺利。在威尔士北方和南方银行陷入困境的那段日子里，也就是1847年10月，一家伦敦的报纸报道说这家银行已经破产。不过,这是谣言。但毫不奇怪,随后就出现了恐慌,而威尔士北方和南方银行被迫中止付款。之后遇到的其他困难又迫使雷深刻思考银行业的性质问题。

接下来,雷写了一本银行家工作手册,这本手册直到20世纪仍在使用。事实上,1885年初版的《地方银行家》(*The Country Banker*)到了1930年和1976年还在重版,而且在19世纪再版多次。雷在这本手册中谈到了银行业务的各个方面,但他的核心思想就是谨慎。他在书中写道:"这样做……有可能太过谨慎,但在银行业,谨慎与它的对立面'轻信'这种恶行和毛病比较,就是一种基本美德"(Rae,1885:3)。白芝浩表示了赞同,"冒险是经商的关键,而谨慎,我几乎要说胆怯,是做银行生意的命脉"(Bagehot,1873:232)。

然而,在银行系统遭到冲击时,表现再好的银行也仍可能陷入困境,而解决方法的第二个组成部分就是最后贷款人出面采取行动。银行学会了谨慎,而且还有最后贷款人的支持。

二、英格兰银行

18世纪末、19世纪初,有很多作者为丰富金融和货币环境变化研究文献做出了贡献,而其中的很多作者都谈到了最后贷款人的作用问题。弗朗西斯·巴林(Francis Baring)很可能是使用并且解释这个专业术语的第一人。但是,亨利·桑顿(Henry Thornton)对最后贷款人这个术语做了进一步甚至更加全面的阐释,讲述了英格兰银行在平时应该如何行事才能让货币供给"只在一定的范围内波动"(Thornton,1802:259);但在流动性短缺时,英格兰银行就应该缓解货币供给压力。然而,"这绝不是要求英格兰银行在全英银行因鲁莽和轻率陷入危难时都要出手相救:如果这样的话,英格兰银行就可能会怂恿全英银行鲁莽行事"。托马斯·乔普林(Thomas Joplin)也为丰富这方面的文献做出了贡献。在1825年危机期间,他曾告诫英格兰银行应该怎么做。他表示,英格兰银行应该增发银行券以补偿货币在流通中出现的损耗。白芝浩在19世纪40年代撰文谈到了这个问题,并且在1847年危机以后进行了更加明确的阐述:

"纯铸币流通有一个很大的缺点,那就是在数量上无法轻松满足任何突然出现的需求……由于纸币能够无限量供给,因此,无论货币需求出现得多么突然,在我们看来,快速发行货币应对货币需求突然、大幅增加的原则没有任何不妥"(Bagehot,1848:267)。

不过,英格兰银行用了很长时间才明白最后贷款人的作用,而且在很长一段时间里拒不采纳理论家们的建议。最后贷款人是现金的终极来源,因此,这个角色通常由中央银行来扮演。中央银行应该向整个市场提供流动性,而不是帮助个别企业(银行)摆脱困境。中央银行可以无限量地供应货币,但必须逐步提高价格。如果市场知道货币供给不会停止,那么就能确保稳定并且平息恐慌。英格兰银行应该以最理想的方式匿名向市场供应货币,应该在不受任何商业竞争影响的情况下完成这个任务或者不介入利益冲突。如果能够让市场预先知道英格兰银行的这种行事方式(事先承诺),那么效果就会更好。

任何一家商业银行都保不准时不时会贷款给缺乏流动性甚或没有偿还能力的客户,在新贷款预期回报现值为零或者为负的情况——在某个客户的破产对商业银行自己的信誉产生较大的影响或者对其他客户产生连锁反应时就可能出现这种情况——下,就有可能这么做。同样,一家新生——作为央行在某些方面还不够成熟——的中央银行可能会去"救助"某家客户银行或者代理银行,就如同商业银行可能会资助它们的企业客户那样。我们不想把这些特例说成是一个制度健全的最后贷款人自觉履行职能的一般情况,也无意考察一家成熟中央银行竭力救助个别银行的情况。这些特例或情况显然牵涉太多的道德风险问题,任何一家中央银行都不会事先向任何一家正遇到流动性问题的银行承诺向它提供特别资助。一家银行遇到由某个技术问题导致的流动性问题有可能是某些更深层次支付能力问题的反映,因此,中央银行事先向某家银行做出提供帮助的无条件承诺,就有可能引发太多的道德风险问题。

现在,有必要来看看"帮助摆脱困境"到底是什么意思。中央银行一般没有财力单独救助一家具有任何有意义——这里的"有意义"是指有可能危害银行体系其他机构——规模的银行机构。如果中央银行按面值给一家陷入困境的机构的不良资产提高再贴现,那么,这些资产一旦随后按市值入账,就会以大大低于面值的价值出现在中央银行的资产负债表上。这样,中央银行就只能眼睁睁地看着自己的资产负债状况受到牵连,因为它花掉了现金,而换回来的却是价值较低的资产。如果中央银行因为自己的不慎需要政府增资来救助,那么,实际上就是在采取救助行动前做出了一项财政决策。因此,在救助某家银行机构的情况下,所有的中央银行实际能做的就是监管或者组织救助行动,可能就是对其他金融机构施压迫使它们认缴新资本。

那么,最后贷款人如何才能实施理想的救助行动呢?最后贷款人在必要时向市场提供资金,但不会向单个机构供给资金。在正常情况下,中央银行不应该介入帮助任何类别的单家企业摆脱困境的救助行动,不管它们是银行机构还是非银行企业。因此,如果救助行动是在中央银行不知道被救助者的情况下进行的,那么就是理想的救助行动。持有优良资产的机构在筹集所需资金时不会遇到任何困难,而手持不良资产的机构则有可能受到融资问题的困扰。在恐慌时期,利率必然会上涨。

幸运的是,以上所有这些因素都实际促进了英国整个银行体系的发展。19世纪初,英格兰银行的垄断经营权触犯了英国的其他银行。结果,是对英格兰银行的反感导致新生的股份制银行与它保持一定的距离。贴现经纪行由于方便了商业银行与英格兰银行之间的交易而脱颖而出,逐渐为它们自己的业务融资奠定了资本基础,并且在19世纪第三个25年期间发展成为现代形式的贴现银行。

当商业银行面临流动性短缺的压力时,它们的第一道防线就是向贴现银行请求贴现,而贴现银行回过头来会向英格兰银行请求再贴现。如果商业银行有票据需要贴现,那么就会去找贴现银行,而贴现银行又会去找英格兰银行再贴现兑取现金。这样一来,中央银行就不需要知道大量的现金需求来自何处。确切的需求来源通常是一个无关宏旨的细节问题,重要的是优质票据得到了贴现。

最后贷款人职能讨论中存在的一些误区有可能源自于对待这种运行模式漫不经心的态度。英国的中央银行业务要比其他国家发达,而英国的中央银行运行模式常常被其他国家效仿。但是,其他国家并不一定存在中央银行运行模式赖以生存的有效机制。因此,英国银行体系的一个重要特点——内置型匿名保护机制——遭到了忽略。这一忽略就意味着,在大多数其他国家,银行机构直接找中央银行贷款或者贴现。这样一来,中央银行的救助就失去了匿名性。如果有国有银行与商业银行为了争夺业务而展开竞争,那么问题就会被激化。现有相关文献大多忽略了这一点,因此,接下来也许应该谈谈帮助摆脱困境的方式。

在19世纪下半叶之前,中央银行通常被认为在执行商业银行职能。在有些国家,中央银行在刚创立时是商业银行服务的唯一来源,并且常常是国内最重要也是最大的商业银行。因此,早期中央银行与商业银行之间的关系常常就是一种业务对手之间的竞争关系。这种竞争关系在20世纪初期前后是用一种通常是不成文的协定消解的。根据这种协定,商业银行自愿接受中央银行的领导,以换取后者退出商业银行业务领域[请参阅 Capie、Goodhart、Fischer 和 Schnadt (1994)]。如果一家中央银行不顾自己的利润为整个国家的银行体系负责,那么就是在履行最后贷款人的职能。只有了解中央银行在发生金融危机时如何采取行动,而不是采取了什么救助单家机构的行动,才能识别它们是否接受了最后贷款人的角色。

这里有必要停下来考察一下"大而不能倒"的说法,因为这种说法或许可以应用于欧沃伦—格尼银行。当时,欧沃伦—格尼银行已经成为很多伦敦和地方银行的银行。就在它宣布破产那天,《泰晤士报》报道称,"我们可以毫不夸张地说,这是我国最大的信贷机构"

(*The Times*,11 September 1866)。当时,欧沃伦—格尼银行的资产负债规模大概是米德兰银行(Midland Bank)和威斯特敏斯特银行(Westminster Bank)这两家英国最大的银行资产负债规模的 10 倍。米德兰和威斯特敏斯特这两家银行的资本—资产比率在 9%~11%,而欧沃伦—格尼银行的资本—资产比率只有 2%(贴现银行的资本—资产比率比这还低,但欧沃伦—格尼银行经营的是商业银行业务)。欧沃伦—格尼银行向英格兰银行求助,结果遭到了拒绝。"英格兰银行行长的观点是,英格兰银行不能救助某家银行,除非它准备救助其他很多同样陷入类似困境的银行"(King,1936:242)。这么一来,英格兰银行与欧沃伦—格尼银行之间就结下了深仇大恨。不过,英格兰银行拒绝援助欧沃伦—格尼银行这一举动可被清晰地视为英格兰银行在认识自己的职能是救助整个市场,而不是帮助轻率鲁莽、无支付能力的银行摆脱困境的道路上又前进了一大步。1866 年的恐慌是严重的。然而,尽管欧沃伦—格尼银行规模巨大,并且在英国银行体系中居于中心地位,但恐慌还是被平息了,而英国的银行体系则变得更加坚固。因此,用施瓦茨(Schwartz)的话来说,英格兰银行拒绝救助欧沃伦—格尼银行的举动可被视为在完善金融危机应对策略的道路上迈出了重要一步。

英格兰银行在从 1825 年金融危机开始一直持续到 1866 年金融危机这么长的一个时期里才学会了如何做好以上这一切,然后一有需要就把学到的东西付诸实施(Ogden,1991;Capie,2002)。后来,英国便迎来了 100 多年的金融稳定,其间也有银行倒闭,那是因为它们确实应该倒闭,但英国没有发生金融危机。而且,在这 100 多年里,英国经历一个经济增长和衰退、战争和不同汇率制度以及通货紧缩和通货膨胀等交替出现的漫长时期。

三、监管环境

这个故事的第三个素材就是政府与监管的作用。令现代人惊讶的是,这一切都是在一个自由放任时期完成的,而银行业只不过是顺势而为而已。在之前贯穿18世纪的那个时期里重商主义盛行——国家居于至高无上的地位。在那个世纪里,英格兰银行业受到了严格的约束。当时,对由重商主义造成的政府低效和腐败问题做出的回应就是谋求小政府、自由贸易和健全货币。因此,在每次金融危机过后出现的自由放任新氛围中,监管当局就会放松管制。

这个过程的第一阶段就是放松实施反高利贷法,对于英格兰银行来说尤其如此。反高利贷法已经在英国颁行了几个世纪。1825年爆发了金融危机,英格兰银行发放贷款,但利率没有超过5%。在当时的背景下,贷款利率几乎不能超过这个水平。危机过后,反高利贷法被放松执行,而在随后的危机中,英格兰银行把利率提高到了5%以上。

与此同时,限制合伙制银行合伙人最多不得超过6人的规定也被废除,股份制银行开始获准成立。最初,它们只能在距离伦敦65英里以外的地方开展经营活动,但几年以后,也就是19世纪30年代,可以在伦敦开展经营活动。

《1844年银行特许法案》对金本位制进行了更加严格的定义,而金本位制也因此具有了约束力。在1847年危机形成过程中,英格兰银行显然没能坚持执行这部法案,而是做了为实现金融稳定必须做的事。财政大臣当时致信英格兰银行行长,同意暂时解除严格执行这部法案的规定。于是,英格兰银行得以无限制地(按高利率)发放贷款。

在19世纪第二个25年期里,关于有限责任制优缺点的讨论不断升温。1857年危机过后,反高利贷法和《1844年银行特许法案》都被放松执行,凡是选择有限责任制的银行都可以实行有限责任制。当然,并没有搞"一刀切",而是由银行自己选择决定。

之后,银行业受到了极其严厉的监管,而允许英格兰银行履行最后贷款人职能的条件也都已经具备。总的来说,情况就是这样,但有时也会出现问题。

若干非危机事件

如前所述,另有一些事件有时被说成金融危机,但更确切地被说成了其他东西。它们就是分别在(1873年)、1878年、1890年、(1907年)、1914年和1931年发生的事件。1878年,格拉斯哥城市银行(City of Glasgow Bank)这家有很多分支机构的大银行宣布破产。这是一家无限责任银行,它的破产造成了一场巨大的灾难。不过,这家银行是因为违规经营,而不是银行体系出错或者面临危险而破产的。格拉斯哥城市银行的破产当然对其他企业甚至其他一些银行产生了影响,但并没有引发金融危机,因为这起破产案并没有威胁到英国的支付系统,不需要英格兰银行或者财政部采取任何性质的行动。

1890年,巴林银行(Barings Bank)破产。巴林银行可是一家著名的老银行,不过是一家商人(投资)银行,并不直接介入支付系统。当然,巴林银行的破产仍可能影响到了支付系统,因为它被作为更一般的困境的信号,而且后来恐慌波及了其他方面。不过,情况很快就变得明朗,巴林银行的问题起源于阿根廷发生的困境,英国银行体系的其他部分都是健康的。财政大臣询问英格兰银行行长是否需要发文解除英格兰银行遵守《1844年银行特许法案》的规定,但得到了否定的回答。英格兰银行实际采取了措施,组织了一次"救生艇"救援行动,这次行动被说成优于危机管理。

　　1914年,第一次世界大战爆发,英国金融体系遇到了一个严重的问题,但并不具备危机应有的任何一般特征。英国的经济既没有迎来繁荣也没有陷入衰退,是欧洲大陆不能汇款造成了严重的毁灭性问题。不管怎样,这个问题的解决方法在很多方面类似于解决一般危机的方法,也就是需要注入流动性。英格兰银行实际对英国经济注入了流动性,但同时还向承兑银行和贴现银行提供一些票据抵押担保。流动性的注入碰巧遇上了因战争而放弃金本位制这一事件,后来就没能收缩流动性。虽然1914年事件对于如何应对突发性系统崩溃具有很好的指导意义,但这一事件本身并不是反映典型金融危机的一个很好例子。

　　在两次"大战"间隔期里,英国没有遭遇大萧条,也没有出现20世纪20年代萧条的十年,而是在1929～1932年间遭遇了一次衰退,国民产出减少了5.6%。英国的金融体系在这个时期始终保持着稳健,英国的经济在30年代迎来了速度空前的增长。世界其他国家在大萧条的大部分时间里大多还遇到了严重的金融问题,但英国仍然保持了金融稳定。1931年发生了一次汇率危机。英国在1925年以一种不可能维持的英镑被高估的汇率恢复了金本位制,但又在1931年年中不得不放弃金本位制。不过,这次危机只引发了很少的衍生金融问题,支付系统基本上没有遭到破坏,银行的利润也几乎没有受到影响。①

因此,1866年危机爆发以后,虽然也有很多银行破产,并且发生了导致其他性质问题的事件,但没有再发生金融危机,英国的金融体系从此就迎来了100多年的稳定。

重商主义间歇期的结束

到第二次世界大战爆发时,英国的金融稳定已经被认为是理所当然的事情,而且又持续了25年。但当时就像大多数情况一样,在1971~1973年银行业经历了一个有意鼓励竞争和实施扩张性货币政策的时期以后,边缘(或者影子)银行部门获得了巨大的发展。这个银行部门游离于受到信贷控制约束的正规银行部门之外(从很多方面来看,是实施管制的结果),而它的经营模式是在短期货币市场——银行同业拆借市场——上借钱,然后发放房地产贷款,从而促进了房地产业的繁荣发展。后来,当货币当局面对螺旋式上升的通货膨胀收紧货币政策时,市场开始下滑,市场情绪由欣快转为阴郁,

---

① 关于对这种观点的修正,请参阅阿科姆诺特(Accominotti, 2012)。阿科姆诺特认为,英格兰银行选择了一种内生性稳定,而不是外生性稳定,并且把伦敦确定为国际金融中心。

先是房地产企业开始倒闭,然后是做房地产贷款的影子银行陷入了险境,而常见的避险行为则如期而至。

后来,市场出现了困局可能会波及银行系统其他方面的担心,英格兰银行发起了后来被称为"救生艇"的救援行动。其实,正确地说,这是一次危机管理行动,性质就如同1891年为救助巴林银行组织的那次行动。于是,问题就来了:既然确实需要,为什么没有动用上次采用的稳定器——最后贷款人?任何陷入困境的银行只要持有优良资产,那么,采取传统手段就能获得必要的流动性。如果陷入困境的银行手中没有适当的资产,那么就会被认为经营不善,并且有可能会因被废弃不顾而遭遇破产。如果它们被认为有惊无险,那么就可能有清算银行认为值得再向它们授信。

英格兰银行没有采取上述做法,而是开始了一个时而支持时而又停止支持很多机构的漫长过程(在某些情况下持续多年),采取这种行动注定要承担巨大的资金代价,有时甚至要承担巨大的资金损失代价。英格兰银行后来采取这种救助方法,好像悄然无声地帮助遇到麻烦的银行——无论规模多小、影响多么微不足道——摆脱了困境或者以其他方式安排了它们的业务。在20世纪80年代初发生的与拉美债务危机有关的几次短暂危机中、90年代初期发生的几次小银行危机中以及20世纪后1/3时间的各年里,英格兰银行采用这种方法施救已成惯例(Jackson,1996)。很难说,这种做法引发了多少道德风险,但有一点变得非常明确:金融机构只要陷入困境,必将获得救助。有人认为,虽然金融体系应该得到保护,但他们的股东应该失去他们的股权,而管理团队应该被解雇。这都是一些很好的准则,但是,如果真能付诸实施,那么,为什么还要保守秘密、掩盖人人可引以为戒的教训呢?在发生这类事件的大多数情况下,外部人常常要过若干年以后才能知道事情的真相。

可吸取的历史教训

2007~2008年发生的金融风暴与历史上发生的金融危机之间有很多相似之处,但它们之间总是有区别的。历史上没有发生过完全相同的危机。但是,如果说21世纪的第一场金融危机表现出了一段时间的银根宽松促使资产价格(在这次危机中是住房价格)大涨,然后因货币政策收紧而大跌的特点,那么,之前很多甚或大多数危机都有这些基本特点:银根收紧导致信贷紧缩,而信贷紧缩又反过来影响实体经济。

从历史经验中即使能吸取简单的教训,为数也很少。我们没有教科书可以参考,当我们能够理解并掌握过去的模式或者节奏时,就能够比较好地利用历史[就如马克·吐温(Mark Twain)被认为曾说过的那样,"历史本身不会重演,但有自己的节律"]。然而,在整个19世纪里,英国好像是吸取了教训,否则我们怎么解释英国在经历了一个危机频发的漫长时期后尤其是在世界其他国家仍然危机不断的情况下能够迎来长期的金融稳定。银行必须了解自己的资产负债应有的状况,银行也确实了解自己的资产债务状况,并且始终坚持做到这一点。在以后的100多年里,英国银行太过保守,因而饱受陈规陋习的困扰。或许,从英国的经验中可吸取的主要教训(笔者认为可把英国的经验推广应用到其他国家)就是,货币扩张导致的繁荣随后就会消失,而日后恢复信心和刺激经济仍需要货币扩张。第二个教训就是必须事先明确:流动性可以获得。英格兰银行必须把这作为自己的一个首要职能来履行,英格兰银行确实也这么做了,而它的最后贷款人角色也得到了市场的理解(教训可能被过度吸取的危险也同样存在;流动性短缺的担心应该不足以引发流动性注入的不断增加)。第三个一般教训也许就是,某事上出问题,并不一定需要证明(已经过去的)问题存在,并且也无法阻止其在未来重现。监管未必就能解决问题,也可能成为问题。

另外还有一些较小的问题,也许太过明显而不必挑明,笔者也拿不准是否要提及它们,但它们会持续再现。如果某项活动增长极快,那么可能就应该受到密切关注。如果某项投资有高回报,那么也应该予以密切关注。

3

1825年以来的英国金融危机与经济活动

尼古拉·蒂姆斯戴尔　安东尼·霍特森

引言

　　传统上,金融史和商业周期研究是分开进行的,本章的目的就是把两者放在一起研究。[①] 一次金融冲击或者一系列的意外事件能够导致货币市场发生系统性危机,而系统性危机可能——或者不会——对其他经济部门产生严重的影响。相反,经济周期可能会影响货币市场恢复元气和抵抗金融冲击的能力。我们希望弄清伦敦货币市场上出现的干扰因素是否影响到了英国的整体经济,或者英国整体经济遇到的干扰因素是否影响到了伦敦货币市场。换句话说,

---

[①] 我们在此要感谢阿兰·德·布罗姆黑德(Alain de Bromhead)对本研究提供的帮助。

我们希望弄清伦巴第街的状况是否会影响"商业大街"的状况,或者"商业大街"的状况是否会影响伦巴第街的状况。从2007～2008年金融危机因果辩论的角度看,这个问题特别切题。

在本章第二节中,我们将考察金融危机相对于商业周期的发生时间顺序以及两者之间可能存在的相互影响。在第三节里,我们将更加详细地考察伦敦货币市场的发展,并且确定1825年以来造成伦敦金融危机的原因以及金融危机造成的后果。在第四节里,我们将进行总结。

金融危机与商业周期

一、互为因果与顺周期风险

表3.1列示了英国历次商业周期出现的高峰和低谷。表中的数据由布罗德贝里、坎贝尔、克莱因、奥弗顿和范·莱文(Broadberry, Cambell, Klein, Overton, and Tan Leeuwen, 2011)以及希尔思、托马斯和蒂姆斯戴尔(Hills, Thomas, and Dimsdale, 2010)编制,并且根据最近公布的官方统计数据做了更新。①

---

① 国家统计局国民核算季报时间序列数据集Q1 2013,2013年7月16日更新,2013年7月26日采用。

表 3.1　1819～2013 年英国经济波动与金融危机、主要周期高峰与低谷及金融危机出现时间

序号	次周期	英国的商业周期 低谷	英国的商业周期 高峰	系统性失灵	影响伦敦金融市场的干扰事件 全国性银行挤兑	意外事件与冲击
1	1819～1841 年	1819 年 1832 年	1825 年 1836 年	1825 年 1837 年～ 1939 年 9 月	全国性银行挤兑	美国发生危机(1837,英国发生国际收支危机(1839)
2	1842～1866 年	1837 年 1842 年 1847 年 1850 年 1858 年	1839 年 1846 年 1849 年 1857 年 1866 年	1847 年 1857 年 1866 年	票据市场危机(1847) 美国发生恐慌(1857),利物浦伯勒银行倒闭(1857) 美国爆发内战(1861～1865),欧沃伦—格尼银行倒闭(1866)	
3	1867～1892 年	1867 年 1879 年 1885 年	1872 年 1883 年 1890 年	—	德国和美国发生危机(1873) 格拉斯哥城市银行倒闭(1878) 巴林银行倒闭(1890)	
4	1893～1914 年	1893 年 1903 年 1908 年	1899 年 1907 年 1913 年	— 1907 年 —	美国发生危机(1907)	
5	1921～1943 年	1921 年 1926 年 1931 年	1925 年 1929 年 1937 年	1914 年 — —	"第一次世界大战"爆发,承兑银行受到威胁(1914) 股市崩盘(1929) 暂缓还款协议和黄金平价危机(1931)	
6	1952～1974 年	1952 年	1973 年	—	二级银行部门危机(1973～1975)	
7	1975～1979 年	1975 年	1979 年	—		
8	1981～2007 年	1981 年 1991 年	1990 年 2007 年	— 2008 年	拉美债务危机(从 1982 年开始) 雷曼兄弟公司破产(2008)	

资料来源:1819～1829 年的数据引自布罗德贝里等(2011),1830～1947 年的数据引自希尔斯等(2010),并且根据国家统计局的数据(2013 年)更新。

自1819年以来,出现商业周期高峰和低谷的年份在表3.1中是按照金融部门发生干扰事件和伦敦货币市场遭遇系统性危机年份的顺序列示的。我们认定19世纪中叶发生了5次系统性危机,1914年第一次世界大战爆发时发生了第六次系统性危机,而2008年发生了第七次系统性危机。金融冲击和金融风波发生频度要高得多,但自19世纪70年代以来很少导致系统性市场失灵。我们将考察出现这种情况的原因以及2007~2008年危机是否像1825~1866年间发生的系统性危机那样重新打开了回归定期发生系统性危机时代的大门。

表3.1中显示的一般格局是金融危机紧挨着商业周期高峰出现,并且由整体经济衰退紧随其后;1914年的危机是由第一次世界大战爆发造成的,但也是发生在持续很长时间的周期性经济好转之后;而2007~2008年的信贷危机同样也是发生在持续很长时间的经济好转以后,并且随后就出现了周期性经济衰退。

这种格局倒是符合货币和银行业市场风险顺周期的观点(Financial Service Authority,以下简称FSA, March 2009:22)。在整体经济持续回升,抵押物价值处在周期性高位,而市场人士愿意冒更大风险的时候,金融风波更有可能导致系统性市场失灵。表3.1中的数据同样也符合两者互为因果的观点,也就是伦敦商业区情况好转有可能导致伦巴第街面临更大的金融危机风险,而伦巴第街发生金融危机则可能助推伦敦商业区逆转。本章的目的就是要确定两者之间是否互为因果以及货币市场风险是否顺周期。

二、金融冲击与系统性市场失灵

从19世纪70年代到1913年,伦敦货币市场没有发生任何类似于之前50年里发生的那些危机。虽然德国和美国在1872～1873年周期性平稳时期内发生了金融危机,但英国并没有发生任何系统性危机。1878年格拉斯哥城市银行倒闭导致伦敦货币市场陷入混乱,但英国经济依旧缓慢增长,并且避免了市场系统失灵。1890年巴林银行倒闭造成的威胁正好遇上一个商业周期高峰,并且有可能引发一场系统性危机,还好英格兰银行迅速采取行动阻止了这场危机。结果,巴林银行的问题只对英国国内经济产生了很小的影响,但导致国际经济状况恶化,进而导致19世纪90年代初的逆转。

1914年第一次世界大战爆发导致伦敦货币市场发生了一场危机,但英格兰银行与英国财政部联合行动控制住了问题(Morgan,1952)。在两次"大战"间隔期内,英国经济出现了三次周期性好转,国内金融体系没有发生任何危机。然而,1931年国外发生了一场足以影响伦敦货币市场的严重危机。英格兰银行签署的国外汇票延期偿付协议成功地防止了国内市场的系统失灵,而金汇兑平价制的放弃阻止了一次外部危机。当然,1931年经济处于周期性低谷。

我们发现,战后时期,虽然国际收支和汇率危机频仍,但在2007～2008年以前一直没有发生过系统性金融危机。其间发生了1973～1975年二级银行部门危机以及从1982年开始的拉美债务危机,差点酿成两次系统性危机。1992年英国退出欧洲汇率体系,快速缓解了汇率高估造成的巨大金融压力。

三、商业周期与金融危机

19世纪中叶,商业周期在被一次金融危机打断了节奏以后呈现出经济向好的典型格局,从而导致信贷紧缩和英格兰银行基准贷款利率(中央银行利率)的大幅度上涨,随后经济出现逆转。英国19世纪中叶发生的5次系统性危机和1873年发生的海外金融危机都遇到了英格兰银行上调利率(见表3.1)。英格兰银行在1836年经济处于周期性高峰时也上调了基准贷款利率,但当时没有发生任何金融危机(见图3.1)。

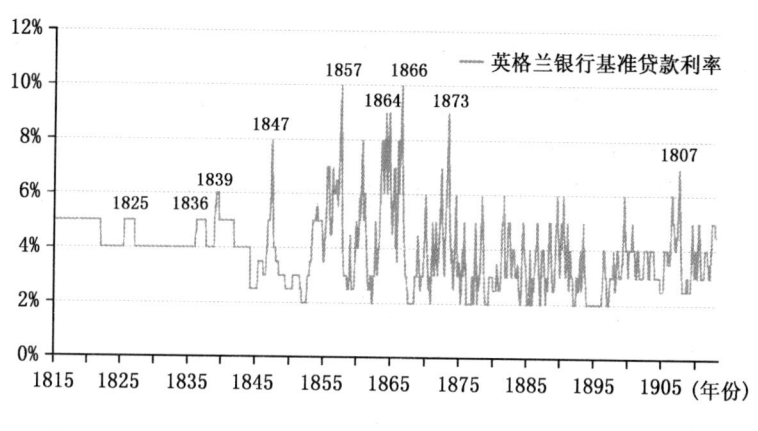

资料来源:英格兰银行。

图3.1 1815~1913年英格兰银行基准贷款利率

1847年、1857年和1866年这三次金融危机每次都对英国国内货币市场产生了严重的影响,但对实体经济只产生了短期影响。实际产出(或者产出)随着金融压力的释放在一两年内得到了恢复(见图3.3)。比较而言,1825年危机期间产出剧烈波动,随后出现了一个缓慢增长期。1839年危机过后接着又出现了经济衰退,一直持续到1842年(见图3.2)。

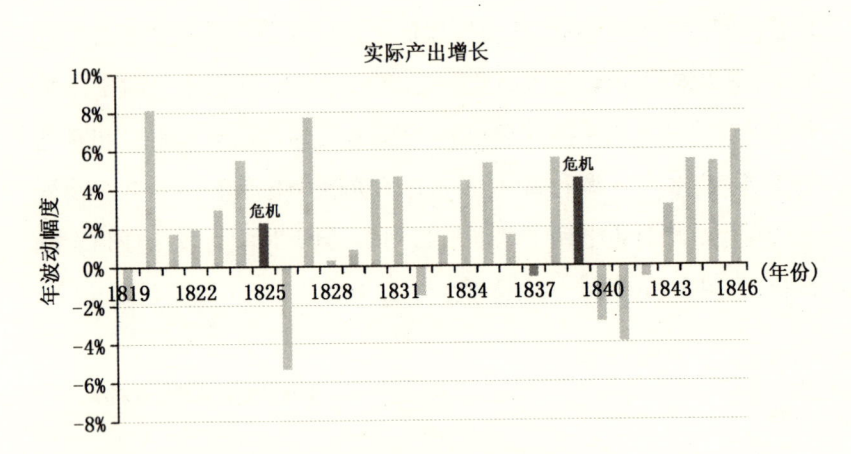

资料来源:布罗德贝里等(2011)以及希尔斯等(2010)。

图 3.2　1819～1842 年英国的商业周期与金融危机

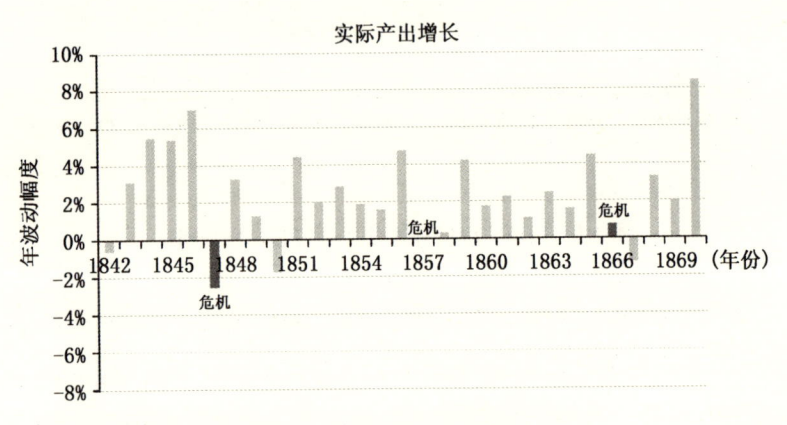

资料来源:布罗德贝里等(2011)以及希尔斯等(2011)。

图 3.3　1842～1867 年英国的商业周期与金融危机

有时,经济活动的周期性高峰伴随着价格通胀幅度的剧烈波动,如 1825 年、1836 年和 1866 年出现的周期性高峰(见图 3.4)。

商品和信贷市场的关联性意味着商品价格上涨能够刺激信贷宽松，而商品价格下跌则能导致拖欠还贷和信贷紧缩。我们将在本章第三节里更加详细地讨论商品市场和信贷市场之间的相互作用关系。

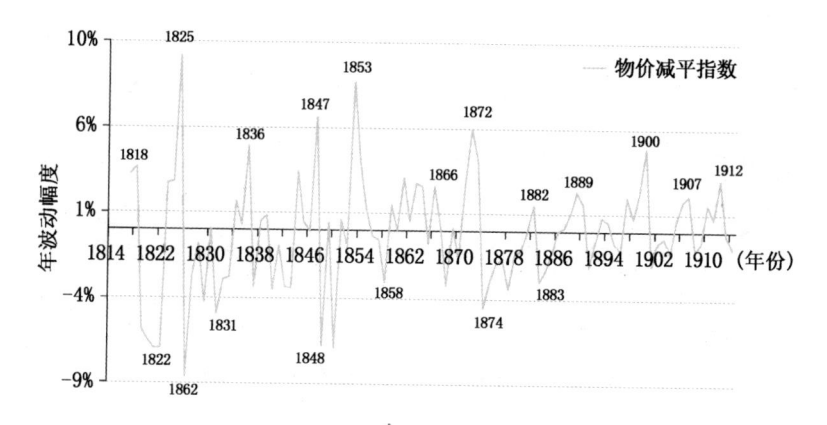

资料来源：布罗德贝里等（2011）以及希尔斯等（2010）。

图3.4 英国的通货膨胀

19世纪30年代末，英国农业歉收，需要增加进口粮食，从而导致黄金输出。英格兰银行在1839年提高了基准贷款利率，而信贷紧缩似乎在40年代初产生了紧缩效应（Matthews, 1954: Ch.12）。40年代末新金矿的发现和黄金的流入允许英格兰银行下调基准贷款利率并且放宽信贷，因而在50年代初好像产生了扩张效应，并且导致通货膨胀在1853年出现了一个峰值。我们将在下一节里更加详细地讨论这些因素的相互作用问题。从70年代中期开始，商业周期内的价格波动幅度明显缩小，1874～1879年间价格稳步下调。1882年和1889年物价上涨，接近周期最高点，但很快就发生逆转。1990年布尔战争刚爆发不久就出现了一次明显的物价上涨,物价水平上涨了5%,但次年就发生了逆转(见图3.4和图3.5)。

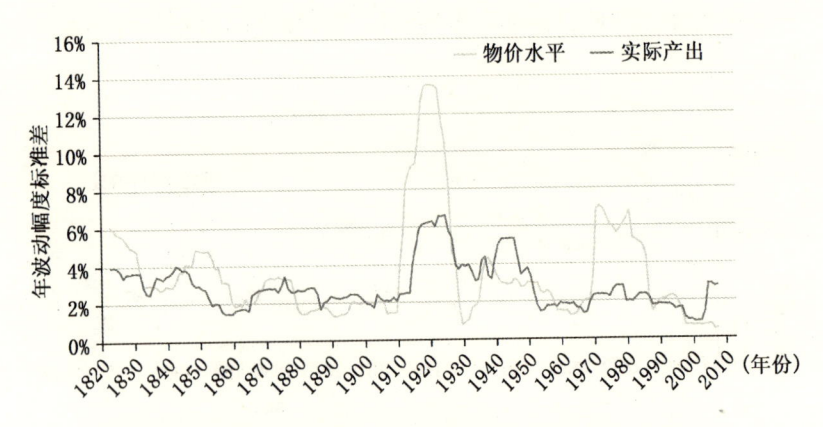

资料来源:布罗德贝里等(2011),希尔斯等(2010),ONS(2013)。

图 3.5　英国物价水平与实际产出变动幅度

19世纪末,英国发生了多次金融风波,随后经济就出现衰退,但原因并不清楚。1878年格拉斯哥城市银行破产并没有发生在商业周期高峰时期,而且也没有导致货币市场遭遇系统性问题。但是,紧接着格拉斯哥城市银行破产案之后,英国的整体经济出现了短暂的收缩(见图3.6)。1907年的纽约恐慌并没有导致伦敦金融市场系统性失灵,但英国经济在1908年出现了下滑(见图3.7)。这些情况反映了国际贸易恶化,而不是伦敦的信贷问题。

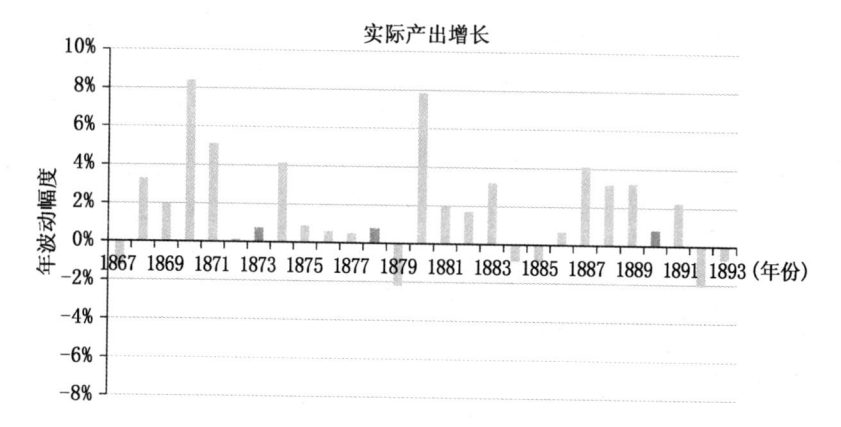

资料来源:布罗德贝里等(2011)以及希尔斯等(2010)。

图3.6 1867~1892年英国出现的商业周期与金融危机

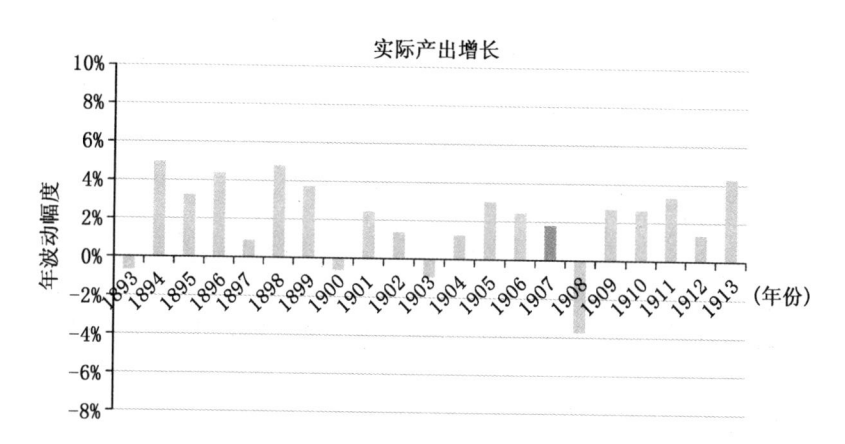

资料来源:布罗德贝里等(2011)以及希尔斯等(2010)。

图3.7 1893~1913年英国出现的商业周期与金融危机

四、长期增长与波动幅度

1914年前,产出的趋势增长率大约是2%,趋势增长率的波动幅度并不大。两次"大战"间隔期内,产出的平均增长率低于第一次世界大战爆发前,而平均增长率的波动幅度则高于第一次世界大战爆发前。在1952～1973年的黄金时代里,英国产出的实际增长率急剧上涨,而增长率的波动幅度则大幅下降。1973年石油价格上涨后,英国的产出增长率下降,而增长率波动幅度则上升。1992年英国退出欧洲汇率体系以后,产出的趋势增长率一路上扬,一直持续到2007年,这个时期以"大稳健"(Great Moderation)而闻名,而美国的"大稳健"要比英国早开始10年(见图3.9和表3.2);物价通胀及其波动幅度大幅下跌以及实际产出增长率堪与黄金时代相比(图3.8)。

资料来源:布罗德贝里等(2011)以及希尔斯等(2010)。

图3.8 英国的物价通胀

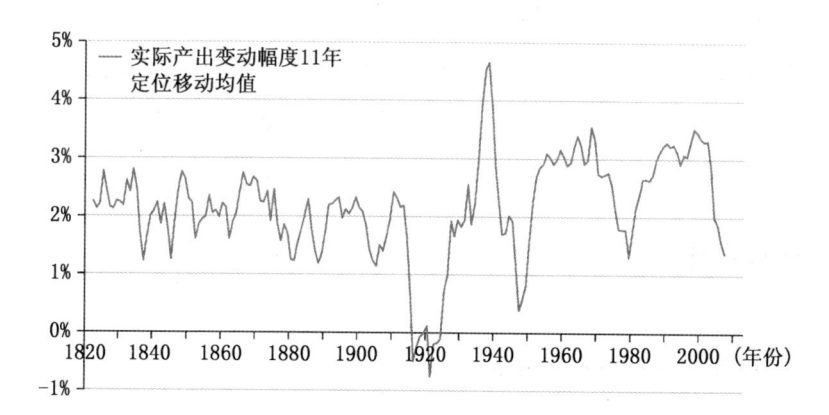

资料来源：布罗德贝里等(2011)以及希尔斯等(2010)。

图3.9　英国实际产出趋势增长率

随着包括伦敦在内的主要银行同业拆借市场的系统失灵，并且导致信贷收缩和经济严重衰退，大稳健时期显而易见的宽松状况于2008年戛然而止。经济在大稳健时期的持续向好以及金融危机后的严重衰退两者都是特例——"这次情况真的不同"。

表3.2　英国国内生产总值年增长率(%)、均值和标准差

时期	观察值	均值	标准差
1822～1866年	45	2.25	2.85
1867～1913年	47	1.92	2.32
1920～1938年	19	1.25	4.52
1952～1973年	22	2.91	1.73
1974～1992年	19	1.73	2.19
1993～2007年	15	2.94	0.62

资料来源：希尔斯等(2010)。

关于英国经济周期更加详细的说明，请参阅本章附录。在下节

里,我们将通过更加详细地考察伦敦货币市场来探讨金融部门与整体经济之间的关系。我们将测度商业周期与金融危机互为因果关系的程度,并且考察货币市场与银行业风险是否都呈现顺周期性。

市场评论

一、1825 年的危机及其后果

我们以 1825 年危机为起点来加以说明。1825 年发生的那场危机不但严重,而且对英国金融体系的结构产生了重要的影响(King, 1936)。那场危机是不适当的货币和财政措施过度刺激经济繁荣的结果,英格兰银行和英国财政部负有不可推卸的责任。拿破仑战争结束以后,英国准备恢复金本位制。当时,英国经济脆弱,正处在一个通货紧缩时期。1819 年,英国经济陷入了一个周期性低谷,随后由于出口尤其是棉纺织品出口增长而大幅反弹。在当局实施的财政金融刺激政策的推动下,随后出现的经济繁荣得到了国内外投资的支持。财政金融刺激政策由两部分组成。首先,财政部急于降低历次拿破仑战争积欠的高水平债务的偿还成本。为此,它降低了政府债券的利息,从而导致政府债券长期收益率下降。此举鼓励投资者从事回报率高于公债但风险也较大的投资。其次,英格兰银行扩大信贷发放。该银行已经积攒了大量的黄金,并用金币来取代流通中的小额银行券。这些银行券是在 1791~1821 年纸英镑流通时期由地方银行发行的,当时银行券暂停兑换铸币(金币和银币)。按原先的计划,这些银行券到1822年停止流通。结果,小额银行券推迟了10年才退出流通(Feavearyear,1963)。这个决定意味着英格兰银行的黄金储备超过了正常水平。于是,英格兰银行把基准贷款利率从5%降低到了4%,并同时放开再贴现业务。这些措施的合并效应就是降低了借款成本,并且刺激了冒险欲望(Neal,1998;Gayer,Rostow,and Schwartz,1953:Ch.IV)。

当时主要的冒险方式就是在国内外进行金融投机。公用事业和独立不久的南美国家发行的债券受到了青睐。投资于采矿业的兴趣高涨,结果矿业股票价格高企(Neal,1998;Gayer,Rostow,and Schwartz,1953:184)。1825年,由于农业歉收,对外投资处于高位,粮食进口猛增,结果对英格兰银行的黄金储备造成了压力。

公众对地方银行发行的银行券失去了信任,地方银行发生了挤兑事件。公众对铸币的需求对英格兰银行的黄金储备产生了压力,而对地方银行发行的银行券信任的丧失导致了支付机制的崩溃——用施瓦茨(Schwartz,1986)的话来说,一次名副其实的金融危机。英格兰银行最初采取的应对措施是对汇票和其他金融票据再贴现实行配额制。此举加剧了恐慌,在改用无限额再贴现政策以后,市场的恐慌心理才得到缓解。是否像当时人们所认为的那样,那场危机是由过度发行小额银行券导致的,这一点尚不能确定,但公众对银行券信任的丧失促成了那次危机这一点却确定无疑(Neal,1998)。投机性繁荣消失和小麦进口增加所产生的压力是导致危机的重要因素。信贷急剧收缩导致经济衰退,随后又出现了一个停滞时期。小麦价格高企,又挤压了实际工资和消费支出。这个时期以政治动荡促成

1832年的改革法案而出名(Matthews, 1972)。

　　金融恐慌的一个重要后果就是对英格兰银行的股份制银行垄断权进行了重新考虑，从而导致了一个由非银行券发行、小弱合伙制银行经营的伦敦以外的银行部门。1826年的相关法案允许创建主要以吸收存款而不是发行银行券为业务的股份制银行。股份制银行一直到明文规定只要不发行银行券就可以在伦敦营业以后才真正获得发展。《1833年银行特许法案》对此做了明确规定。英格兰银行获准在外省开设分行，交换条件就是它交出股份制银行垄断权。实际上，这一变化对于已有的票据经纪行来说并没有导致竞争的加剧，因为英格兰银行新开设的分行只承接最优票据再贴现业务，但倒是提供了向伦敦输送资金的有效手段。因此，这一变革倒是促进了伦敦经纪行的业务(King, 1936)。

　　1825年危机爆发之前，伦敦的私人银行已经把商业票据和国库券作为流动性储备来持有。在银根收紧时期，它们通过英格兰银行的再贴现窗口来出售这些资产，或者获得以这些资产为抵押品的贷款。在1825年金融危机期间，私人银行发现自己已经无法得到这种形式的援助，于是决定日后要采取在英格兰银行存钱、在货币市场借钱的形式来持有流动性储备。18世纪30年代初，票据经纪行获准在英格兰银行开立账户，于是变革进入了下一阶段。这一阶段的变革创立了一种新的金融体系结构。在这个结构中，英格兰银行只与货币市场打交道，而不再与商业银行——无论是伦敦的商业银行还是伦敦以外的商业银行——打交道。最后，1825年的金融危机迫使英格兰银行承认，它在银根严重紧缺时期对支持金融体系负有一定的责任(King,1936;Gayer, Rostow, and Schwartz,1953:Ch. IV;Collins,1990)。

二、1837~1839 年的危机

19 世纪 30 年代初,英国经济开始复苏,靠的是出口回暖。随后国内投资高涨,而铁路建设对国内投资高涨起到了重要作用。英国出口商得益于 30 年代美国经济增长的活力。1837 年,美国经济增长受阻,美元贬值,而美国进口商遇到了偿付英国出口商货款的问题。美国进口商的违约对做美国票据承兑业务的英美金融公司产生了压力。一家主要的金融公司宣布破产,而英格兰银行拒绝对这家公司承兑的票据提供再贴现。此举导致了一场金融恐慌,这场恐慌直到英格兰银行重新发放贷款救市才平息下来。不管怎样,这场恐慌造成的冲击足以中止繁荣。因此,英国经济在 1837 年开始陷入衰退(Matthews,1954:Chs. V, VI;Gayer, Rostow, and Schwartz,1953:Ch. V)。经济活力能一直保持到 1837 和 1838 年,在一定程度上得益于已有铁路建设项目持续的大量支出。但到了 1840 和 1841 年,铁路建设支出的刺激作用逐渐消失殆尽。40 年代初的农业歉收对经济衰退起到了推波助澜的作用。英国国内小麦短缺,需要增加进口,从而影响到了英国的国际收支。随着黄金储备的减少,英格兰银行不断收紧银根。市场开始怀疑英国是否有能力守住金本位制(Matthews,1954:Ch. XII,Section. 5;Deane,1968)。高企的粮价造成了与"饥荒四十年"有关的社会压力(Matthews,1954:215;Dimsdale,1990:160)。

我们能够不无道理地设问:由 1826 年和 1833 年立法创建的新金融体系是否应该为这场金融危机负责。这两项立法推进的主要变革就是伦敦和外省股份制银行的发展。新的股份制银行的行为方式不同于之前发行银行券的私人合伙制银行。它们竞相吸收存款,但并不持有票据到期满,而是在伦敦货币市场上通过贴现来变现。这就意味着伦敦的票据经纪行比在旧体系下有更多的业务可做,这一点非常重要,因为票据经纪行业务的增加能够满足经济对信贷不断增长的需要(King,1936:39~50)。业已形成的盈余资金从农业地区流向工业地区的格局保持不变,但资金流动的规模变得更大(Pressnell,1956)。借钱的工业地区的银行承兑当地商人签发的票据。票据一旦由某家银行背书,就能拿到伦敦市场上再贴现,从而为农业地区银行提供了一个流动资产来源。新银行通过对存款支付利息来争取多吸收储蓄资金。

新的金融体系把储蓄资金动员了起来,但在运行过程中也遇到了一些问题。借钱地区的银行可能要做过多的贴现业务,并且发现拿票据去做再贴现要比一直持有到期满更有利可图。其实,在以发行银行券的私人银行为基础的旧体系下早就有这种做法。这种做法是在 18 世纪末发展起来的,当一家银行拿一张它已经背书的票据去再贴现(出售)时,如果票据的付款人违约,银行仍要负责。银行可能不知道这些或有负债,而且相对于它们的资本而言再贴现过度。关于银行再贴现过度的抱怨不断增加,有一家非常杰出的股份制银行拿去再贴现的票据金额比它的认缴资本高出好几倍。如果这家银行背书的票据发生违约,那么这家银行的认缴资本可能被严重消耗,甚至有可能被消耗殆尽（King, 1936: 91～101; Matthews, 1954: Ch. XI）。

只要票据有银行背书,票据经纪行都愿意接受这样的票据提供再贴现。如果出票人违约,那么,票据经纪行就向票据背书银行追索付款。票据违约不一定会扰乱货币市场,除非无法确定票据背书银行的偿付能力。如果银行沉湎于过度背书资信有问题的商人签发的汇票,那么就有可能出现这种情况。一个相关的问题就是用短期融通票据为长期商业活动融资。这样,短期融通票据就必须不断展期和再融资,而用于商业融资的票据可能采取交货偿付的方式来结算。在兰开夏郡,汇票经常被用来为厂房和机器设备投资融资,并且会遭遇再融资风险(Matthews, 1954: 198)。这些缺点导致金融体系缺乏稳定性。

三、1847 年的危机

1847 年又发生了另一场严重危机。坎贝尔写的那一章将更加详细地讨论那场危机,我们在这里只对那场危机做简要介绍。到了 19 世纪 40 年代中期,英国经济已经从之前始于 1840 年的衰退中获得强劲复苏,货币市场在这个时期也得到了发展,而票据经纪行开始被贴现银行取而代之,并且用自己的资本开展业务。票据经纪行从股份制银行那里借进包括短期通知借款在内的短期资金,用这些借入资金为自己买卖票据。股份制银行为自己的准备金找到一个有利可图的出路,从而能够支付更高的存款利息。因此,货币市场的容量有所扩大,但是,货币市场的稳定性可能由于贴现行必须随时准备偿还短期通知借款而有所下降。

对铁路的兴趣重又复苏,货币制度也经历了一次重大变革。在应该如何实施货币政策的论战中,通货学派击败了银行学派(Fearvearyear, 1963:Chs. X, XI)。我们并不打算在这里讨论这场论战,但是,通货学派的观点对于英格兰银行在19世纪40年代的行为产生了重要影响。根据反映通货学派观点的《1844年银行特许法案》,英格兰银行的资产负债分属发行和银行两个部门。这样做是为了确保以英格兰银行银行券的形式发行的通货能够方便地兑换成铸币,从而防止了一次类似于1825年的货币危机。发行部的银行券由黄金储备和铸币以及银行券信用发行的规定限额作保证。采取这些措施的目的是要确保公众相信银行券的可兑换性不会有问题(Fearvearyear, 1963:272~274)。然而,严格遵守信用发行限额可能会制约英格兰银行在危机时期救助货币市场的能力。根据通货学派的观点,金融稳定要依靠给发行部规定的准则来保证,而金融稳定能够让银行部像营利性商业银行那样自由营运。事实上,通货学派的一名主要理论家曾经说过,银行部的职责就是像竞争性商业机构那样开展经营业务(King, 1936:Ch. 4)。

英格兰银行通过推行一项新的再贴现策略来回应1844年的法案。这项新策略就是废弃以前英格兰银行把基准贷款利率提高到超过市场利率的做法,而是把英格兰银行的基准贷款利率定在接近市场利率的水平上,从而提高了英格兰银行的竞争力(King, 1936:115,163)。英格兰银行把基准贷款利率降低到了2.5%,从而促成了19世纪40年代中期的投机性繁荣,并且推高了铁路股的价格。铁路股

3 1825年以来的英国金融危机与经济活动

的价格在1845年年中涨到了最高点。就在这时,爱尔兰发生马铃薯饥荒。市场预期小麦价格会大幅上涨,小麦价格涨到了1夸特112先令这个1817年以来的最高价。尽管粮食进口增加,英格兰银行的黄金储备有所减少,但利率仍然保持在低水平没变。

结果,1847年的农业收成好于预期,缓解了小麦短缺,并且导致小麦价格急剧下降。之前签订远期合约高价买进小麦的粮商遭受了严重亏损,从而给为粮商汇票贴现的货币市场交易商出了不少难题(Ward-Perkins,1962;Gayer, Rostow, and Schwartz,1953:Ch. VI)。所有这些压力引发了普遍恐慌,而对于伦敦金融市场上流通的商业票据和其他票据品级的担心又起到了推波助澜的作用。1837~1839年金融危机中最初出现的商业票据问题在1847年又重新再现,而且规模更大;银行再贴现过度甚至泛滥,导致或有负债大大超过银行资本;采用(又被称为融通票据的)金融票据完成的各种短借长贷业务持续泛滥。市场上从轻率到欺诈各种行为无所不有(Ward-Perkins,1962:83~84;King,1936:123~128,134~143)。

货币市场上出现的这些行为本身不足以触发1847年危机,促进因素包括英格兰银行采取了不适当的基准贷款利率政策、小麦市场投机盛行,可能还包括只认缴部分股金的铁路公司股东因需要缴清余款而急需大量现金。不管怎样,货币市场上可疑品级短期票据泛滥,是一个导致信心丧失问题恶化的因素。英格兰银行在危机时期动用黄金储备救市的职责与1844年法案相抵触,结果只能暂停执行该法。1847年危机过后,英格兰银行的基准贷款利率一直高于市场利率,但始终相差不多(King,1936,Ch. V:161~169)。为了设法保护仍在不断减少的黄金储备,英格兰银行停止了与其他贷款人的主动竞争,在 1847 年年初把基准贷款利率提高到了 5%,随后又逐步提高基准贷款利率。到了 1847 年 10 月,英格兰银行的基准贷款利率已经上涨到了 8%。

沃德—帕金斯(Ward-Perkins,1962:90)对 1847 年危机期间出现的金融创新的评价值得援引,因为它与其他几次金融危机有关:

"汇票这种精致、迷人的信用工具以及新型的金融和银行业务以它们自己的方式产生了像瓦特发明的蒸汽机那样重要的影响,但是两者都应该为笨拙、有罪的违规操作承担责任。在伦敦货币市场吸取这方面教训或者英格兰银行积累必要的经验和获得控制这种局面的授权之前,英国可能还要发生两次危机。"

四、1857 年危机

始于 1847 年危机后的经济复苏在 19 世纪 50 年代积蓄了能量,驱动繁荣发展的动力就是加利福尼亚和澳大利亚新开采的黄金流入英国,利率随着英格兰银行黄金储备的增加而下降。到了 1852 年,英格兰银行的基准贷款利率下降到了 2%,而货币市场的利率更是下降到了 1.5%。黄金流入其他国家刺激了经济活动,并且增加了对英国出口品的需求。1852～1853 年,英国的出口贸易大幅增长,而利率的下降导致新企业和国内投资大增。1854～1856 年克里米亚战争期间,英国政府支出的增加又刺激了经济活动。1856～1857 年,出口再次强劲增长。但这次,黄金储备减少,而利率上涨(King,1936,Ch. VI:170～174)。经济增长经受了 1857 年发生的金融危机的考验。这场危机导致金融状况恶化,并且在纽约引发了一场恐慌。1857～1858年,英国的产出停滞不增,但到了1859年重又开始增长(Hughes,1960:Ch. 2)。虽然1857年的金融危机对金融市场产生了严重的影响,但实体经济只受到较轻的影响。就像特曼(Temin, 1974)所说的那样,我们可以这么说,与其说是1857年的金融危机,还不如说是1860年美国国内战争的爆发造成了英国经济的严重衰退。

19世纪50年代的经济繁荣伴随着票据信贷的快速增长,数量不断增加的股份制银行想方设法地吸引存款和招徕商业票据业务。股份制银行不可能长期持有商业票据,很快就会拿它们到伦敦货币市场上去再贴现。新兴的贴现行有能力为自己持有商业票据,而不像以前的票据经纪行只做代理业务。贴现行大肆吸收活期资金,因此能够增加票据持有量。然而,争夺活期资金的竞争收窄了活期资金利率与票据收益率之间的利差,贴现行为了赚取小幅利差却要承担很大的风险。

19世纪40年代滥用票据信贷的行为再次重现,而且挥之不去。例如,商业银行相对于它们的资本金过度贴现商业票据,而品级有问题的商业票据只要有股份制银行背书都能拿到贴现行去再贴现。到了这个时候,只要是值得尊敬的机构拿来贴现的票据,不论出处,英格兰银行是来者不拒。通知贷款的增加导致贴现行变得更加不堪应付接到通知就得还钱的局面(King,1936:Ch. VI;Hughes,1960:Ch. 10:256～274 and Appendix 5)。

就像1847年那样,随着繁荣的发展,金融体系面临越来越大的风险。加快伦敦发生危机的冲击来自于纽约,也就是在1857年8月纽约发生俄亥俄寿险信托公司破产案以后,与美国贸易关系密切的英国银行和商行就变得更容易受影响。这场英国危机的起点就是利物浦伯勒银行(Borough Bank of Liverpool)的破产,这家银行不但因为它与美国的业务关系而面临风险,而且还因为它冒险的贴现策略而变得易受影响。随后又发生了其他一些破产案,其中包括苏格兰西部银行(Western Bank of Scotland)(King,1936:193~199)。

银行为了应对这次冲击而采取的措施就是从货币市场收回自己发放在外的通知贷款,以增加它们的现金储备。此举对贴现银行产生了还贷压力,贴现银行发现自己无法用手中持有的商业票据来融资,于是就求助于英格兰银行。英格兰银行提供了援助,但发现收进的票据品级值得怀疑。在正常情况下,这样的票据是不能贴现的。随着流动性需求的增加,尽管英格兰银行一下子把基准贷款利率提高到了10%,但是,黄金储备由于国内原因的减少给英格兰银行产生了压力,结果迫使英格兰银行暂停执行1844年特许法案。这样一来,英格兰银行就能增发银行券,甚至超过信用发行限额。即使这样,货币市场上的恐慌情绪也没有立刻平息下来。1858年,危机过后,随着市场恐惧情绪的平息,利率一路下跌,而经济仍停滞不前。

对于英格兰银行来说,事情并没有完。英格兰银行的董事们认为有必要收紧救助贴现市场的条件,于是决定宣布:除非能满足英格兰银行的要求,否则在正常情况下不可能获得援助(King,1936:199~205)。市场对英格兰银行将减少救助的预期引发了严重的担心,并且在英格兰银行和市场之间导致了一场旷日持久的争执。这场争执一度变得非常激烈,以至于欧沃伦—格尼银行这样一家重要的银行通过突然提走它存在英格兰银行的资金威胁到了后者的流动性。由于货币市场千方百计地降低自己对英格兰银行的依赖,因此打乱了英格兰银行的基准贷款利率与市场利率之间的平衡关系(King,1936:205~216)。

五、1866 年的危机

从 1829 年到 1865 年,英国的产出持续增长,但增长速度受到了美国国内战争的制约。中止从美国进口引发的原棉短缺在兰开夏郡导致了一场棉花荒。因此,棉制品出口经受了考验。到了 19 世纪 60 年代初,英国的总出口仍然停滞不前,但固定资产投资大幅增长了 50%,其中铁路和建筑业发挥了重要作用(Cottrell,1988)。

19 世纪 60 年代初期,有很多新公司上市,其中包括商业银行和贴现银行(Collins,1988)。两家 50 年代发起的贴现公司取得了优异的成绩,并且被认为足以在 60 年代鼓励发起其他公司(King,1936:Ch. VII)。伦敦金融市场凭借金融公司的增加获得了进一步的发展,金融公司承担了一些重大的建设项目,通过发行短期票据来为这些项目融资。这种形式的金融业务由法国的动产信贷公司(Credit Mobilier)开创,并且在 50 年代传到了英国(King,1936:231)。再融资风险意味着,如果市场受到干扰,投资者丧失信心,那么,这样的融资安排就有可能导致问题。

19 世纪 60 年代初英国的货币状况因利率波动而受到了干扰,当时利率并没有遵循一种正常的顺周期走势,而是在经济复苏期间,也就是 1864 年出现了一个很高的峰值,而英格兰银行的基准贷款利率上涨到了 9%。造成英国利率如此波动的部分原因是美国爆发了国内战争,英国不得不从印度进口棉花来替代美国的棉花,从而导致黄金流向印度,减少了英格兰银行的黄金储备,并且对利率产生了上行压力。1864 年,英国勉强逃过了一次金融危机,但在两年后的 1866 年遇到了更加严重的问题。

事态的发展对贴现市场产生了很大的压力,因为贴现市场的一家主要企业欧沃伦—格尼银行参与了很多风险大于持有优良商业票据正常业务的长期融资活动。这家贴现银行采用一种冒险的方式开展它的贴现业务,而它的多个债务人又无力履约,用一些长期资产来抵债。长期资产需要通过发行短期融通票据来融资,但在货币市场受到干扰的情况下,短期融通票据的展期变得越来越困难。随着欧沃伦—格尼银行问题的影响逐渐蔓延开来,这家银行发现自己已经无法从贴现市场或者英格兰银行那里获得援助。由于欧沃伦—格尼银行无法向英格兰银行提供优质抵押品,因此不得不宣布无力偿还债务(King,1936,Ch. VII:242~252)。英格兰银行并没有觉得有必要救助欧沃伦—格尼银行,理由是这家银行在货币市场上占据的主导地位使得它"大得不能倒闭"。不过,英格兰银行还是主动采取措施来平息欧沃伦—格尼银行破产消息引发的恐慌。英格兰银行通过无限制发放高利率优质抵押品贷款平息了这场危机。此举完全符合白芝浩在《伦巴第街》(1873)提出的建议。无限量贷款抑制了黄金储备在国内的流失,但必须停止执行 1844 年法案。英格兰银行把基准贷款利率提高到了 10%,因而消除了发生英镑危机的威胁。英格兰银行的基准贷款利率从这一年的 5 月到 8 月一直维持在 10％的水平上。

把 1825 年到 1866 年这个时期作为一个整体来考察,就能发现英格兰银行应对货币市场压力的措施有所改善。桑顿(Thornton,1802)和白芝浩为货币市场管理原则的确立做出了重要贡献,并且帮助英国在 1866 年以后躲过了货币市场危机。

六、19 世纪 70 年代到 1971 年的伦敦货币市场

1866 年发生的那场危机是 19 世纪中叶英国遭遇的最后一场系统性危机。在金(King)看来,1866 年以后伦敦货币市场出现的稳定状况源自于伦敦国际汇票业务的发展以及承兑银行的崛起(King,1935:Ch. VIII)。根据金的这一观点,1866 年发生的那场危机使得伦敦贴现市场和本地贴现银行名誉扫地,从而允许欧洲大陆施罗德(Schroder)这样的银行家在伦敦站稳了脚跟(Robert,1992:47)。法普战争以及法国暂时弃用金本位制使得伦敦成为占据主导地位的金融中心。新型承兑银行在开业承兑(即通过背书担保)第一张外国汇票时都想方设法地核实汇票相关各方的信誉。这种谨慎的态度与 1870 年以前海外贸易金融中不那么谨慎地使用承兑汇票的情形形成了鲜明的对照。这方面最令人惊讶的例子也许出现在 1837 年。那年,英、美贸易商行由于美国进口商违约而没能履行其承兑义务。1857 年危机期间也出现过类似问题。1870 年以后,各承兑行改进了承兑程序,从而确保了伦敦货币市场更有能力抵制冲击。承兑汇票持有人可以拿它们到货币市场上去贴现,而且英格兰银行也会把承兑汇票作为贷款担保品来接受。英格兰银行凭借市场提供的这种优质担保就能通过在资金紧张时期提供无限量的再贴现来履行最后贷款人的职责(Balogh, 1947; Truptil, 1936)。金认为,国际汇票承兑业务的发展是一个渐进的过程,而且是在19世纪下半叶国内汇票被国际汇票取而代之的推动下完成的。

弗朗德罗和乌戈利尼在本书他们俩所写的那一章里指出,这一转变过程来得很快,就像贴现市场吸取了1866年危机的教训那样。贴现市场当时已经确信,未来只有拿高品级的汇票才能向英格兰银行申请再贴现。票据市场的复原能力为限制1866年以后金融风波的严重性发挥了作用。无论是像金所说的那样是一个渐进过程,还是像弗朗德罗和乌戈利尼所认为的那样是一个较快完成的过程,这一转变产生了相同的结果。伦敦货币市场变成了国际金融中心,并且没有受到1866年前那个时代周期性风波的干扰。吉勒特·布拉泽斯(Gillett Brothers, 1964)在他的经典著作中介绍了伦敦市场的汇票业务。按照现代的说法,伦敦经过改革后的货币市场就是要限制顺周期性风险。

金也注意到了伦敦货币市场国际汇票业务的发展以及国内汇票业务的萎缩,但是,西村由纪江(Nishimura, 1971)更加全面地探讨了这个问题。西村由纪江计算了当时伦敦货币市场国内和国际汇票的业务量,结果显示前者在19世纪70年代初期达到顶峰以后开始萎缩,而后者在90年代之前超过了前者。西村由纪江还表示,伦敦货币市场国内汇票业务在90年代银行合并主要时期之前早就开始萎缩;而金则认为银行合并是造成国内汇票供给减少的主要原因。

随着国内汇票需求从 1870 年起日趋萎缩,伦敦货币市场的作用也发生了变化。把农业郡的盈余资金用于工业郡债务人签发的汇票这一传统格局同样也发生了变化,通过透支便利借款的方式以牺牲汇票融资为代价获得了发展。西村由纪江还把工业短期融资需要的减少归因于运输条件改善促成的库存持有量减少。其间,世界贸易的快速发展是导致国际汇票业务扩展的驱动力。

1878 年,格拉斯哥城市银行(City of Glasgow Bank)倒闭对英国金融体系构成了威胁。柯林斯(Collins, 1989)强调指出了这次威胁的严重性。他认为,这家大银行的倒闭对英国金融体系产生了严重的影响。但是,他的这一观点并没有得到包括金在内的所有其他作者的赞同。格拉斯哥城市银行是在 19 世纪 70 年代经济下滑时期,而不是在经济周期更危险的阶段倒闭的,从而有可能降低它的系统性影响。不管怎样,1866 年以后实行的改革成功地减弱了商业周期与货币市场之间的相互作用关系。

伦敦货币市场的稳定得益于主要国家中央银行在金本位制运行方面更加紧密的合作。就如艾肯格林(Eichengreen, 1992)讨论的那样,在英格兰银行遭遇美国 1907 年恐慌的冲击时,欧洲大陆的中央银行伸出了援助之手。所以,1908 年伦敦城没有发生任何危机,但英国经济急剧下滑。鉴于承兑行在英国金融体系中占据的重要地位,好几次出现了救助承兑行的需要。1890 年发生的巴林银行危机就是第一个例子。当时,在英格兰银行的协调下,对这起有可能发生的倒闭案采取了先发制人的措施。1914 年,第一次世界大战爆发,交战国之间的一切付款被冻结,同样也威胁到了英国各承兑行。在这个案例中,英格兰银行和英国财政部出面干预保护了各承兑行和整个金融体系。1931年,由于欧洲大陆短期债务人付款受到限制,因此也出现过类似的威胁。就如阿克米诺蒂(Accominotti,2012)认为的那样,对伦敦货币市场来说,那可是一次严重的威胁。但又如塞耶斯(Sayers,1976)指出的那样,英格兰银行及时采取行动遏制了那次威胁。

虽然19世纪末以伦敦为付款地的国际汇票是伦敦货币市场交易的主要票据,但是,英国财政部发行的短期国库券(短期政府债券)是一种重要补充。英国财政部的国库券于1877年引入市场,1914年以前交易量仍十分有限,但到了第一次世界大战期间就变得非常重要,并且在两次"大战"间隔期内已经成为伦敦货币市场的主要交易资产,并且是优于信用等级最高的国际汇票的抵押品。麦克米伦委员会(Macmillan Committee,1931)并没有提出货币市场变革的建议,而是承认英国短期海外负债与流动资产之间存在失衡的问题。不过,1931年发生的国际危机并没有干扰英国金融市场的运行。

拉德克利夫委员会(Radcliffe Committee,1959)在第二次世界大战以后同样也没有关心货币和银行市场自由化问题。战后的外汇和银行贷款管制产生了制约货币体系发展和限制竞争的作用。不管怎样,专门为非英国居民存款人服务的欧洲货币市场从20世纪60年代开始在伦敦发展起来;与此同时,一个主要是包括美元定期存单在内的欧洲美元银行同业拆借市场也发展了起来,国内银行同业拆借市场和地方政府存款市场也开始发展起来。头等银行票据——由信誉得到公认的银行承兑的票据——市场得到了恢复,而英国财政部发行的国库券失去了市场主要金融工具的地位。商业区主要大街上的银行(high street banks)——伦敦和苏格兰的清算银行——继续保守地管理着国内资产和负债业务,并且坚持采用至少28%的流动资产比率。流动资产包括短期金边证券、国库券、随时可收回的贴现市场放款、头等银行票据和地方政府票据。这些资产之所以能够在危机时期保留其流动性,恰恰是因为英格兰银行愿意对它们提供再贴现,或者把它们作为贷款抵押品来接受。银行同业拆借便利没有被视为一种流动资产,因为它不能拿到英格兰银行去再贴现(Bank of England,1984:8~9,34)。

七、1971年和1979~1980年的监管放松

1971年,一个名为"竞争与信贷控制"(Competition and Credit Control)的改革方案除了允许清算银行通过贴现市场间接贷款以外,还允许它们直接互相贷款,从而促进了国内银行同业拆借市场的快速发展。与此同时,一个覆盖面更广的批发货币市场也获得了发展,具体包括保险公司、基金管理公司和企业财务公司。竞争与信贷控制改革方案为1971年前的伦敦国内货币市场与欧洲市场模式设置了一个中途站。定量的贷款上限有所提高,信贷扩张因而短期利率水平被认为都应该通过调整英格兰银行的基准贷款利率来加以调节。28%的流动资产比率被取消,取而代之的是12.5%的储备资产比率。广义地说,储备资产的定义沿用了1971年前流动资产的定义。虽然清算银行不能只保持其国内英镑账户平衡,就像它们在欧洲市场上做的那样,但是,流动资产比率从28%下降到12.5%就意味着它们有了减少流动资产持有量的余地(Bank of England,1984)。

伦敦货币市场的宽度和深度允许清算银行和其他银行更加精确地管理自己的负债业务,它们能够通过批发市场来筹措资金。因此,它们觉得能够采取更具竞争性的贷款策略,并且快速扩展它们的资产负债业务。房地产贷款业务的扩展导致了1971~1973年商业房地产市场回暖以及1974年房地产泡沫破灭,并且最终引发了一场二级银行业危机。1973年重新对银行资产负债业务增长实施直接管制,这种管制在1979年废除外汇管制之前一直是一种货币政策工具(Bank of England,1984:117~128)。

外汇管制废除以后,银行贷款限额可以通过把(英国居民的)存款和贷款转到海外银行实体的方式来规避。因此,1980年为避免海外存贷去中介化问题而取消了贷款管制。同年,银行被允许在一级抵押贷款主流市场与购房互助会同台竞争。最后,12.5%的储备资产比率也被废除,以推行有关银行一级流动资产的审慎要求(Treasury and Bank of England,March 1980)。这些管制放松措施导致银行信贷在20世纪80年代持续扩张,促成了一个明显更大的抵押贷款市场,同时又导致银行持有的一级流动性资产(储备资产的新名称)同比例减少。

房地产贷款在银行资产负债表中的重要性不断提高,从而在银行和经济周期尤其是房地产市场周期间的关系中增添了新的动态性(Goodhart,June 1989:501)。20世纪80年代,英国国内银行信贷不断扩张,但并没有引发直接的国内危机。从1982年起,拉美债务危机对包括英国银行在内的国际银行提出了挑战,但这个问题得到了遏制。1989年股市崩盘，随后又发生经济衰退；90年代初，英国住房市场又出现一些负资产问题。所有这一切导致业已增长的抵押贷款业务开始下降，并且引发了一些关于国内抵押贷款市场周期性问题的讨论。1991年抵押贷款拖欠和业务量减少的情况与这个市场的既往经历高度可比，可能意味着顺周期性风险的增大。银行的利润率受到了打压，但没有引发日本经济和银行所遭遇的持久性问题。

20世纪90年代的亚洲和俄罗斯银行危机以及2000年的互联网泡沫破灭对英国银行业造成了一些问题，但都不是什么难以解决的问题。2006年的美国住房市场逆转以及2008年的雷曼公司破产导致包括伦敦在内的国际货币市场陷入瘫痪。为了阐明为什么这场冲击产生了致命的影响，而其他金融风波却没有这个问题，有必要介绍一下自1979～1980年改革以来伦敦货币和信贷市场的发展状况。

八、1980年以来的伦敦货币和信贷市场

伦敦贴现市场在20世纪80年代不断萎缩，并且在90年代中期实际解体。一级银行票据和国库券交易变得规模太小，导致英格兰银行无法开展逐日货币市场业务。英格兰银行凭借自己的特殊地位创建了一个债券回购市场：于是，英国的银行不再拿票据找英格兰银行再贴现，而是把自己持有的金边债券（英国政府债券）卖给英格兰银行换取现金，并且同意在未来某个日期以固定的价格回购[一种销售与回购协议，或者所谓的"债券回购协议"（repo）]。

债券回购可被视为一种用债券作为担保的现金贷款方式，债券回购最终变成了英格兰银行开展日常业务的一种有效机制，并且在

2007~2008年信贷危机时期显示了充分的复原能力(Tucker, 2004: 377)。然而,这个取代传统优质票据发行体系的信贷体系本身也存在明显的缺陷。

20世纪90年代的证券市场繁荣激励银行由以资产促增长型策略转向了一种基于发行—包销—分销模式的策略。贷款可以证券化,因此,融资和信贷风险可转由其他关系方承担,并且被作为资产担保证券(ABS)进行交易。资产担保证券可以被重新包装成抵押贷款债券(CDOs)。优先级抵押贷款债券只有很小的信用风险,但次级抵押贷款债券却有不相称的风险。信用违约互换(CDS)被用来对风险进行进一步包装,并且创建合成抵押贷款债券。结果,纵向一体化的银行可进行内部分工,由不同部门负责发行、包销、融资(优先级票据持有人)和信贷风险(次级票据持有人)业务。有很多美国和欧洲(主要是英国银行)主要银行把抵押和其他贷款作为(资产负债)表外特别投资工具(SIVs)来处理,并且用它们来发行资产担保证券,而资产担保证券又被包装成抵押贷款债券和合成抵押贷款债券。资产担保证券特别是住房抵押贷款证券(RMBS)就变成了一种可在货币市场上交易的新的资产品种,优先级抵押贷款债券与最优级主权信贷和超国家信贷都可被评为AAA级资产。

资产担保证券市场看似颇具流动性,而优先级证券化债务作为银行流动性优选资产取代了头等票据。各种证券化债务——不只限于金边债券——还被大量用作投资银行自营单位及其投资客户的回购—融资担保品(Gorton, May 2009:567-572)。回购贷款按照低于所提供担保品价值一定差额或者折扣的额度发放。考虑到担保品估价会出现波动,而且对贷款人的保证金要求也会发生变化,因此,担保品价值要逐日调整。20世纪80和90年代,资产担保证券市场还处在创建和发展阶段时就表明,这种证券为银行业提供了向非银行最终投资者转嫁风险的手段。然而,资产担保证券可被用作回购—融资担保品,把它作为流动资产来使用的做法已经变得非常普遍,以至于传统的银行和影子银行成为它们的主要持有者,而最终投资者并没有分担很多风险(Financial Services Authority, *Turner Review*, March 2009:14~16)。

九、通向2007~2008年信贷危机之路

导致2007~2008年恐慌的路径始于2006年美国住房市场的下滑,美国住房市场的下滑导致次级住房抵押贷款债券价值下跌(Gorton,2008)。次级住房抵押贷款被重新包装成抵押贷款债券,而且不必弄清哪些抵押贷款债券受到了影响和受到了多大影响。资产的复杂性和透明度缺失导致回购贷款人谨慎行事,拒绝把某些类别的资产作为担保品来接受,并且不断低估担保品价值。很多资产的交易并不活跃,因此,担保品根据贷款人用模型精心计算的价格(按照盯市模型)来估价。一个更加区别对待的回购市场迫使借款人接受更加保守的担保品估价和更大的价值折扣,借款人不得不出售资产变现。这样就导致一种恶性循环:资产价格下降,导致担保品估价下跌,并且怂恿贷款人寻求对担保品价值打更大的折扣,这又反过来迫使借款人进一步变卖资产(Gorton and Metrick,2010)。当时根本就不存在保护担保品价值的机制。

一级经纪行和它们的影子银行业务部客户都因为利用短期回购协议借款然后通过展期来为期限较长的投资融资而发生了银行式的期限搭配失调。2007年夏季以前，期限搭配失调的债务规模似乎已经有所扩大，但从2007年夏季起，回购贷款人开始采用更加保守的方法；通过回购展期的借款人停止还款，而一级经纪业务市场很大一部分关门歇业。

从回购市场到银行同业拆借市场的传播路径并不是十分清楚，而且有可能永远也无法明确确定。有些商业银行据说在一定程度上依赖回购融资机制，市场有传闻说商业银行面临次级住房抵押贷款支持证券风险。有些实施批发资金利用计划的英国银行从美国货币市场共同基金那里互换英镑，美国货币市场共同基金面临美国回购市场和顾客撤资的风险，它们采取的部分应对措施就是削减对美国银行的贷款。一旦银行同业拆借总量明显收缩，市场就会评估哪些银行会面临融资困难以及资产负债业务收缩的问题。在英国，北岩(Northern Rock)银行被认为已经暴露在风险中。等它明显陷入困境以后，市场便开始评估接下来最易受影响的机构。

结束语

一、如何限制顺周期风险

伦敦货币市场的传统做法就是设法限制顺周期银行风险。20世纪60年代初，英格兰银行仍承担着保证银行体系信誉的责任：

"英格兰银行有关商业票据的一般政策就是……保持伦敦优先级银行票据的品级,进而保持它们作为无疑问担保流动资产的品级"(Bank of England,1961:28)。

20世纪60年代末,应该由市场而不是英格兰银行确定信用标准的观点在伦敦欧洲货币市场得到了发展。1971年以后,伦敦货币市场部分采纳了欧洲货币市场的做法。从1980年起,英国永久性地废除了对本国银行国内资产负债业务的管制;英国银行开始更加依赖抵押贷款业务尤其是房地产抵押贷款业务。抵押债券回购市场的发展进一步加剧了英国银行的这种倾向。在很多情况下,资产价值持续得到信贷流的支持,而资产价值的提升为发放更大规模的贷款提供了明显的安全保证。银行风险的顺周期性迅速提升,最终导致了2007~2008年的信贷危机。信贷增长和抵押品升值之间的良性循环最终被打破,抵押品价值急剧下跌,最终导致违约和银行倒闭。

证券化本身并不是问题的根源。19世纪末20世纪初,终极流动资产是以伦敦为付款地的一级银行汇票。这种汇票是由一个证券化过程创造的。在这个过程中,承兑行提高了商业汇票的信用地位,以至于商业汇票可作为优良资产在货币市场转手。1866年以后,一个有效的信用体系整整花了10年左右的时间才在伦敦货币市场确立了自己的地位。2008年以后,各主要金融中心是否也需要这么多的时间才能恢复,这一点尚不明朗。

二、老问题,新名称

在今天,我们遇到的问题中,有一个重要方面是由于缺乏历史观而造成的，而问题的解决并没有得益于为老问题创造的新术语。相关历史文献已经证明了货币市场上曾经存在的很多陈规陋习，它们很像现代金融问题。

在19世纪相关文献中反复出现的第一种陈规陋习就是"超资本经营"。这里的超资本经营是指银行和金融机构相对于它们的经营规模而言资本不足。在19世纪30年代的繁荣时期，有人抱怨新的股份制银行相对于它们的资本金而言过度经营贴现业务。因此，它们的贴现业务稍有差池，就有可能赔光它们的本钱。这种情况类似于现代的过度负债经营，后者现在已经成为银行监管的一个重点。

第二种当时与现在共有的陈规陋习就是（资产负债）表外业务风险过大。票据背书人——后来的承兑银行——在短期利润的诱惑下敢冒过度的违约风险。除了过度贴现以外，银行还不能始终如一地认真审核贴现票据债务人的资质。承兑票据能在伦敦市场上轻而易举地贴现，导致银行承兑更多的票据。货币市场并没有掌握识别这些需要贴现的票据的专家知识，并且接受任何经银行背书的票据。时常会有一家或更多的银行因出票人违约而破产，从而在市场上给持有贴现票据的银行造成问题。市场上票据品级的不确定性有可能导致市场受到干扰，并且最终导致恐慌。在现代货币市场上，表外融资业务和资产担保证券有可能导致类似的问题。

第三种陈规陋习就是资产和负债期限搭配严重失调，这是19世纪金融危机中长期存在的问题。商业票据被认为能够自我清算：票据的付款期限（到期日）被认为与潜在的商品交货期限相匹配，交货付款日通常与票据到期日相吻合。在票据可用来为期限较长的项目融资时,情况通常就不同。借款人也许认为能轻而易举地对票据进行展期,因此不必在到期日偿还欠款。融通票据经常会展期,并且被用来为期限较长的投资项目融资。这种做法通常不会出现问题,但如果贷款人在票据到期时不愿展期,那么就会出现问题。马修(Matthews,1954)报告称,兰开夏郡曾有人利用票据贴现来为固定投资项目融资。在货币市场上,贴现银行习惯通过向其他银行借入接到通知就得偿还的通知贷款来为它们持有的票据融资。对通知贷款的严重依赖引发了1857年的金融危机。一旦像利物浦伯勒银行这样一家大银行宣布破产,其他银行就会收回通知贷款,迫使贴现市场向英格兰银行求助。这种陈规陋习的最严重情况或许出现在了19世纪60年代,因为当时金融公司都用商业票据来为长期项目融资。1866年,就是资产项目与负债项目期限搭配的严重失调导致了欧沃伦—格尼银行陷入了困境。对期限较长的资产是否有自生能力的担心导致无法进行短期融资,进而导致这家银行遭遇流动性不足风险。

由于欧沃伦—格尼银行在伦敦货币市场居于支配地位,因此,它的倒闭提出另外一个问题:英格兰银行拒绝帮助这家重要银行摆脱困境,最终导致了一场严重的危机。这场危机造成的恐慌直到英格兰银行实行宽松的高利率贴现政策后才得以平息下来。这项宽松的高利率贴现政策总体来说是与白芝浩(1873)的建议相符的。然而,英格兰银行当时可能认为,欧沃伦—格尼银行占据着市场支配地位,因此"大得不能倒闭"。虽然英格兰银行的这种想法也许缩短了危机的持续时间,但也可能造成了一个严重的道德风险问题。倘若欧沃伦—格尼银行这家伦敦货币市场的主要银行当时得到了救助,那么,

1866年以后的伦敦货币市场有可能会变得不那么谨慎。1890年,巴林银行由于在阿根廷经营过分冒险而面临一场危机,英格兰银行精心安排了救助行动。这次,英格兰银行认为,考虑到有可能对金融体系造成的后果,因此不能坐视一家主要承兑银行破产不管。所以,最近一次危机的"大而不能倒"问题也曾在1913年出现过。

1870年后伦敦货币市场的发展提供了另一个教训,这个教训也许与最近的金融风波相关。承兑银行在保证向货币市场供应优质票据方面发挥的作用降低了再贴现方面的风险,并且提供了被认为可向英格兰银行再贴现的票据。优质票据对于英格兰银行缓解货币市场压力至关重要,就如1857年和1866年的危机所显示的那样。

当时,主要的国际风险最终集中到了也被称为商人银行并后来又被称为投资银行的承兑银行身上。这些银行专业化于海外长期投资项目融资,并且为国际贸易融资提供短期信用。比较而言,伦敦又被称为清算银行的存款银行主要致力于跟麦克米伦委员会(1931)报告以及后来陶福德(Truptil, 1936)和巴洛格(Balogh, 1947)在他们的著述中描述的金融体系相符的国内金融业务。这样,伦敦货币市场就实现了投资银行与存款银行的分业经营,而投资银行与存款银行的分业经营又为英国金融体系在1870年以后改善稳定性做出了贡献。这种分业经营的金融结构在拉德克利夫委员会(Radcliffe Committee)报告(1959)公布时并没有发生根本性的变化,并且一直延续到20世纪80年代被称为"大爆炸"(Big Bang)的伦敦城改革(Banks, 1999)。"大爆炸"改革的一个结果就是结束了商人银行的历史使命,就如奥加尔(Augar, 2000)用图所描述的那样。

附录：对英国宏观经济周期与金融危机的简要回顾

本附录简要回顾了英国宏观经济周期进程和金融危机发生之间的关系。我们的起始点是1825年的金融危机。1825年的金融危机由于它的严重程度，还由于危机过后实施的金融体制改革而显得格外重要。严重的金融危机和金融体制改革对一直持续到1914年及其后的金融体系注入了重要的制度特点（Neal, 1998）。我们考察的时期可分为4个明显不同的阶段。第一个阶段是截至1870年的商业周期和金融危机经历；第二个阶段从1870年开始到1914年结束；随后是从1920年到1938年的两次"大战"间隔期。第二次世界大战后这个时期可分为三部分：第一部分是从1948年到1973年的黄金时期；第二部分是中断黄金时期的20世纪70年代；第三部分是80年代。最后一个阶段从1992年开始到2008年结束，对应于大稳健时期和2007～2008年的金融危机。我们的纵览可被视为对表3.1制作背景的探讨，我们关心的是商业周期对营造金融危机触发条件所起的作用以及金融危机对实体经济的反作用。

我们从1791年拿破仑战争初期阶段英国放弃金本位制开始考察。我们可以推断战争结束以后英国恢复了金本位制。1819年通过了相关立法，并于1821年付诸实施。金本位制的恢复引发了一段时间的通货紧缩以及暂时的经济管制。直到1822年，英国经济才开始复苏，随后是持续到1825年的强势扩张。经济强势扩张被一次严重的金融危机所终止。当时，投机盛行，后因进口导致英格兰银行黄金储备减少、信贷收缩而发生了逆转。从1822年到1825年,英国的产出增长了11%。1825年的金融危机导致这个扩张过程发生了逆转,1826年英国的产出下降了5%,但又在1827年强劲反弹,并且在1832年再次下滑之前的1830~1831年还显示出复苏的迹象。1825年物价急剧上涨,随后在1826年又开始下跌,并且一直持续到随后的衰退阶段才结束(Deane, 1979; Neal, 1998; Gayer, Rostow, and Schwartz, 1953; Broadberry and van Leeuwen, 2010)。

从1825年结束的繁荣阶段到1833年,英国经济持续复苏。农业连年歉收可能放慢了经济衰退的步伐,因为农业歉收必须大量进口小麦。下一次经济复苏始于1833年,并且一直持续到1836年。其间,产出增长了12%(Matthews, 1954; Gayer, Rostow, and Schwartz, 1953)。1837年,受到美国金融危机的影响,英国的出口和金融市场双双下挫。1837年,英国的产出下降了0.6%,随后在1838和1839年获得了暂时的恢复,但没能持续下去,因为1840年英国经济因农业歉收需要进口更多的粮食而陷入了衰退。进口增加导致英格兰银行黄金储备减少,以至于信用在金本位制下紧缩。从1840年到1842年,英国的产出下降了4.5%。物价在1836年经济繁荣时期上涨了5%,但后来在持续到1843年的经济衰退时期一路下跌。

下一次经济复苏始于1843年,随后产出强势增长到1846年,并且伴随着铁路建设繁荣。在这次经济复苏期间,产出上涨了19%,但在1847年转而开始下行。这一年,产出下降了2.5%,还发生了一次金融危机。随后,经济出现了一段时间的缓慢复苏,一直延续到1850年。在19世纪40年代经济繁荣时期,物价持续上涨,尤其是1847

年一年就大涨了6.6%,但在出现周期性峰值以后便急剧回落(Ward-Perkins,1962;Gayer,Rostow,and Schwartz,1953)。

19世纪50年代初,英国经济重新开始增长。而且,从1851年到1856年,产出增加了近14%。50年代的繁荣是与黄金发现和世界贸易快速发展联系在一起的。1857年,美国经济又遭遇了一次危机,影响了为英美贸易提供金融服务的英国金融机构。美国的这场经济危机在英国导致了一场货币市场危机,并且抑制了1857年和1858年的产出增长。尽管英国的这场金融危机非常严重,但是,英国的产出仅仅停止增长了2年,而且并没有下降。从1853年到1854年,英国物价强劲上涨,年均上涨6%,随后因经济陷入衰退在1858年下跌了3%(Hughes,1960)。

1859年,英国经济开始复苏。那年,产出增长了4%。然后,英国经济以低于2%的年均速度稳步增长,并且一直持续到19世纪60年代初期。由于美国爆发国内战争、贸易中断,英国经济受到原棉短缺的负面影响(Temin,1974)。从1863年起,英国经济复苏的速度逐步加快,1865年增长率达到了4%以上。1866年,随着欧沃伦—格尼这家主要的票据经纪行的破产,英国经济出现了下挫。1866年,英国经济增长因遭遇危机而受到了抑制,1867年产出减少了1%。这次经济衰退持续时间不长,因为产出在1868年开始重新增长。随后,英国经济在19世纪70年代初迎来了大繁荣。

19世纪60年代末的经济复苏是建立在1868~1870年出口强劲增长的基础上的,经济复苏导致产出以4.5%以上的年率增长。1872年和1873年,产出达到周期性峰值,随后增速放缓。供给方面的约束因素很可能限制了这次繁荣后期的增长速度。在这次繁荣期间，1872年和1873年物价年均上涨了5%。繁荣期间工作时间的减少也许为抑制产出增长做出了贡献。1873年，德国和美国都发生了金融危机。英国只是遭遇了产出增速下挫，但没有发生金融危机。70年代的周期性峰值是这个没有发生金融危机的商业周期出现的第一个上行转折点。

1873~1914年期间，英国产出的增长速度出现了相当规律的波动，但并不像1866年以前那样，这个时期商业周期峰值的出现通常与国内金融危机相关（Dimsdale, 1990; Hills et al., 2010）。1873年的国际危机之后，英国的国内投资尤其是住房投资有所恢复，因此，产出相当不错地持续增长到1875年（Cairncross, 1953）。此后，英国经济由于出口增长受到抑制而陷入衰退。1875~1878年，产出以不到1%的年率增长，但在1879年下降了2%。这一年的产出减少可能与格拉斯哥城市银行1878年的破产以及农业歉收导致的英格兰银行储备减少有关。柯林斯（Collins, 1989）强调指出了这起破产案的重要性。当时，英格兰银行的基准贷款利率提高到了6%，但并没有达到前几次危机时的水平。

1880年，英国的产出强劲回升，并且在1883年达到了7%的峰值。1884年和1885年，产出减少了1.5%，但货币市场没有遭遇干扰。19世纪70和80年代，由于出口表现疲软，产出增长速度放慢。从1887年到1889年，产出强劲反弹，经济以高于3%的年率增长，但到了90年代初陷入了衰退，而产出在1892年和1893年连续两年下降。

英格兰银行迅速采取行动及时制止了1890年的巴林银行危机，

并且成功地阻止了巴林银行的倒闭影响货币市场的其他金融机构。巴林银行的问题是由该银行在阿根廷过度冒险造成的,与英国经济并无关系(Pressnell,1968)。危机后1892~1893年出现的经济衰退不能归咎于国内因素,而应该归咎于世界贸易萎缩导致的英国出口减少。英国经济的这次衰退还与美国、阿根廷和澳大利亚遇到的金融问题有关。英国的产出在1891~1892年减少3%以后,在19世纪90年代迎来了强劲回涨。从1894年到1899年,由于国内投资尤其是住房投资迎来了大繁荣,因此,产出以3.7%的平均增幅增长。经济扩张于1900年受到抑制,因为产出触到了一个周期性上限。而后,英国经济只呈现微弱增长,但产出在1903年下降了1%。20世纪10年代初,由于国内投资繁荣接近尾声,因此,英国经济增长乏力。从1905年起,出口需求增加,英国经济出现了较快的增长;而从1904年到1907年,产出年均约增长2%。1908年,经济严重下挫,产出减幅接近4%。这次英国经济骤然下挫是由美国1907年的金融危机造成的。美国的金融危机影响到了英国的出口贸易,不过并没有影响到英国的金融体系,因为英格兰银行得到了法国和德国中央银行的支持(Eichengreen,1992)。在出口高速增长和外来投资居高不下的影响下,英国的经济得以恢复增长,并且一直持续到1914年第一次世界大战爆发。1911年的煤炭业罢工对经济增长产生了暂时的影响,但不足以影响经济增长的一般进程。从1909年到1913年,英国的产出以2.9%的年均速度增长。1914年金融危机的起因是战争导致债务人无力还债,从而给承兑银行造成了严重的问题,并且有可能威胁到了货币市场,但并没有威胁到实体经济。

我们可以推断，1866年以后，英国经济的周期性变化与国内金融危机无关。关于这个问题，也许有必要就格拉斯哥城市银行破产案做一点说明，但与1890年的巴林银行危机无关。无论是格拉斯哥城市银行破产还是巴林银行危机，都没有像1825年、1837～1839年、1847年、1857年和1866年发生的危机那样严重干扰英国的金融体系。我们在本章第三节关于1870年货币市场的研究中已经考察过这个问题。

我们同样发现，金融危机后的增长回落通常持续很短时间，1825年危机后的经济衰退是一个例外，因为英国经济直到1833年才开始复苏，1831～1832年只出现过一次暂时性复苏。1825年危机后的情况也适用于1837～1842年危机后的经济衰退，因为那次经济衰退直到1843年才结束。小麦价格高企可能也为这两个商业周期的这种结果起到了推波助澜的作用。相比之下，1847年、1857年和1866年的金融危机只对实体经济产生了短期影响：金融压力一旦得到释放，实体经济很快就获得了复苏。

图3.4所示的物价水平显示，1825～1826年、1836年和1847～1848年，物价都出现了波动，这种情况与经济周期性下行和金融危机有关。1853～1854年的物价大幅上涨可以归因于发现金矿的影响。1870年以后，商业周期内的物价波动幅度明显缩小，这一变化也许与国际贸易增长使得可用进口小麦和其他商品来调剂国内生产有关。从1874年到1879年，英国物价持续下跌。虽然物价曾达到过周期性峰值，如1882年和1890年，但很快就在随后出现的经济衰退中逆转。物价最明显的上涨出现在1900年，一定程度上是因为爆

发了布尔战争,物价水平上涨了5%,但在第二年就发生了逆转。有证据表明,与1870年前较大的物价波动幅度相比,19世纪下半叶物价波动幅度有所缩小。

在两次"大战"间隔期内,英国经济出现了波动,但国内金融体系并没有遭遇任何重大干扰。从1919年到1921年,经济急剧收缩,产出减少了17%。此后,产出开始回升,除1926年因大罢工一度中断外,一直持续到1929年。1926年的大罢工导致产出下降了3%。即便如此,从1922年到1929年,英国产出的年增长率仍平均达到了3.3%。在大萧条期间,英国经济经历了衰退,产出在1931年下降了5%。从1933年开始的复苏使得英国经济在1934年超越了之前在1929年达到的峰值。1933~1938年期间,英国产出的年增长率平均达到了3.7%(见图3.10、图3.11和图3.12)。

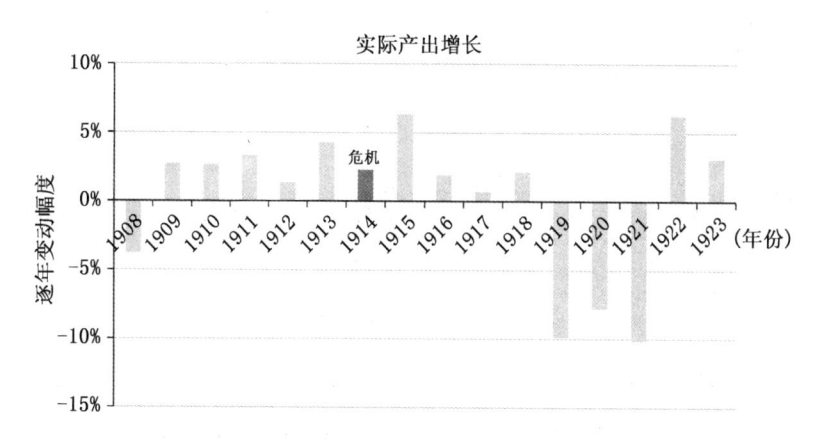

资料来源:布罗德贝里等(2011);希尔斯等(2010)。

图3.10 1908~1923年英国的商业周期与金融危机

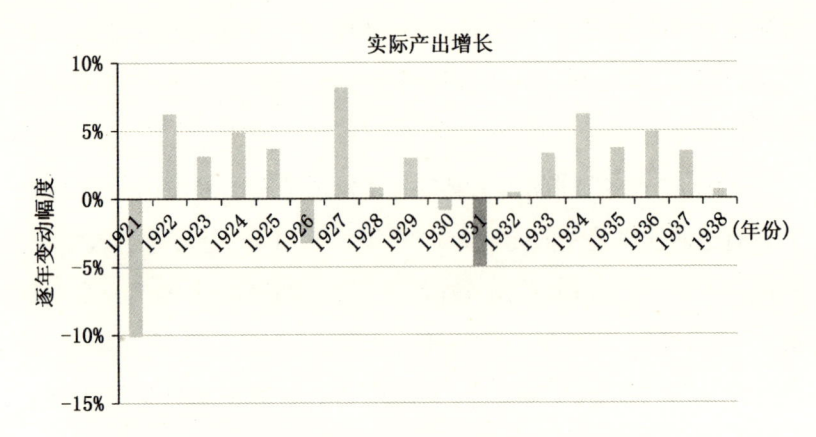

资料来源：布罗德贝里等（2011）；希尔斯等（2010）。

图3.11　1921~1938年英国的商业周期与金融危机

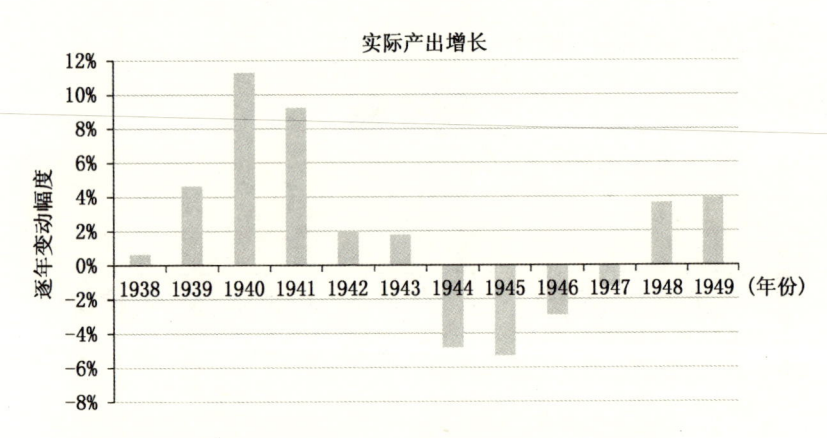

资料来源：布罗德贝里等（2011）；希尔斯等（2010）；ONS（2013）。

图3.12　1938~1949年英国的商业周期与金融危机

在整个两次"大战"间隔期内，虽然英国的产出出现过大幅波动，但国内金融体系始终保持稳定（见图3.13）。1931年发生的国际金融危机可能对英国金融体系产生了影响,因为德国实施的外汇管制威胁到了英国承兑银行的支付能力。就如塞耶斯(1976)所指出的那样,这次对英国货币市场构成的威胁还是被英格兰银行及时阻止住了。麦克米伦委员会的报告(1931)并没有讨论英国金融体系稳定的问题,因为英国金融体系的稳定好像是理所当然的事情。但不管怎样,这份报告还是注意到了英国短期负债超过短期资产的问题,因为这个问题在1931年的危机中加重了英镑的外部脆弱性。

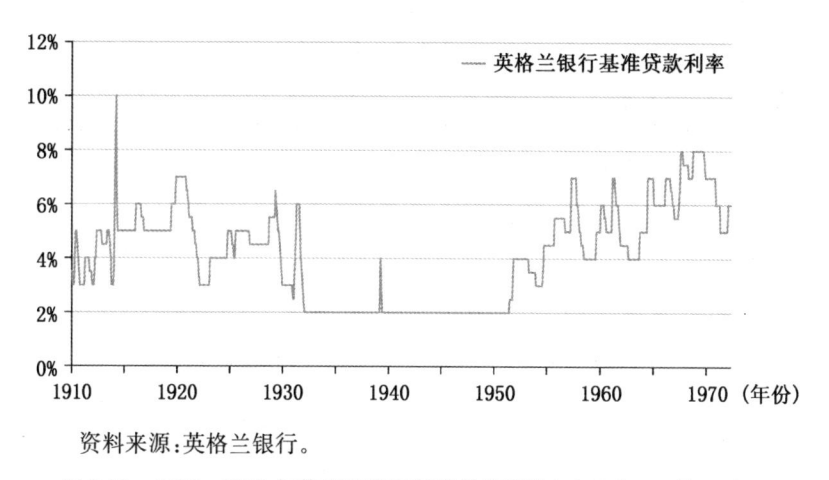

资料来源:英格兰银行。

图3.13　1910~1972年英格兰银行基准贷款利率(1972年10月16日,英格兰银行的基准贷款利率被最低贷款利率取代)

1952~1973年期间,英国经济波动在很大程度上是政府政策,而不是内生性经济因素造成的结果。连续交替实行经济扩张和紧缩政策导致了经济增长率波动,但是,产出在经济衰退时期通常没有减少。英国出现的经济周期通常是增长率而不是增长水平周期,而且峰值和谷底接近于1952~1958年、1958~1963年和1963~1967年这几个周期的增长和下跌格局。第四个周期从1967年持续到1970/1971年,并且受到了1967年英镑贬值的影响。这些经济周期都特别温和,而它们的起始和结束时间很容易受到后续数据修正的影响(见图3.14、图3.15和图3.16)。

资料来源:ONS(2013)。

图3.14　1949～1975年英国的商业周期与金融危机

这个时期出现的几次经济衰退主要是执行旨在巩固国际收支状况而采取的措施的结果(Matthews et al.,1982;Dimsdale,1990)。由于在布雷顿森林体系下汇率近似于固定汇率,而且资本流动在一定程度上受到了资本管制的限制,因此,像英国这样的经济体不可能长期出现经常项目赤字,原因就在于英国只有有限的储备和借款便利。所以,英国必须控制国际收支逆差,即便这样做就意味着暂时牺牲产出和就业。一旦国际收支问题得到解决,扩展性需求管理政策就能够刺激产出增长,从而引发商业周期的上升阶段。充分就业政策承诺意味着,如果失业超过2%,就应该刺激需求。由于经济对需求刺

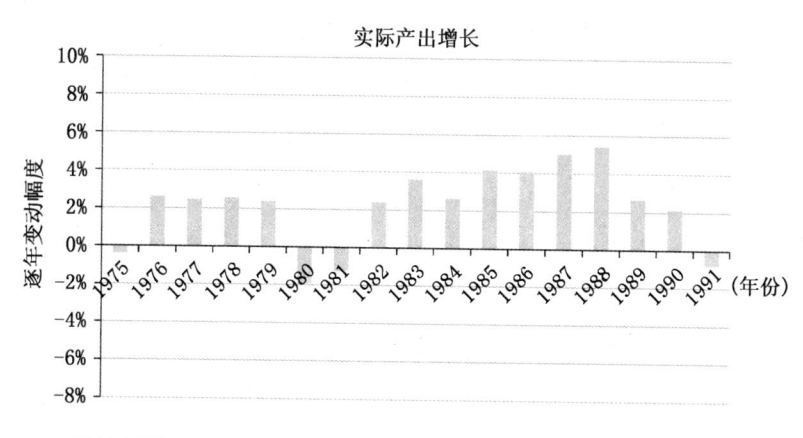

图 3.15　1975～1990 年英国的商业周期与金融危机

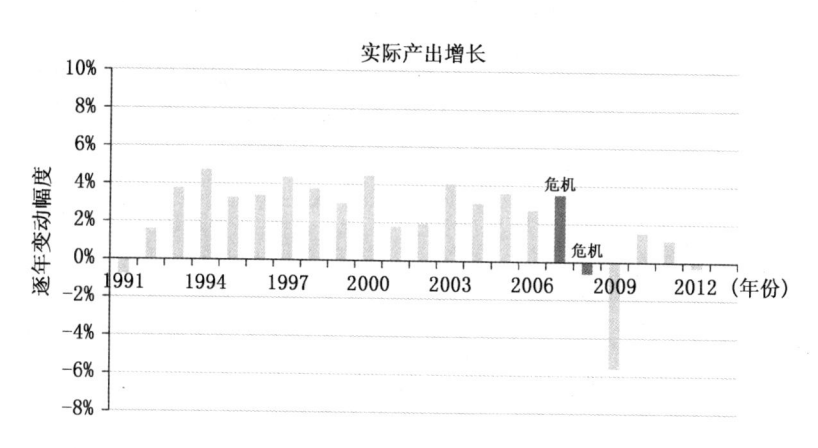

资料来源：ONS(2013)。

图 3.16　1991～2013 年英国的商业周期与金融危机

资料来源：ONS(2013)。

激的回应会滞后,因此,需求往往在商业周期的峰值上超过供给,进而导致国际收支逆差。

20世纪70年代初期,从1970年开始的大繁荣在1973年达到了顶点。那年的产出几乎增长了8%,但并没能持续。英国经济在1973年年底受到了第一次石油价格冲击的打击,并且于1974年陷入了衰退。1974~1975年,产出下降了1%。从1976年到1979年,经济出现了复苏,产出每年以2.5%的速度增长。这个商业周期在1979年触顶,产出在1980~1981年下降了3%。虽然1976年发生了一次英镑危机,并且需要国际货币基金组织援助,但并没有威胁到英国的银行体系。从1982年起,英国经济开始复苏,产出增长率在1985~1988年期间上升到了4%~5%。1989年,增长速度骤然下降,而经济在英国参加欧洲汇率机制(ERM)后的1991年收缩了1%。

在英国退出欧洲汇率机制、英镑实行浮动汇率制以后,英国经济的年增长率逐渐上升到了3%~4%,并且一直持续到2000年。直到2008年陷入衰退前的2007年,英国的经济增长率一直稳定不变。但到了2009年,经济突然出现负增长,产出减少了5%以上。2010和2011年,英国经济微弱复苏,直到2013年才显示出强劲回升的有力证据。从1993年到2007年稳定不变的增长率在自1825年以来我们考察的这个时期里是绝无仅有的。虽然增长速度不及1952~1973年的黄金时期,但波动幅度小于任何可比时期。这个时期的持续繁荣与2008年后衰退的如此漫长在英国金融史上都是空前的。

我们对商业周期和金融危机的回顾显示,2007~2008年金融危机前的"大稳健"时代和随后的经济低迷时期不同于英国以往的经历。"大稳健"时代有一些与1820~1866年这个时期的商业周期和金融危机共同的特征,但也存在重大区别。"大稳健"时代持续时间要长于之前任何的经济转好阶段,2007~2008年爆发金融风暴的2年比较特殊,就如同之后出现的持续经济衰退。这场金融风暴最接近的先例是1825年的金融危机。在1825年的金融危机中,衰退一直持续到1832年才结束。但是,1825年出现的产出峰值也要等到1827年才被超越,而且直到1830~1831年,经济才刚刚开始复苏。这种情况在截止于最近一次金融危机和之后经济衰退的英国现代金融史上是绝无仅有的。我们认为,与莱因哈特和罗格夫(Reinhart and Rogoff,2009)在他们著名但有争议的金融危机史研究中提出的观点相比,"这次情况真的不同"。

4

英国铁路热时期的政府政策与1847年的商业危机

加雷斯·坎贝尔

引言

19世纪40年代,英国经历了一个金融动荡期。在铁路热期间,铁路股票和粮食价格都经历了大起大落。随后就发生了一次商业危机,资产和大宗商品价格逆转。商业部门和银行业问题在这样短的一个时期里如此变化无常,使得这个时期所发生的所有事件都变得特别值得关注,而这些事件的多样性和密集性又使得如何应对金融不稳定成为一个有益的研究课题。

英国在19世纪40年代经历的金融动荡起始于英国在1843~1845年秋季出现的铁路狂热。在铁路热时期,铁路股票的价格翻了一番,而且计划新建数千条铁路线。不过,铁路股价随后就下跌,而铁路业经历了持续的衰退。此后不久,粮食市场价格急转直下:1846年夏季～1847年6月,粮食价格大幅上涨,但随后又急剧下跌,从而导致一味投机做多的粮商完全暴露在风险之下,很多粮商在1847年8月宣布破产。粮商的问题很快就扩散到了其他行业和金融机构,从而导致货币市场陷入了困境。这一切正好都发生在英格兰银行的黄金储备处于低水平时期,从而制约了英格兰银行的放贷能力。这次恐慌直到1847年10月英国政府放松英格兰银行受到的营运约束后才平息下来。

分析英国政府对以上每种突如其来的变化采取的应对措施,有助于我们洞察英国立法机构为恢复稳定所面临的立法挑战。英国议会通过多项能够缓解困难的措施,但总的来说,这些措施并没有起到预期的作用。在某些情况下,稳定与其他目标之间存在矛盾;在另一些情况下,立法产生了意外的影响;而在大多数情况下,核心问题就是要进行能使反对意见最小化的小幅增量变革。最有效的政策是在危机时期影响因素影响较小时就付诸实施的政策。虽然这种干预也许会提高未来发生危机时有可能推行类似政策的预期,从而增加道德风险,但这种干预的收益几乎肯定超过它的成本。

本章[1]分析表明,在明确不稳定状况的性质和程度之前,事前的立法设计可能颇具挑战性。金融改革建议也许会产生一定的边际收益,但也可能导致足以防范未来危机的紧缩措施不具备政治可接受

---

[1] 这一章一个早些时候的版本曾提交给牛津大学温斯顿货币史研究所。本章作者感谢尼克·梅休(Nick Mayhew)、尼古拉·蒂姆斯戴尔、勒克·萨米(Luke Samy)和安东尼·霍特森为早些时候的版本做过点评。

性。这就意味着,金融困难时期仍有可能重复出现;当局应该做好准备,未来一旦出现不稳定事件就应坚决实施干预。

这一章也有助于我们利用研究铁路热(Bryer,2003;McCartney and Arnold,2003;Odlyzko,2010)和商业危机(Andréadeès,1909;Clapham,1966;Gayer,Rostow,and Schwartz,1953;Ward-Perkins,1962;Dornbusch and Frenkel,1984;Boot,1984)发展过程的其他文献,从历史的视角去理解19世纪40年代发生的金融事件。另外,本章的论述有助于提高我们对泡沫和危机等特定事件的认识,并且丰富"郁金香热"(Garber,2001)、"南海泡沫"(Dale,Johnson,and Tang,2005)、"密西西比河计划"(Velde,2007:276~279)以及大萧条(Bernanke,1983;Eichengrenn and Temin,2000;Romer,1990;Grossman,1994)等的研究。

本章的结构安排如下:第二节探讨铁路热问题;第三节考察粮价逆转问题;第四节考察商业危机问题;第五节进行简要小结。

铁路热

英国在19世纪40年代中期出现了一股铁路热,它的特点就是铁路股投资热情普遍高涨。英国的铁路业基本上始于1830年利物浦—曼彻斯特铁路的通车,在随后的几年里有计划地建设了多条其他铁路线。到了1842年,英国已经铺设1 951英里的铁轨(Mitchell,2003:674)。但是,19世纪40年代初,英国经济经历了一个缓慢增长时期,因此,修建新线路的盈利要求在铁路业内部造成了不少困难。

后来，铁路股价格开始快速上涨。如图 4.1 所示，铁路股价格从 1843 年 1 月到 1845 年 8 月几乎翻了一番。经济状况的改善以及铁路票价的下调导致铁路乘客人数、收入和利润增加。一项对狂热前已修铁路的研究显示，铁路股的股利从 1843 年占股票面值的 4.4%一路上涨到了 1847 年的 7.0%。[①] 这个时期，新铁路修建计划层出不穷。在伦敦证券交易所上市的铁路证券数量低估了铁路公司的发起规模，原因是只有一小部分铁路公司最终能够成功上市，但上市证券的数量好像要滞后一段时间才能跟上价格形态（见图 4.1）。那些新的铁路计划提供了最初对于投资者很有吸引力的付款条件，因为个人投资者只要支付一笔很小的定金就能够认购股票，并不需要立刻缴清全部股本。

1845 年秋天，铁路股价格开始下跌，从 1845 年 8 月到 11 月底的峰值下跌了 18.2%。在经历了短暂反弹以后，铁路股价格一路下跌到了 1850 年 4 月，从顶部到底部总共下跌了 57.5%。铁路股价格最初的下跌正好遇上了与农业歉收和爱尔兰发生饥荒有关的经济困难（The Economist，18 October 1845：997），1845 年下半年达到顶峰的铁路公司发起数量也许具有更大的长期重要性。在经济低迷时期，铁路业试图努力完成很多已经计划修建的线路，但很多计划结果被放弃或者中止（Lewin，1936：480～483）。不管怎样，有多条线路最终还是建成通车了。到了 1850 年，英国铁路网的总里程已经达到 6 123 英里（Mitchell，2003：674），但是新开通的线路往往只取得了较低的回报，并且加剧了铁路网内部的竞争，从而导致铁路业的股利—

---

① 作者根据韦特霍尔（Wetenhall，1843～1845）的数据计算得出的结果。

资金比率从1847年的峰值7.0%下降到了1852年仅有的2.4%。[①]在以后的几十年里,低资本回报就成为铁路业的一种常态。

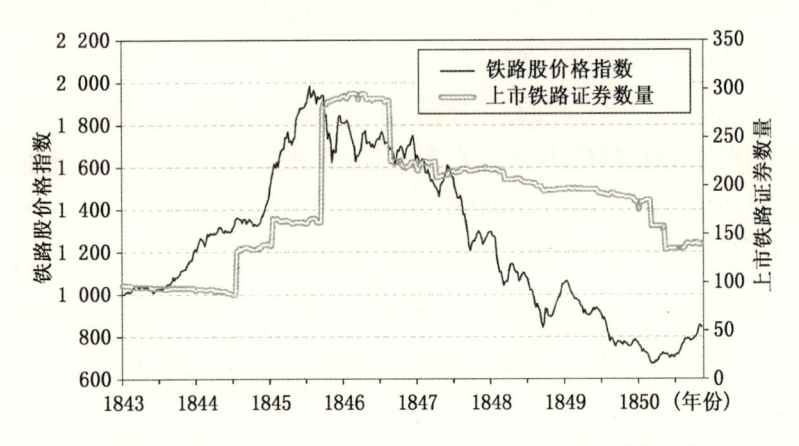

资料来源:根据《铁路时报》(Railway Times)的每周股价表计算。

图4.1 伦敦证券交易所铁路股价格指数与上市铁路证券数量

铁路热的关键驱动因素就是铁路股股利的变化、新公司创建计划以及认购股票的分期付款方式。英国政府本可以通过把以上全部三个因素或者其中的一个因素作为控制目标,至少在一定程度上能够遏制投机。虽然英国政府为此做了一些努力,但它的政策总的来说是低效甚至是无效的,就如本节其他部分所显示的那样。

一、利润管制

铁路股股利最初在19世纪40年代中期的增长是助推铁路热发

---

① 作者根据《伦敦证券交易所股价走势》(The Course of the Exchange)的股利数据计算得出的结果。

展的一个主要因素,而投资者竞相推高股价,以回应预期还会提高的股利支付。如果政府对铁路业能够赚取的利润进而对铁路公司可支付的股利加以管制,那么,投资者可能会减少对未来回报率的炒作。早期很多铁路公司能够赚到垄断利润,鉴于狂热前的铁路网内部竞争有限,因此,对铁路业实行利润管制未必不当。

1844年,英国议会成立了一个特别委员会对铁路业进行调查。这个委员会在调查后给出的意见是,英国政府应该对赚取高额利润的铁路公司行使某些权利。他们还建议,如果一条铁路在15年里年利润占其已缴资本的比例超过10%,那么国家就应该拥有购买这条铁路或者调低其票价或运价的选择权(*Parliamentary Papers*,1844:XI,5)。政府的购买选择权允许政府以相当于铁路25倍利润的价格购买铁路,而调价选择权则允许政府在补偿铁路公司利润损失的前提下调低铁路票价或者运价。议会贸易委员会主任威廉·格拉德斯通(William Gladstone)甚至走得更远,他提出议案(*Parliamentary Papers*,1844:IV)表示:国家可以购买任何一条铁路;即使铁路公司的利润率非常高,计算购买价的利润率也应该不超过10%。显然,他的议案压低了国家可能会支付的预期价格(见表4.1)。

表4.1　　　　根据不同方案确定的铁路公司隐含购买价

| | 购前营运年限 | 每股面值100英镑的股票买入价 ||
		股利3%	股利15%
议会特别委员会	15年	不买	175英镑
格拉德斯通议案	15年	75英镑	250英镑
铁路监管法案	21年	提交仲裁	375英镑

注释:根据克利夫兰—史蒂文斯的表格(E. C. 1883, *English Railways: Their Development and their Relation to the State*, Routledge, 110)改编。

然而,反对这项议案的声音甚嚣尘上。《铁路时报》把这项议案说成是"铁路抢劫案"(*Railways Times*, 1844:713),而《经济学家》杂志罕见地"在任何这样一种建议中看到了一堆会引起反对的、已经过时并且不值一驳的陈词滥调",并且表示反对这种限制利润的要求(*The Economist*, 1844:962)。时任英国首相罗伯特·贝利(Robert Pele)接见了多个由铁路公司代表组成的代表团,而那份议案的提出者威廉·格拉德斯通则可被视为铁路利益最大宣传运动的发起人(Alderman, 1973:16)。

面对这么强烈的反对呼声,议会公布了一份只有24条(比原议案减少了24条)的修改议案。在修改议案中,铁路运营期由15年延长到了21年;铁路公司收归国有后股东仍可获得的补偿也比原议案优惠很多(见表4.1)。10%的利润率上限也被取消,而购买任何利润率低于19%的铁路公司的方案都要提交仲裁。克利夫兰—史蒂文斯(Cleveland-Stevens, 1883:109)注意到,10%的利润率在原议案中是上限,而在修改议案中却变成了下限。《铁路时报》(1844:25)满足地表示,"蛇现已被剥皮",并且已经被下议院作为铁路监管法案通过。

倘若英国议会强制推行这项立法更加严厉的版本,那么,投资者对未来利润的预期可能会下降,而铁路热也可能不发展到那么强烈的程度。但是,原议案遭到了强烈的反对,严格的利润率限制缺乏政治可行性。结果,监管条件比较温和,并且被认为没有对铁路业都形成有效的约束,从而促使投资者认为高利润仍有可能实现。

二、如何限制扩张

铁路网络的迅速扩张是铁路热造成的最具体结果,并且对英国经济和铁路业都产生了重要的影响。新线路计划发起活动在铁路股票价格上涨时期引人注目地增加,1845年估计有1 238个铁路项目在募集资本(*The Times*,17 Nowember 1845:4)。如果英国政府当时能够严格限制可建项目数量,那么就可能限制铁路公司发起活动激增,而且还能降低主要由过度扩张导致的利润率下降造成的衰退严重性以及拟建线路项目的融资难度。

英国议会在自己的权力范围内有资格强制推行这样的限制措施:每条新线路都必须单独获得批准,主要是因为新线路建设必然要强制沿线业主出让土地(Kostal,1994:16)。这种批准或者否定新线路建设项目的资格赋予议会具体控制铁路线网发展的能力。不过,新线路审批机制也意味着英国当时还没有制定国家铁路建设计划。

每年的铁路拟建项目按地区集中上报,然后交议会各专业委员会审议。议会各专业委员会分头独立工作,这意味着不可能采纳比较宽广的铁路网络发展总体观。铁路专业委员会的第15号报告告诫称,"地方利益首先受到了议会各委员会的注意,因此几乎不可能希望……颁布任何不一般的健全、系统的通用规则"(*Parliamentary Papers*,1844:XI:6)。作为对这种担心的回应,贸易委员会铁路部被临时要求复审全部拟建计划,并且向议会提出建议和介绍全国铁路发展前景。但是,贸易委员会的建议常常得不到重视,而且就在1845年7月,也就是那次会议才开过11个月,贸易委员会铁路部就被解散了(Cleveland-Stevens,1883:134)。

对地方供给能力的关注提高了建设更多铁路的可能性,因为城镇之间的竞争意味着每个城镇都想有自己的铁路站点(Casson,

2009a:375;Casson,2009b:277)。在1845年的会议期间,议会指定成立了44个独立委员会负责审核议会收到的铁路建设申请计划,每份计划都专注于某个特定的地区。每个委员会毫无例外地至少批准了一条新线路(Parliamentary Papers,1845:XXXIX)。在1846年的会议期间,议会又指定成立了64个委员会(Cleveland-Stevens,1883:65)。在那年议会审议的516份相关议案中,81份根据议会的议事规则被否决,83份被撤销,106份因内容不符而被否决,而246份议案获得批准(Railway Times,1846:1402)。这就意味着只有一小部分项目实际遭到了拒绝,而很大比例的项目获得了批准。

大量新的铁路建设项目获得了批准,结果1846年、1847年和1848年铁路建设占国内生产总值的比例分别达到了5.7%、6.7%和4.7%(Mitchell,1964)。铁路公司需要募集更多的资本为铁路建设融资,从而给很多股东提出了难题,而且还可能影响到了整体经济。很多铁路公司申请延长完成建设项目的工期,结果申请延长工期的在建铁路总里程达到了3 659英里(Parliamentary Papers,1847~1848:LXIII.25)。那些实际开通的铁路线常常是已有线路的复线,从而加剧了竞争,或者是修建在人口较少的行政区的新线路,因此降低了资本回报率。《经济学家》发文表示,最近的所有经历都表明新线路只有很少的利润或者根本就没有利润(The Economist,21 October 1848:1187)。

议会通过控制铁路可建线路降低了铁路建设的火爆程度,并且减少了衰退造成的困难。但是,议会只满足于按行政区逐一审批铁路建设申请,而没有形成铁路网络建设的总体观,从而导致新线路供给过度。每个地区出于政治私利都要求通铁路，从而对铁路公司和整体经济造成了长期问题。

三、杠杆比率

从某种意义上讲，新的铁路建设计划对于投资者的吸引力就是能够以分期付款的方式购买股票。个人投资者可以先支付一小笔定金认购股份，然后等到公司为建设铁路"募集资本"时再支付认购股票的欠款。这种股本支付方式的第一个影响就是方便投资者筹措认购新项目股份所需的资金。

另一个影响就是成倍增加投资者可获得的投资回报。铁路股份的认购者通过缴纳一小笔定金就能冒险从基础资产价格波动中获利。原本股款已清股份的低回报现在通过杠杆效应放大成为投资者购股定金的高回报。《铁路投资指南》(*Railway Investment Guide*, 1845:5)把这种情况描绘成"一个这种募股集资方式特有的特点，它能使一个只有很少资本起家的人身价立刻增加两三倍"。

英国议会要求新的铁路建设项目在送审之前必须募集到新线路总造价的大部分资本。投资者可能也被要求立刻付清大部分股本，从而缩小了投资的杠杆效应。为了遏制1837年出现的铁路建设项目发起小高潮，英国议会采取了一项朝着这个方向努力的措施，但只是把购股定金或投资定金要求提高到了10%(Francis, 1851:ii:2)。这个发起小高潮过后，铁路项目的发起活动大幅度减少，因此，投资定金要求就于1844年5月降低到了5%(Francis, 1851:ii:97)，但由于后来新建项目增加，投资定金又于1845年7月重新恢复到了10%

(Evans,1849:16)。

这次把投资定金恢复到10%,可被视为一次旨在减少投机的努力,但基本上没有取得成效。伊文思(Evans,1949:16)表示,这次提高投资定金丝毫没有抑制投机者们的投机热情。在随后的几个月里,新公司的发起数量甚至又进一步增加,并且在1845年10月和11月达到了顶峰。10%的投资定金要求只产生了很小的抑制作用,通过购买缴付部分股款的股份仍能获得颇具吸引力的杠杆化回报。由于投资热情高涨,因此,即便要求至少缴清50%的股款,仍可能有很多高效益项目的计划提交审批。

在铁路投资繁荣时期未能规定更加严格的杠杆比率上限,结果在衰退时期出现了一个令人痛苦的去杠杆化过程。在铁路建设刚开始时,股东都能努力缴清所催股款。《经济学家》(21 October 1848:1187)载文表示,"每次向已经耗尽财力的股东催缴股款都会产生以下两个结果中的一个——不是出售催缴股款的股份以免缴款,就是卖掉另一些股票为补缴股款筹集资金"。铁路公司催缴股本的行为转移了其他用途的投资(见图4.2),从而激化了1847年的商业危机,同时受到了英国议会上下两院各专业委员会的谴责(*Parliamentary Papers*,1847~1848:VIII,Pt. I,III)。

杠杆比率的利用在刺激投资者认购铁路热期间发起的新铁路建设计划方面发挥了重要的作用。英国议会提高投资定金的决定可被阐释成为了抑制投机而做出的努力,但基本上没有取得什么成效。引入高得多的投资定金比例,譬如说要求股东立刻缴清全部股款,也许能够减少繁荣时期铁路公司的发起数量,并且降低衰退时期持续

图 4.2　1843～1850 年英国铁路公司的催缴股款与股价指数

资料来源：根据《铁路时报》每周股价表计算得出的结果。

催缴股本的难度。然而，英国议会并没有采取这样的极端方法，而是偏好一种增量法，但结果表明并不充分。

粮价逆转

英国政府在处理粮价暴涨的问题上也基本没有取得成功。粮价暴涨问题始于 1845 年的农业歉收，但又被 1846 年的歉收所加剧。小麦价格从 1846 年 6 月每夸特 53 先令上涨到了 1846 年年底的每夸特 61 先令，并且在 1847 年 3 月达到了每夸特 77 先令，而到了 1847 年 6 月初更是达到了每夸特 102 先令的最高水平（见图 4.3）。后来，小麦价格在 1847 年夏天快速下跌，9 月中旬已经跌到了每夸特 49.5 先令，也就是说在不到 4 个月的时间里下跌了 50％以上。很多粮商在小麦价格持续上涨时大做投机生意，结果，小麦价格下跌导致这些粮商纷纷破产。据《泰晤士报》"城市智慧"(City Intelligence)栏目报道,1847年8月有12家做粮食生意的公司倒闭,并且在随后的几个月里又有一批粮商宣布破产。

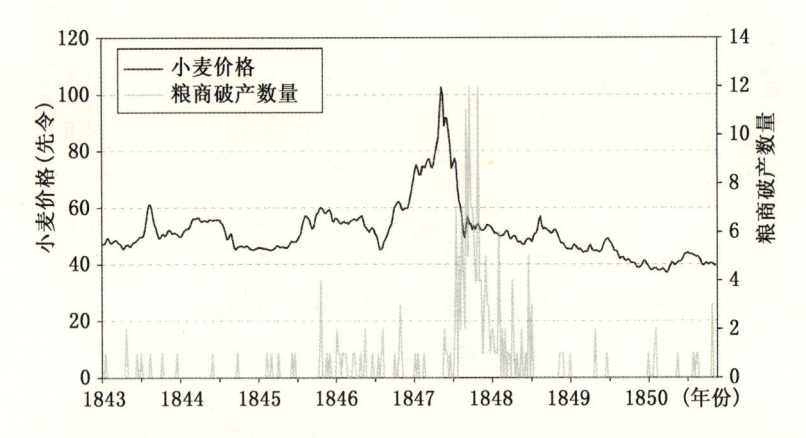

资料来源:小麦价格引自《伦敦公报》(London Gazette);公司破产数据引自《泰晤士报》"城市智慧"栏目。

图 4.3 1843～1850 年小麦价格与粮商破产数量

为了放慢小麦价格逆转的速度,英国政府采取了旨在防止小麦初始价格上涨或者延缓后续价格下跌的政策。英国政府通过利用影响大宗商品价格的标准机制,也就是调整进口关税,几乎完全把注意力集中在最大限度地降低价格上涨幅度上。传统上,粮食价格受到《谷物法》(Corn Laws)的影响,但1846年6月议会通过立法废除了《谷物法》。这项废除《谷物法》的法案降低了粮食进口关税,当时每夸特小麦17先令的进口税到了1849年2月已经降低到了4～10先令的水平。在1849年2月以后,每夸特小麦只征1先令的进口关税(Parliamentary Papers,1846:I:423)。粮食市场放开后,小麦进口应该有所增加,但价格应该有所下降,而粮食市场波动幅度则有所收窄。

不管怎样,虽然关税逐步降低,但 1847 年 1 月每夸特小麦仍要缴纳 4 先令关税,而当时每夸特小麦价格仍然上涨到了 70 先令左右(见图 4.4)。《航海法》也付诸实施,从而限制了英国货轮或者出口国货轮的小麦进口(*The Economist*,16 January 1847:57)。直到 1847 年 1 月议会新会期开始后,《关税法》和《航海法》才暂停实施(*The Economist*,16 January 1847:85)。这两部法律的暂停实施立刻导致 2 月份进口小麦大量进入的国内消费市场,并且把小麦价格平抑在每夸特大约 70 先令的水平上。

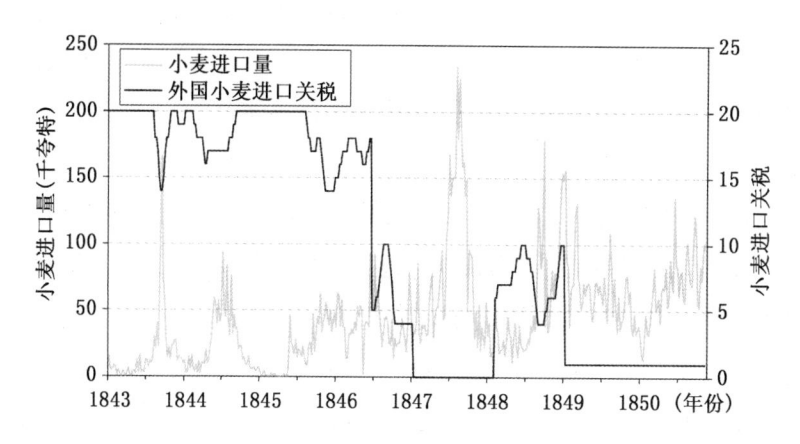

资料来源:根据《伦敦公报》公布的每周数据计算得出。

图 4.4　1843~1850 年英国小麦进口量与外国小麦进口关税

尽管进口管制比以前宽松,但此后小麦进口量并没有大幅增长,而小麦价格重新开始上涨,尤其是在 5 月初到 6 月初期间,从每夸特 75 先令涨到了 102 先令的最高水平。由于小麦价格上涨到了如此高的水平,小麦进口最后做出了回应并且大幅度增加。在从1847年7月到1847年10月底的15个星期里,每周的小麦进口量连续超过10万夸特,而在之前的4年里只有1个星期超过这个水平(见图4.4)。小麦进口的激增导致小麦价格急剧下跌,而那些预期小麦价格继续看涨的粮商则陷入了财务困境。

在这个时期,英国政府奉行了旨在通过放开粮食市场阻止小麦价格上涨的政策。在暂停实施《谷物法》期间也暂停征收一切关税,并且向外国货轮装运的进口货物开放所有的港口。但是,在推行自由贸易政策以后,或者说,尽管英国政府推行了自由贸易政策,但是,物价出现了最大幅度的上涨。英国政府由于没能有效阻止物价上涨,于是想通过立刻重新引入关税和配额制来操纵物价下跌。操纵物价下跌的策略也许推迟了粮食价格暴跌,并且也可能阻止了粮商遭遇严重的亏损。但是,在小麦价格处于最高水平的1847年7月,暂停征收关税的做法延续到了1848年3月(*Parliamentary Papers*,1847:I:205)。这项政策的逆转可能改善了金融稳定状况,但并没有受到公众的欢迎,因为公众被迫要支付较高的粮价。这种做法也与废除《谷物法》的长期目标相冲突,因为改革的反对者们可能对当时《谷物法》的有效性提出了质疑。所以,后来粮价有可能发生了逆转,并且给粮食部门造成了普遍的问题,随后还影响到了其他商人和一些金融机构。

商业危机

继最初的商人破产后,艰难的处境又由于政府之前实施《1844

年银行特许法案》而加剧，因为该法加大了英格兰银行在危机时期放贷的难度。根据《1844年银行特许法案》，英格兰银行只能持有数量有限的纸币和硬币准备。准备金一旦用完，英格兰银行就必须停止贷款。在发生这次商业危机之前，随着黄金储备因支付进口小麦而不断减少，英格兰银行银行部的准备金也一路减少。1847年4月，英格兰银行的准备金已经减少到了堪忧的地步。为了恢复银行部的准备金，英格兰银行不得不快速减少自己持有的证券，从而导致银根"收紧"。英格兰银行的准备金暂时得到增加，但仍然比前几年少。

在粮商频频破产，其他行业的商人又陷入困境的情况下，英格兰银行自身的状况限制了它做出应对的空间。9月，那些从事东印度、毛里求斯、南非、煤炭和葡萄酒贸易的商人纷纷破产(Evans, 1849: 74)。一些商人的破产导致另一些与他们有生意往来并且赚钱的商人陷入了困境。例如，一家总部设在格拉斯哥的商行基梅尔公司(Gemmell and Co.)的倒闭被认为是导致至少其他三家公司破产的直接因素。其实，这些其他公司之前已经陷入困境，《泰晤士报》报道称，高尔叔侄公司(Gowey, Nephew and Co.)两年前就已经出现过财务问题(*Times*, 13 September 1847: 6)；沃森兄弟公司(Watson Brothers and Co.)长期资本金不足(*Times*, 22 September 1847: 6)；而莱尔兄弟公司(Lyall Brothers and Co.)则超资本担保额经营业务(*Times*, 1 October 1847: 6)。

随着商人的不断破产，金融机构也开始遇到了问题。莱斯利·亚历山大公司(Lesley Alexander and Co.)——粮食公司——和其他一些规模较小公司的破产导致桑德森公司(Sanderson and Co.)这家手中持有这些破产公司很多票据的重要票据经纪行于1847年9月宣布破产,从而"引发了市场的极度焦虑"(*The Times*,15 September 1847:3)。其他金融机构不愿提供信贷,导致包括欧沃伦—格尼公司在内的其他主要货币经纪行纷纷提高贴现利率(见图4.5)。

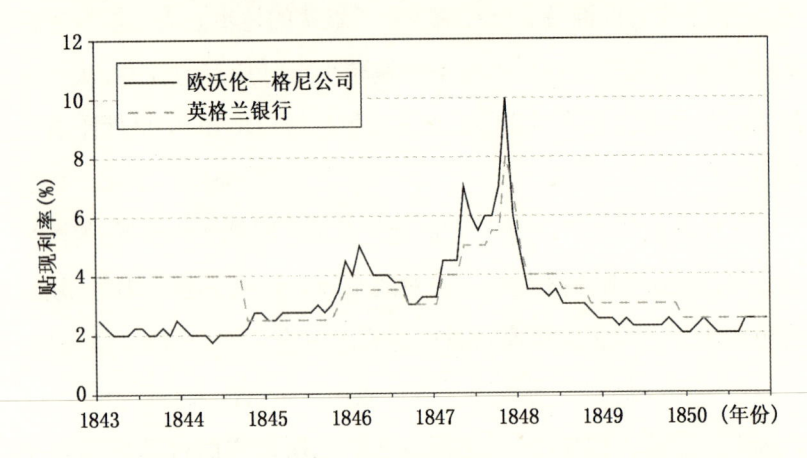

资料来源:欧沃伦—格尼公司一等票据贴现利率引自《英国议会文件汇编》(*Parliamentary Papers*,1857,X:475—476);英格兰银行的基准贷款利率引自《英国议会文件汇编》(*Parliamentary Papers*,1857,X: Appendix pp. 122—133)。

图4.5　1843～1850年一等票据贴现利率

以上种种困难导致对英格兰银行的再贴现需求增加。尽管英格兰银行银行部的准备金已经处于相对较低的水平,但是,英格兰银行为了放贷不得不任凭其准备金进一步减少。在整个夏季,英格兰银行的准备金不断减少,而在10月向政府债券持有人支付债息以后,英格兰银行银行部持有的纸币已经减少到了一个危险的水平。

英格兰银行不得不拒绝进一步发放任何国库券或者金边债券抵押贷款，从而导致了"恐慌"。利物浦、纽卡斯特和威尔士的4家股份制银行先后倒闭，还有许多地方小银行宣布破产（Evans，1849：77）。企业破产案接连不断，伊文思表示，"于10月23日结束的这个'恐怖周'将留在那些见证这一切的人的记忆中长期挥之不去（Evans，1849：83）。这场商业危机在暂停执行《银行特许法案》后才有所缓解，因为该法限制英格兰银行动用准备金来提供再贴现。

一、《银行特许法案》

在之前的几十年里，英格兰银行多次面临困境，最后一次发生在1839年（Andréadès，1909：268）。英格兰银行遭遇的这些问题导致有人认为危机是因为不可持续地过度发行导致物价上涨的纸币造成的。物价上涨导致进口增加，进而导致黄金因支付进口货款而外流，其中很多黄金是从英格兰银行兑取的。如果提高利率不能阻止黄金储备减少，那么，黄金储备的减少就会导致英格兰银行无力把纸币兑换成黄金，因此可能导致货币危机。

为了阻止这类危机重复出现，英国政府于1844年引入了《银行特许法案》(*Parliamentary Papers*，1844：I)，目的就是要使纸币能像金属币那样履行货币的职能，因此要限制纸币供应量变化。根据这项立法，地方银行的银行券发行受到了限制，而英格兰银行被分成两个独立的部门（Andréadès，1909：289）。发行部必须持有1 400万英镑的证券以及一定数量的金银币和金银锭，并且允许任何人按固定汇价拿纸币兑换黄金。只有银行部增加金银持有量才能增加纸币供应量。英格兰银行的银行部按规定必须像私人银行那样运营(Andréadès,1909:305)。银行部持有一定量的纸币和硬币准备可用来满足存款人的需要,并且可以通过票据再贴现来拆放资金。银行部的再贴现利率主要取决于"银行准备金"。

《银行特许法案》规定,英格兰银行发行部之外的货币数量必须随英国的黄金流入量和流出量变动。如果出口需要黄金,可以拿纸币到英格兰银行发行部兑换黄金,这些纸币因此而退出流通。这样就会导致物价下跌、商品出口和黄金输入增加,从而实现自动稳定。然而,英格兰银行之外公众手中持有的货币数量,也就是流通中的货币数量同样也受到英格兰银行银行部准备金规模的影响。如果银行部的准备金减少,那么就应该阻止黄金外流,从而保证英格兰银行外、流通中的货币数量保持不变(Dornbush and Frenkel, 1984)。由图4.6可知,英格兰银行发行部的黄金储备变化常常被银行部准备金变化所抵消,而英格兰银行外流通中的纸币数量始终比较稳定。这说明,公众手中的流通货币并不会随着黄金的输出和输入大幅增减,从而也表明银行部准备金管理也会影响稳定机制的运行。就如下文要讨论的那样,所有这些有利于经济还是有害于经济仍是一个有争议的问题,但这个问题说明法律也许不会按照立法者的意愿发挥作用。

英格兰银行发行部的黄金储备和银行部的准备金在这次危机爆发前的几年里发生了明显的变化。在市场发现1846年农业歉收以后,英国的黄金储备不断外流,而英格兰银行发行部发行的纸币从

4 英国铁路热时期的政府政策与1847年的商业危机

1846年9月的2 990万英镑减少到了1847年4月的2 250万英镑(见图4.6)。不过,银行部的准备金也同样有所减少,从1 030万英镑减少到了310万英镑。英格兰银行把它的再贴现率从3.0%提高到了3.5%,后来在1847年1月又提高到了4.0%,但此后即使它的黄金储备和准备金持续减少,也没再进一步提高它的再贴现率。《泰晤士报》对此评论称"英格兰银行从1月一直到我们目前在货币领域达到的这个阶段表现出来的异乎寻常的麻木不仁正开始招致来自各方面的批评,并且引发了普遍的忧虑"(The Times,7 April 1847:3)。

直到银行部的准备金减少到了4月份的低点后,英格兰银行才做出回应,也就是把再贴现率提高到了5%,同时还降低了再贴现的便利性。此后,银行部的准备金虽然有所增加,但仍比前几年少。随着1847年破产潮的出现,英格兰银行把它的再贴现利率提高到了5.5%,但之后就是在准备金持续减少的情况下也没进一步提高再贴现利率。为了发放信贷,英格兰银行在1847年把贷款利率实际降低到了5%。从1847年10月开始,英格兰银行向政府债券持有人支付债息,因此,银行部的准备金减少到了仅剩200万英镑的水平(见图4.6)。

面对黄金大量外流和商业破产潮袭来的现实,英格兰银行仍试图确保经济稳定。有人可能会认为,这种政策由于干扰了《银行特许法案》设计的自动稳定机制而注定要失败。然而,如果不采取任何应对措施,任凭如此大的变故发生,那么甚至有可能造成更大的危害。

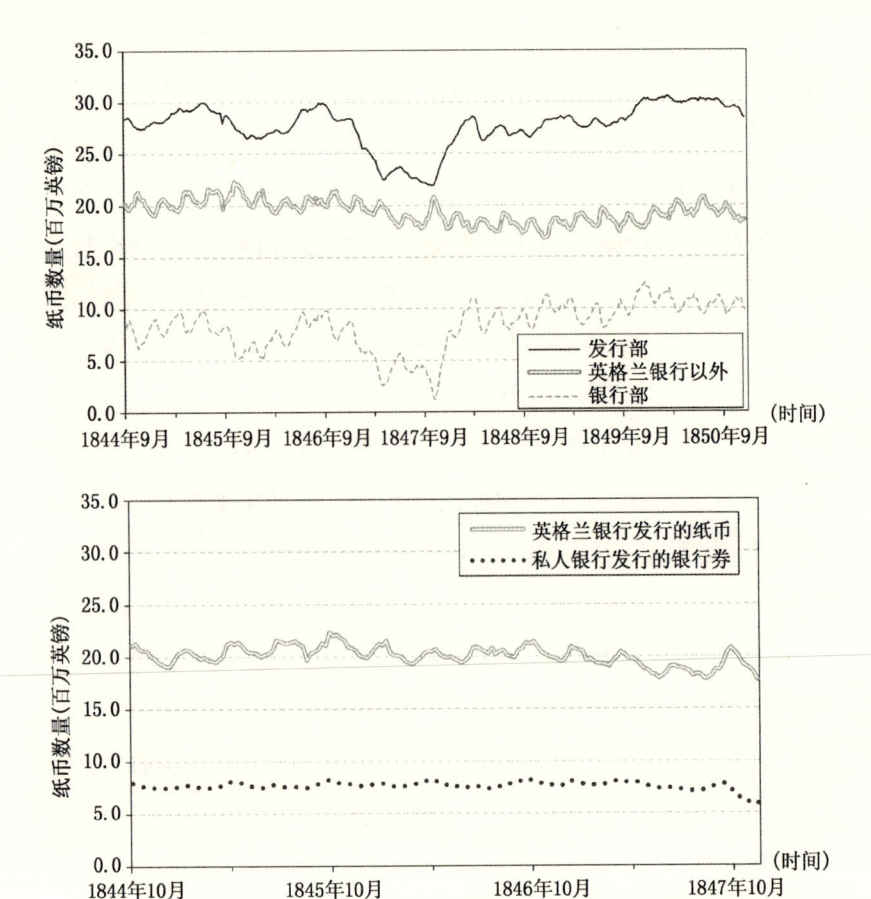

注：英格兰银行发行在外的流通纸币根据发行部纸币发行额减去银行部纸币准备。

资料来源：发行部和银行部的周数据转引自《英国议会文件汇编》(*Parliamentary Papers*, 1847～1848, VIII, Pt. II: 16～21; 1850, XXXIII: 202～211; 1852～1853, LVII: 328～335)。

图 4.6　1844～1850 年英格兰银行发行在外的纸币以及银行部持有的纸币

《银行特许法案》的作用就是把防止银根紧缩的全部责任交给英格兰银行的银行部。在《银行特许法案》颁行前的制度下,英格兰银行必须保留充分的总准备金以保证纸币可兑换黄金和存款人提款。在新制度下,发行部的储备用于保证纸币的可兑换性,而银行部的准备金则用于满足存款人取款之需。英格兰银行一个部门的储备或者准备可用来满足另一个部门的需要。图克(Tooke)认为,《银行特许法案》通过缩小英格兰银行的黄金储备和准备金规模,削弱了英格兰银行进行调控的能力,从而导致这次危机变得更加严重……尽管发行部有多达625万英镑的黄金储备,但几乎不可动用,就如它们存放在中国一样(*Parliamentary Papers*, 1847~1848, VIII: Pt. I: 435, q.5310)。如果英格兰银行把两个部门的黄金储备和准备金合并在一起,就能继续开展再贴现业务;不过,如果黄金继续外流,那么,纸币的可兑换性同样也会面临威胁。被视为《银行特许法案》策划者之一的塞米尔·琼斯·劳埃德(Samuel Jones Loyd)认为,《银行特许法案》就其目的而言是成功的,因为它能阻止英格兰银行任其黄金储备减少到非常低的水平,从而保护纸币的可兑换性不受威胁(*Parliamentary Papers*, 1847~1848, VIII: Pt. I: 425, q. 5117)。

《银行特许法案》表明,立法有可能导致意外后果。该法案有意设置的自动稳定机制被银行准备金管理化为乌有,最终导致了恐慌,因为它把风险从货币体系的一个部分转移到了另一部分,虽然能降低纸币不可兑换的风险,但会增大银行部存款的风险。

二、《银行特许法案》的暂停实施

为了缓和危机,英国首相约翰·拉塞尔(John Russell)勋爵和财政大臣查尔斯·伍德(Charles Wood)致信英格兰银行建议该行"扩大再贴现和短期贷款业务",但"利率不应低于8%"(*The Times*,26 October 1847:4)。英格兰银行并没有被认定应该对任何违反《银行特许法案》的行为负责,这就意味着英格兰银行能够把发行部持有的黄金储备用于满足银行部的需要。这封信的作用就是允许英格兰银行扩大信贷额度,甚至超过现有银行准备金(10月23日只剩下200万英镑)允许提供的信贷额度。

英格兰银行追加授信的消息本身就足以平息恐慌。一位名叫塞米尔·格尼(Samuel Gurney)的杰出银行家表示,"真可谓立竿见影,那些上午发来通知要求取款的顾客马上就告诉我们他们不需要钱了——他们只是出于谨慎才发出取款通知的"(Evans,1849:86)。从那天起,信心缓慢地逐渐恢复(Evans,1849:90)。10月30日,银行部准备金减少到了160万英镑,但此后很快就开始恢复,而英格兰银行从未违反过《银行特许法案》规定的限制条件。银行部的准备金持续稳步增长,11月6日增加到了230万英镑,11月27日又增加到了560万英镑,到了12月25日又进一步增加到了840万英镑(见图4.6)。

英国政府在1847年10月奉行的政策至少由于以下三个原因而收到了效果。首先,政策目标明确;其次,提出了适当的补救措施;最后,补救措施没有遭到相关方面的反对。所有这些因素仅仅由于危机当时仍在发展而有可能产生作用,而且表明危机时期的政策应对措施比任何事前提出的建议更具针对性,并且更有可能付诸实施。

由于危机正在发生,因此,主要目标就是降低不稳定性。通过立法来防止未来可能发生的危机当然是一项艰巨的任务,因为这需要在提高稳定性的可能性与强加限制性两者之间进行权衡。但在危机时期,重点完全放在了摆脱困境上,而那些最有可能取得成功的措施有可能在不太重视其长期后果的情况下付诸实施。

同样,政府的政策之所以能够取得成功,是因为政府提出了一种应对问题的适当措施。暂停执行《银行特许法案》,在当时并不是一个必然会做出的决策。英格兰银行行长认为,"就我们银行而言,我们并没有要求任何松懈"(*Parliamentary Papers*,1847~1848,VI-II:Pt. I:217,q. 3237)。英格兰银行可以试图出售一些它持有的政府证券来增加现金,或者拒绝任何再贴现要求。但图克认为,前一种行动方案不切实际,因为政府证券只能以非常低的价格出售(*Parliamentary Papers*,1847~1848,VIII:Pt. I:435,q. 5472);后一种限制再贴现的行动方案也许能够确保英格兰银行保住黄金储备,但会加剧恐慌。英国政府选择了一条风险较小并且在未来的危机中可复制的路径。提升市场对中央银行在危机时期会作为最后贷款人采取行动的信心,后来就成为一种标准政策处方(Bagehot,1873;Kindleberger,1978:161~178;Bignon,Flandreau,and Ugolini,2012)。

英国政府建议的政策之所以能够迅速付诸实施,并且收到了立竿见影的效果,那是因为它没有遭到任何反对。当时,危机正在对企业、银行和公众产生不利的影响,因此几乎人人都支持推行一些能够缓解危机的措施。英格兰银行认为,他们能够在政府不发授权书的情况下采取行动,但他们绝不反对政府签发授权书。就连塞米尔·琼斯·劳埃德这个为制定《银行特许法案》出过力的银行家也极力为政府签发授权书辩护,并且赞同"商业破产潮中可能出现相关情况……为了减缓信心崩溃所造成的压力,某种形式的干预是可取的"(*Parliamentary Papers*,1847~1848,VIII:Pt. I:394,q. 5157)。

然而,政府给英格兰银行签发授权书也有它不利的一面。虽然政府的授权书把暂停执行《银行特许法案》作为一种"非常性临时措施"(*The Times*,26 October 1847:4),但英格兰银行的前行长威廉·科顿(William Cotton)认为,政府签发授权书的做法可能会导致人们在未来预期政府做出类似的授权(*Parliamentary Papers*,1847~1848,VIII:Pt. I:329,q. 4043)。《经济学家》发文评论指出,"我们不可能摧毁一种占据人们心头多年的感觉:只有在压力非常大、需求充分大的情况下才会暂停实施任何可能存在的限制条件(*The Economist*,30 October 1847:1241)。随后出现的情况表明,这种怀疑是正确的,因为1857年和1866年又有两次暂停实施《银行特许法案》。可见,在危机时期采取应对措施,要比在遇到困难之前推行任何政策招致少得多的反对,但更有可能引发道德风险。随着《银行特许法案》可能暂停实施的预期的增加,冒险行为有可能得到纵容,因为今后更有可能获得英格兰银行这个最后贷款人的救助。尽管如此,暂停实施《银行特许法案》的收益几乎肯定大于成本。

结束语

英国政府采取不同的方式对19世纪40年代出现的铁路热、小麦价格逆转和商业危机做出了回应。英国政府在小麦价格大跌和金融危机爆发之前奉行的政策,总的来说是不成功的。不过,这并不一定意味着英国政府因为它的行为而应该受到严厉的批评。英国政府就像之前和之后经历类似遭遇的其他国家政府一样,遇到了不确定时期立法的挑战。这就意味着英国政府必须对提高稳定性可能带来的收益与造成的成本进行权衡,英国政府实际推行的政策当时效果并不明朗。英国议会系统也认为立法必须获得广泛支持,因此,有可能遭到相关方面反对的大胆举措并不可行。在危机时期,这些考虑因素都不会引起注意,因此政府的行动最为有效。

英国19世纪40年代的经历表明,旨在防范未来出现动荡的立法努力要面临一定的挑战,因此危机有可能再度发生。当危机再度发生时,政府采取有力的应对措施也许有助于降低困难的程度,但干预的具体形式要取决于危机发生的特定情境。1847年的商业危机之所以能够平息,是因为英格兰银行作为最后贷款人采取行动的能力不断增强。然而,英格兰银行这次之所以能够取得成功,是因为它瞄准了具体的问题。在其他危机时期,类似的策略也能取得成功,但每次危机都有它的特点,因此,应对措施应该瞄准每次危机特定的约束因素。危机是不可能根除的,在发生危机时,干预也许有它的一定用处。

5

1866 年的危机

马克·弗朗德罗　斯蒂法诺·乌戈利尼

引言

所谓的 1866 年欧沃伦—格尼银行危机,是英国货币金融史上的一个重要转折点。18 世纪现代金融体系诞生以后,英国受到了经常发生恐慌的困扰。在 1866 年危机前的各个十年里,每次信贷扩张和"投机"过后总会出现一个一般市场状态恶化而货币市场受到牵连的时段。1866 年仅仅是包括最臭名昭著的 1825 年、1837～1839 年、1847 年和 1857 年这些时段在内的一系列时段中的一个。始于 1866 年 5 月的这个时段是英国在第一次世界大战爆发前出现的那些时段中的最后一个。1866 年与 1914 年之间仅有的两个金融压力事件——1878 年危机和 1890 年巴林银行危机——无论是在严重程度还是性质上都与之前的金融冲击没有多少共同点，因为它们——不像以前的危机——没有导致货币市场陷入混乱。

这一令人惊讶的奇迹也令经济学家和史学家困惑不解，他们想方设法弄明其中的原因，于是把注意力转向了英格兰银行。但是，学术界在到底是哪些行动撒下了金融稳定的种子这个问题上始终存在争议。根据菲特(Fetter,1965)认为19世纪70年代以后的30年见证了"白芝浩提出的基本原理取得了胜利"的观点，有些学者辩称，英国的金融体系能够重新恢复稳定，多亏了英格兰银行重新愿意采取"救生艇"行动[还请参阅Giannini(1999)和Mahate(1994)]；在另一些学者看来，英国金融业能够恢复复原力，多亏英格兰银行对包括坚持金本位制在内的宏观政策进行了整合(Schwartz,1986,1995)：英格兰银行在相机发行强力货币(金本位制"规则")方面受到的限制通过提高行为主体的预测能力稳定了英国的金融体系。还有一些学者强调了危机管理的微观谨慎问题，如基于可认定优质抵押物的自动匿名贷款机制。譬如说，根据卡皮(Capie,2002:310—311)的"毛玻璃"再贴现窗口隐喻，英格兰银行抬高了它的再贴现窗口准入条件，足以在不知道贴现行身份的情况下鉴别贴现票据的品级：中央银行既不知道也不关心再贴现窗口那边是谁在申请再贴现，而只对优质票据提供再贴现或者根据优质抵押品发放贷款。强调英格兰银行危机管理微观谨慎特点的学者包括卡洛米利斯(Calomiris,2011)，他认为欧沃伦—格尼银行危机事件起到了帮助英格兰银行树立信誉和培育相机抉择能力的作用。这一事件驳斥了"大而不能倒"的教条，并且显示了英格兰银行了结"其需求调节意愿固有的卖方选择权"的决心。①

本章将讨论1866年实际发生的问题。首先,白芝浩(1873)绝对没有建议中央银行采取"救生艇行动",而是建议中央银行慷慨放贷——主要是废除以往危机中实行的信贷配额制。就如最近的一项研究显示的那样,1866年实际上是一个转折点(白芝浩也承认这一点)。1866年,英格兰银行——即便没有正式——事实上已经扮演了最后贷款人的角色,放弃了信贷配额制,因此实际变成了解决危机的场所(Bignon, Flandreau, and Ugolini, 2012)。本章将采用既有合作研究(Flandreau and Ugolini, 2013)的新统计证据深入描述1866年事件以及之后发生的革命性变革的特点。与卡皮(2002)不同,我们认为,英国实际为金融稳定开出的处方是让英格兰银行采纳非匿名慷慨放贷原则。换言之,英格兰银行充分抬高了它的再贴现窗口,因此能够看到贴现行的真实情况。英格兰银行只准备向它了解真实情况的借款人提供信用,这就意味着对方必须遵守很多行为规范:英格兰银行在慷慨放贷的同时还对银行体系实施严格监管,从而保护自己不受道德风险困扰。严格监控和慷慨放贷是新政策的两个不同方面。

本章的以下部分安排如下:第二节回顾欧沃伦—格尼银行破产案引发恐慌时的英格兰金融体系;第三节详细分析1866年危机时期英格兰银行采取的行动;第四节根据上一节提供的证据描述英国构建金融稳定新方法的特点;第五节强调了1866年采纳的新政策的国

---

① 否定"大而不能倒"也是卡皮(2002)讨论的一个核心主题。巴彻勒(Batchelor, 1986)在一篇论文中对英格兰银行在促进金融稳定方面的作用表示了怀疑。他认为,1866年以后,公众可获得的银行系统抵押品信息有所增加。

际方面:我们认为新政策有助于确立英镑作为一种无与伦比的国际货币的地位;第六节总结本研究的发现,并且对1866年发生的事件与1890年巴林银行危机做一比较。

1866年前的英国金融体系结构

自近代早期以来,欧洲金融体系一直围绕着一种特殊形式的货币市场工具——汇票——发展。汇票是一种有多重担保的可转让期票:汇票到期必然有一个同意为原债务人(出票人)担保的人("承兑人"或者承保人)付款,而且还有之前全体持有和转让汇票的人(背书人)签名作保。在工业革命时期,英国的汇票市场十分繁荣,19世纪初就开始出现专业化中介(汇票经纪人)。

如果我们相信金(King, 1936)的经典解释,那么,汇票经纪人在英格兰金融体系中的核心地位是在1825年危机(起初被称为"恐慌")以后确立的。在这次危机中,英格兰银行大肆推行信贷配额制,导致伦敦一些(大量投资于汇票业务的)大银行遭遇了严重的期限匹配失调问题,并且被迫宣布破产。受这一事件的惊吓,商业银行发誓绝不重蹈大银行的覆辙。商业银行不再把所有的资产都投在汇票上,而开始在汇票经纪行存放大量的"通知"存款,从而把流动性风险转嫁给了汇票经纪行。这一事件本身就把英格兰的金融体系改成了一个不同于任何其他国家的金融体系。汇票经纪行(或者"贴现行",就如它们后来被称为的那样)由经纪行演化为货币市场基金,它们吸收商业银行的存款,并且把商业银行的存款(以它们自己的名义)直接投放到汇票市场上。在正常情况下,风险不大,利润也不多,从而驱使汇票经纪行采用高杠杆比率。按照金(1935)的说法,19世纪中叶汇票经纪行的总资产资本比率大概是10∶1,要大大高于一般银行的总资产资本比率。

这就是英国版本的近代影子银行体系的产生方式。最初,英格兰银行积极看待这种影子银行体系,认为后者有助于它通过再贴现对货币市场波动进行远距离管理。但是,英格兰银行与其他银行之间的关系不断恶化。在伍德(Wood,1939)看来,这种状况是由认可英格兰银行私人公司特点的《1844年(英格兰银行特许)法案》造成的。在直接参与贴现市场竞争的鼓励下,英格兰银行开始把汇票经纪行视为自己的竞争对手,而把它的再贴现便利看作向竞争对手提供的免费午餐。

图5.1概述了英国金融体系在经历了1825年和1844年这两个转折点之后演化形成的基本特点。信用寻求者通过签发汇票获得融资;汇票一旦获得专业化商人银行(或者"承兑行",就像它们后来被称为的那样)的承兑,就被拿到货币市场上出售(或者说"贴现")。对于寻求有利可图地利用商业银行(从公众那里吸收的)存款的汇票经纪行来说,货币市场就是它们的狩猎场。如图5.1所示,英格兰银行与汇票经纪行是相互竞争的对手。可以这么说,这种竞争是"针线街老妇人"(Old Lady of Threadneedle Street,英格兰银行的绰号。——译者注)与汇票经纪行(特别是最大、最有声望的欧沃伦—格尼公司)之间持续交恶的反映,为1866年5月英格兰银行拒绝救助欧沃伦—格尼公司摆脱困境这个最终结局埋下了伏笔。

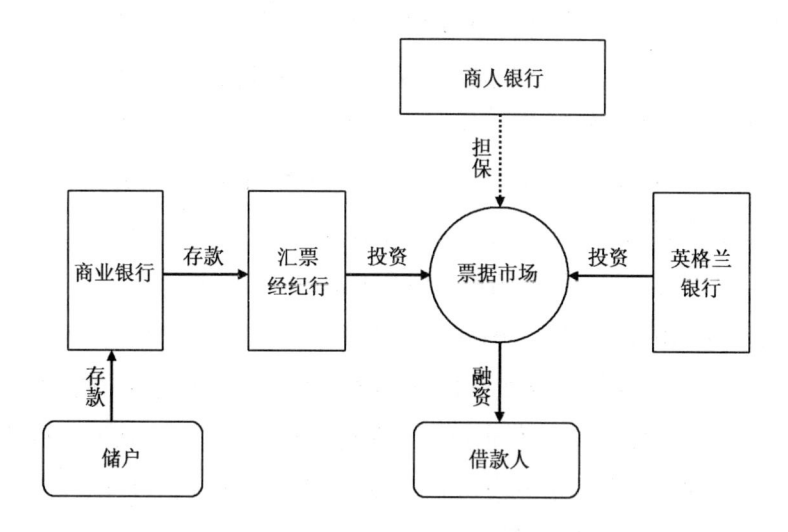

图 5.1　19 世纪英国金融体系的典型结构

英格兰银行与汇票经纪行(主要是欧沃伦—格尼公司)之间不断恶化的关系并不能只用商业竞争来解释。由于汇票经纪行是货币市场的专业机构,因此,至少在某种程度上可以说,英格兰银行可把筛选汇票的任务"外包"给汇票经纪行,而且还能利用它们提供的担保。此外,汇票经纪行的"慷慨"促成了货币市场当时的状况:英格兰银行试图(譬如说)收紧货币市场银根的努力有可能由于汇票经纪行实施扩张策略而遭遇失败。换言之,汇票经纪行发挥着谨慎和货币政策两方面的作用。英格兰银行必须确定"有效"的利率以保护它的黄金储备不受这种情境的影响,并且遏制不和谐的触发因素。

英格兰银行与欧沃伦—格尼公司之间的矛盾在 1857 年危机以后变得公开化。在这次恐慌期间,汇票经纪行大肆利用英格兰银行提供的再贴现便利,而英格兰银行的董事们开始认为金融系统内部的矛盾已经到了极限。1857年11月底,英格兰银行持有120万英镑的欧沃伦—格尼公司贴现票据,要占到其持有商业票据总额的3.37%。① 这个数字本身并不令人印象深刻,但它反映了全体汇票经纪行的一般状况,并且被认为不堪承受。当时就有人认为,如果汇票经纪行之前没有不计后果地放贷,那么这场危机也许就可以避免。汇票经纪行应该通过持续增加现金准备来降低杠杆比率,而且是它们能够自由进出英格兰银行的再贴现窗口导致了道德风险。为了防范道德风险,英格兰银行于1858年3月发表了一项公开声明,表示除特殊情况外,它有意停止提供再贴现便利。新闻媒体认为此举是专门针对欧沃伦—格尼公司的,并且还做了消极评论(King,1936:202—203)。欧沃伦—格尼公司觉得自己非常强大,足以采取报复行动:1860年4月,欧沃伦—格尼公司对英格兰银行采取了一次"迷你"挤兑行动,突然提走之前陆续存在英格兰银行的300万英镑存款。不过,在白芝浩(1873:299)看来,这次行动并没能通过暴露英格兰银行的脆弱性来达到巩固汇票经纪行地位的可能目标,而是"在没有影响英格兰银行信誉的情况下产生了不信任欧沃伦—格尼公司的作用"。

欧沃伦—格尼公司危机期间的英格兰银行贷款

1857年危机后这个时期见证了贴现银行和股份制银行的大规模扩张,金(1936:217)把这次贴现银行和股份制银行的大规模扩张归因于《公司法》(Companies Act)的颁行。这次大扩张的另一个相

---

① 作者根据英格兰银行的档案文献C25/3和1857年11月21日《经济学家》上的数据计算得出。

关方面是票据市场的国际化(Hughes,1960)。19世纪50年代,国际贸易大规模扩展促成了伦敦的贸易金融比较优势,并且刺激公司发起人(商人银行或股份制银行)和货币市场基金(汇票经纪行)成倍增加。那些有国外关系和伦敦基地的银行能够赚取很高的利润,因为这些银行能够利用当地信息和伦敦的便利条件。罗伯茨(Roberts,1992)提供的关于施罗德这家与欧洲大陆和美国有业务往来的商人银行的数据显示,19世纪60年代初,承兑业务利润很高——要占到承兑额的4‰~6‰。随后,相关数值迅速缩小,这可能反映了竞争的影响。① 结果就是伦敦货币市场的国际化——英镑承兑汇票成为首选的融资和投资工具。

就像注定如此的那样,并不是所有被卷入这次扩张狂热的银行都能谨慎行事,很多银行设法通过把短期资金来源投资于长期或者无流动性项目来提高回报率。欧沃伦—格尼公司②扭转了这个趋势,并且在19世纪60年代初越来越多地投资于投机级票据。由于在投机级票据上的投资接连失败,欧沃伦—格尼公司最终出现了不良资产,而且流动性不断下降。③ 为了吸收现金资本,这家合伙公司改制成有限责任公司,并且于1865年在伦敦证券交易所挂牌上市。白芝浩(1873:274~275)把欧沃伦—格尼公司的改制和上市说成是导致

---

① 相关数值是根据罗伯茨(Roberts,1992:527,532)提供的数据计算得到的。承兑期只有几个月(通常是90天)。因此,想要计算年回报率,就必须比较年终资产负债表上的承兑业务年收入和未清承兑业务(假定承兑业务都展期结算)。19世纪60年代初的数据还包括施罗德银行委托的承兑业务:根据后来的比例控制这些数据得出了所报告数据的下限。值得注意的是,从技术上看,承兑业务以相同的金额出现在资产负债表资产和负债两侧,因此,保留一定金额的资本以应付不时之需是可以理解的。
② 用白芝浩(1873:275)的话来说,一切商业邪恶的"典范"。
③ 关于欧沃伦—格尼公司在希腊的不幸投资的知情但并不完全公正的说明,请参阅齐诺斯(Xenos,1869)。

该公司最终破产的真正原因,因为该公司此后的亏损变成了公开信息,而该公司的声誉则受到了无可挽回的玷污。另一些冲击因素包括伦敦长时期的高利率(加大了该公司再融资的难度,见图 5.2)、1865 年末和 1866 年初的股市崩盘以及顾客人数减少。欧沃伦—格尼公司没能寻求到其他银行的援助,但在英格兰银行 5 月初做出最后努力时,该行行长表示,他的银行不能救助某家特定银行,除非他的银行还准备救助很多其他陷入类似困境的银行(King,1936:242)。这个决定是在英格兰银行委托调查到底应该由英格兰银行还是商业银行银团提供救助并取得秘密报告后做出的。1866 年 5 月 10 日下午 3:30,欧沃伦—格尼公司宣布破产。市场随即对此做出的反应被描述成"最混乱的恐慌"。当时,有人拿这个事件与"地震"比较。在金(1936:243)看来,"在欧沃伦—格尼公司宣布破产当天的剩下时间和第二天全天里,占据人们心理的恐惧和焦虑真是无法描述"。

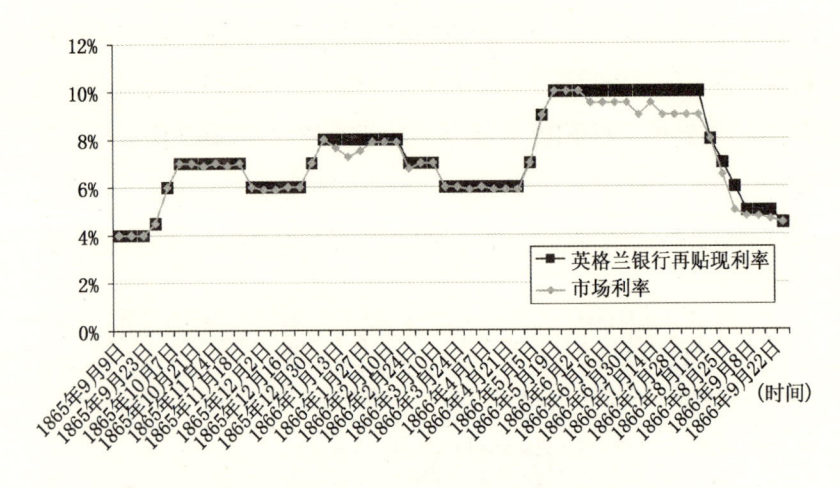

资料来源:《经济学家》(*The Economist*,1865~1866)。

图 5.2　英格兰银行再贴现利率与伦敦市场利率

那么,英格兰银行对这次恐慌做出了怎样的反应呢?在危机发生前的几个月里,市场利率几乎始终与英格兰银行的再贴现利率同步变动,这就是货币市场紧张焦虑的证据。不过,英格兰银行一直在调整它的再贴现利率(Bignon, Flandreau, and Ugolini, 2012)。在欧沃伦—格尼公司宣布破产以后,官方的再贴现利率从7%调整到了9%,后来又调高到了10%,但市场利率再也没有超过这个阈值(见图5.2)。换句话说,英格兰银行持续满足了市场大幅增长的现金需求。英格兰银行向银行系统提供流动性——票据再贴现和贷款这两个融资渠道被大量利用,当时只有很少的现金需求没有得到满足(见图5.3)。换言之,当时,英格兰银行并没有丧失理智,并且继续向金融系统注入流动性。

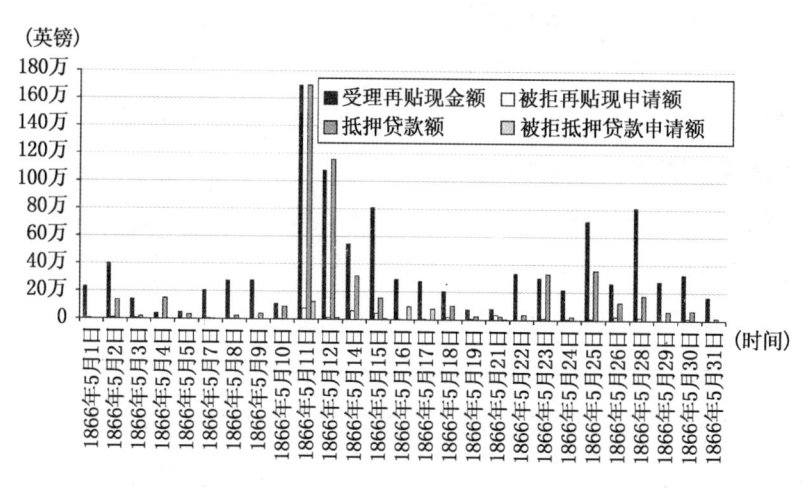

资料来源:弗朗德罗和乌戈利尼(Flandreau and Ugolini, 2013)。

图5.3　1866年5月英格兰银行日再贴现额和抵押贷款额

那么,又有哪些金融机构经常光顾英格兰银行利用它的信用便利呢?这里有一个值得注意的发现:尽管已经颁布1858年的官方禁令,但汇票经纪行在这个阶段仍占据主导地位,它们明显是英格兰银行再贴现窗口的最大客户(见图5.4a),而且还(与占据最大份额的商业银行一起,见图5.4b)大量利用英格兰银行的抵押贷款便利。这次危机的显著特点就是汇票经纪行和商业银行并不是英格兰银行的常客;平时只有商人银行和贸易行光顾英格兰银行的再贴现窗口办理再贴现业务(Flandreau and Ugolini,2013)。①

那么,抵押贷款申请银行拿什么作抵押向英格兰银行申请现金援助呢?有确切信息可用的贴现票据构成为回答这个问题提供了一些大致相同的素材。如果我们选择1866年5月英格兰银行根据承兑行(即承诺支付票据因而承担首责的银行)贴现的票据,然后拿它们与1年前的情况进行比较,那么,我们就会发现基本素材的构成非常稳定。由于承兑行承兑的票据要得到英格兰银行的认可才能获得再贴现,因此承兑行必须接受信用评级,这就意味着承兑行承兑的票据的品级还是相当稳定的。表5.1a—b表明了这一点,这两张表列示了1866年5月英格兰银行评定的风险最大的25家承兑行(占承兑行总数的39.5%)以及危机发生前1年风险最大的25家承兑行。承兑行所占的份额和排序前后没有发生很大的变化。平时被英格兰银行接受的再贴现票据在危机时期也有望获得再贴现。

---

① 值得注意的是,在19世纪60年代上市和实行业务多样化成为金融集团以后,欧沃伦—格尼公司不再被英格兰银行作为汇票经纪行来对待——从1858年起,欧沃伦—格尼公司在英格兰银行开立的账户被列入商业银行账册(Bank of England Archives,C24/1)。这就说明,那时,欧沃伦—格尼公司已经正式不受1858年准则的约束;也就是说,拒绝救助该公司的原因与1858年准则没有关系。

5 1866年的危机

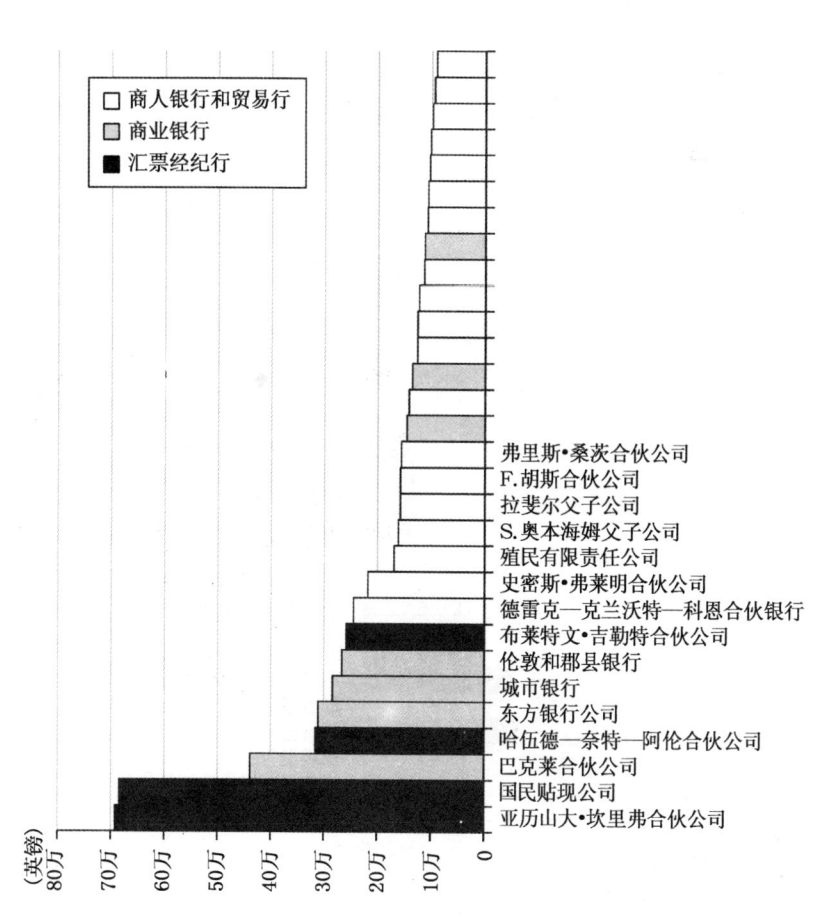

图例：
- □ 商人银行和贸易行
- ▨ 商业银行
- ■ 汇票经纪行

条形图数据（自上而下）：
- 弗里斯·桑茨合伙公司
- F.胡斯合伙公司
- 拉斐尔父子公司
- S.奥本海姆父子公司
- 殖民有限责任公司
- 史密斯·弗莱明合伙公司
- 德雷克—克兰沃特—科恩合伙银行
- 布莱特文·吉勒特合伙公司
- 伦敦和郡县银行
- 城市银行
- 东方银行公司
- 哈伍德—奈特—阿伦合伙公司
- 巴克莱合伙公司
- 国民贴现公司
- 亚历山大·坎里弗合伙公司

横轴（英镑）：0，10万，20万，30万，40万，50万，60万，70万，80万

资料来源：弗朗德罗和乌戈利尼（Flandreau and Ugolini，2013）。

图 5.4a　1866 年 5 月英格兰银行再贴现业务前 30 家银行客户

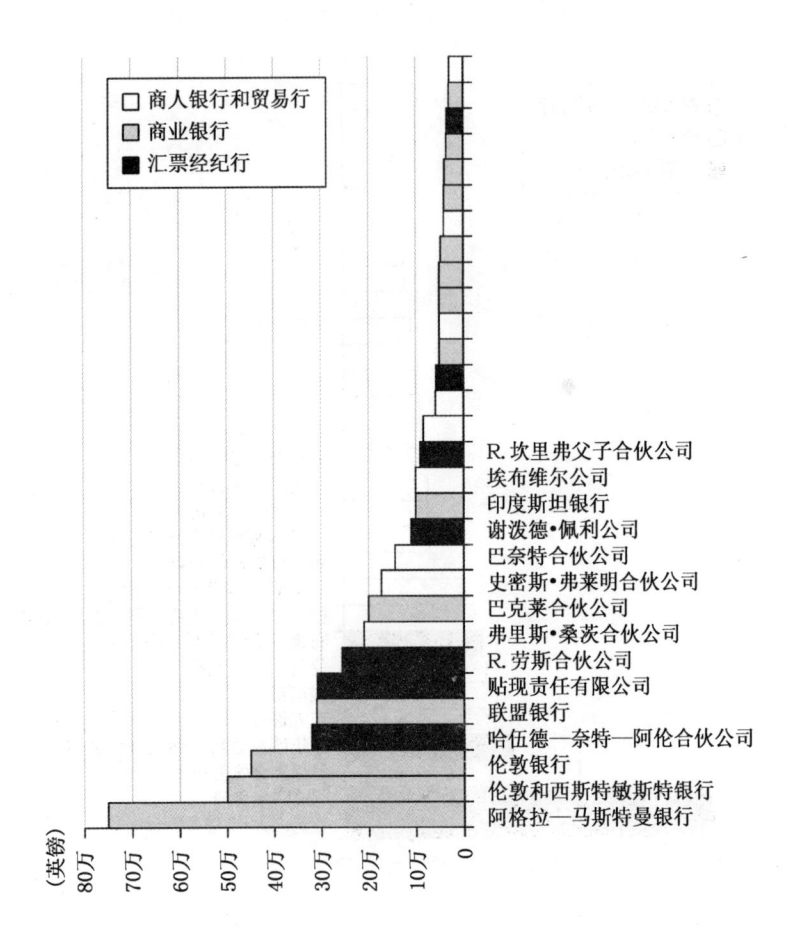

图例:
- □ 商人银行和贸易行
- ▨ 商业银行
- ■ 汇票经纪行

银行客户（从上到下）:
- R.坎里弗父子合伙公司
- 埃布维尔公司
- 印度斯坦银行
- 谢泼德·佩利公司
- 巴奈特合伙公司
- 史密斯·弗莱明合伙公司
- 巴克莱合伙公司
- 弗里斯·桑茨合伙公司
- R.劳斯合伙公司
- 贴现责任有限公司
- 联盟银行
- 哈伍德—奈特—阿伦合伙公司
- 伦敦银行
- 伦敦和西斯特敏斯特银行
- 阿格拉—马斯特曼银行

横轴（英镑）：0、10万、20万、30万、40万、50万、60万、70万、80万

资料来源：弗朗德罗和乌戈利尼（Flandreau and Ugolini, 2013）。

图 5.4b　1866 年 5 月英格兰银行抵押贷款业务前 30 家银行客户

表 5.1a—b　　1865 年 5 月和 1866 年 5 月英格兰银行受理
　　　　　　　再贴现申请的前 25 家承兑银行

1865 年 5 月

1	伦敦股份银行(London Joint Stock Bank)	166 862.66	7.75%
2	伦敦联合银行(Union Bank of London)	84 419.34	3.92%
3	伦敦和地方银行(London & County Bank)	69 317.37	3.22%
4	格拉斯哥城市银行(City of Glasgow Bank)	52 555.49	2.44%
5	奥托曼帝国银行(Imperial Ottoman Bank)	42 580.81	1.98%
6	弗吕林—格森合伙银行(Fruhling & Goschen)	42 560.03	1.98%
7	城市银行	39 170.67	1.82%
8	德雷克—克兰沃特—科恩银行	29 261.21	1.36%
9	伦敦银行	26 359.61	1.23%
10	阿格拉—马斯特曼银行	24 504.00	1.14%
11	巴林兄弟公司(Baring Brothers & Co)	21 635.55	1.01%
12	芬利—坎贝尔公司(Finlay Campbell & Co)	19 216.32	0.89%
13	F.胡斯公司	19 029.89	0.88%
14	国民银行	15 793.46	0.73%
15	芬利—霍奇森公司(Finlay Hodgson & Co)	14 456.01	0.67%
16	NM 罗斯柴尔德父子银行(NM Rothschild & Sons)	12 853.00	0.60%
17	澳大利亚联合银行(Union Bank of Australia)	12 498.68	0.58%
18	大达莱—瑙罗吉合伙公司(Dadalhai Naoroji & Co)	12 000.00	0.56%
19	格林—米尔斯—科里公司(Glyn Mills Currie & Co)	11 956.26	0.56%
20	伦敦商人银行公司(Merchant Banking Co of London)	11 264.87	0.52%
21	东方银行公司	11 139.60	0.52%
22	莫斯兄弟公司(Moses Brothers)	10 200.00	0.47%
23	殖民银行	10 179.34	0.47%
24	联盟银行	9 101.34	0.42%
25	JH 施罗德合伙公司(JH Schroder & Co)	8 421.57	0.39%
合计		777 337.08	36.13%

1866 年 5 月

1	伦敦股份银行	637 028.01	6.21%
2	伦敦联合银行	474 520.93	4.62%
3	国民银行	321 824.83	3.14%
4	弗吕林—格森银行	279 321.03	2.72%

续表

1866 年 5 月			
5	阿格拉—纳斯特曼银行	191 511.83	1.87%
6	城市银行	188 088.95	1.83%
7	西北银行(North Wester Bank)	175 129.64	1.71%
8	伦敦和地方银行	150 793.66	1.47%
9	巴林兄弟公司	147 425.16	1.44%
10	利物浦皇家银行	146 905.89	1.43%
11	德雷克—克兰沃特—科恩银行	144 033.20	1.40%
12	F.胡斯公司	125 467.88	1.22%
13	芬利—霍奇森公司	123 896.58	1.21%
14	格拉斯哥城市银行	96 051.60	0.94%
15	J.S.摩根公司	95 764.03	0.93%
16	利物浦银行	85 577.62	0.83%
17	埃布维尔有限责任公司	80 771.80	0.79%
18	史密斯—弗莱明公司	80 741.91	0.79%
19	联合银行	80 253.50	0.78%
20	R & J.亨德森兄弟银行(R & J Henderson)	77 485.63	0.76%
21	东方银行公司	77 025.64	0.75%
22	芬利—坎贝尔公司	75 030.05	0.73%
23	伦敦商人银行公司	72 484.53	0.71%
24	W.迪金森公司	62 141.31	0.61%
25	格林—米尔斯—科里公司	61 882.74	0.60%
合计		4 051 157.91	39.5%

资料来源:弗朗德罗和乌戈利尼(2013)。

注:表中两个时期都榜上有名的机构用黑体字表示,各有 16 家。

总的来说,情况似乎是这样的:恐慌发生后,英格兰银行继续做它的"常规"业务,但规模有所扩大。英格兰银行继续放贷,只是总量有所增加,以满足各方面的流动性需求(尽管 1858 年的禁令禁止汇票经纪行前往英格兰银行贴现窗口申请再贴现)。其次,基于这一业务的"连续性",被认为可申请再融资的票据的性质(因而品级)在那场危机期间并没有发生变化。危机前被认为可靠的担保人(承兑行)在危机期间仍然被认为可以信赖。事实上,笔者还发现,即使在被担保人后来变得信用可疑[承兑行因危机而破产后,就如阿格拉—马斯特曼银行或者联合银行(Consolidated Bank)]的情况下,英格兰银行坚持了延续其之前政策的原则。此举支持了这样一种观点:危机时期贷款的一个关键方面的确是贷款抵押票据问题,贷款抵押票据问题也许比借款人的身份更加重要。事实表明,在接受英格兰银行流动性最多的贴现银行中有一些是导致这场危机的罪魁祸首(如阿格拉—马斯特曼公司或者伦敦银行)。乍一看,这个结论与卡皮(2002)"对于最终贷款重要的问题是'承兑了什么票据?'——而不是'承兑了谁的票据?'"的观点是一致的。然而,就如下一节所显示的那样,"承兑了什么票据"和"承兑了谁的票据"问题要比肤浅地解读1866年危机更加错综复杂。

令人震惊:从最终贷款人到银行业监管

汇票虽然一般起源于商业交易过程(如实物商品运输途中融资),但并没有实物担保。在承兑人违约的情况下,汇票持有人有权向之前的背书人索偿,但在任何情况下都不能扣押汇票上可能注明的(譬如说)抵押品原棉(Seyd,1868:81—83)。因此,汇票的"价值"在于汇票背书人的姓名和这些人的资信。持票人要承担的就是汇票背书人的信用风险,这就意味着,英格兰银行无论愿意与否都必须实际知道并关心是谁在再贴现窗口申请再贴现:"拿什么票据来再贴现"与"是谁来再贴现"是同一枚硬币的正反两面。

  这一点有助于解释英格兰银行为监控再贴现风险而发展起来的复杂系统。首先,并不是什么银行都能成为贴现行。贴现经营权是一种特许权,想成为贴现行必须由银行俱乐部其他成员介绍,还要提供物质保证。① 其次,风险管理采用分类账制度的形式,能够实时控制风险:英格兰银行再贴现收进的每张票据都要记入两个账户——承兑票据的承兑行账户以及拿汇票来英格兰银行再贴现的贴现行账户。② 英格兰银行通过查阅分类账户,就能一目了然地看到自己因某个承兑行或者贴现行而面临的风险。英格兰银行定期检查承兑行的资信,并把它们记入所谓的"信用等级簿"。信用等级簿上的信息也能显示任一单个风险的暴露阈值(Bignon, Flandreau, and Ugolini, 2012)。

  这种从1844年发展起来的安排(如果我们相信英格兰银行的分类账)允许英格兰银行对英国的金融体系实施跟踪监控。这种监控几乎就是匿名的,允许英格兰银行同时关注金融体系中票据的签发和分布情况(Flandreau and Ugolini, 2013)。严格地讲,这种监控方式允许英格兰银行通过观察不正常的票据签发或者承兑来及时发现正在形成的投机头寸。例如,如果某家承兑行放宽承兑标准,并且超过其资本允许的额度承兑票据,那么,这家承兑银行承兑的票据就会肆无忌惮地进入市场并回流到英格兰银行,而英格兰银行就能立刻发现问题。例如,1890年,英格兰银行在那次危机前早就发现巴林

---

  ① 在整个19世纪期间,贴现银行"会员人数"大幅减少(Bignon, Flandreau, and Ugolini, 2012)。不过,这似乎是由于银行系统内部的合并,而不是英格兰银行开除会员造成的。

  ② 也记载了出票人的信息。详细内容请参阅弗朗德罗和乌戈利尼(2013)。

银行当时正陷入困境,因为通过第三方贴现回流到英格兰银行的巴林银行承兑票据突然变得非常多。结果,英格兰银行迫使巴林银行兑换票据。① 此举也许没有起到什么作用,但是,这样的监控能够确保英格兰银行不会在监管过程中犯浑(本章结束语部分将更加详细地讨论这个问题)。

以上阐明了英格兰银行在 1866 年危机时期对金融体系的态度,特别是对欧沃伦—格尼公司的态度。英格兰银行通过控制自己的风险暴露程度来控制可能授予任一单个机构的信用额度。事实上,同一贴现银行不可能拿太多的同一种票据去向英格兰银行申请再贴现:如果某家金融机构由于任何原因比其他金融机构面临更大的风险,那么,它自己就能发现自己因为面临太大风险而受到了注意。如果这样的规则为全体参与者所了解,那么,任何单家金融机构的破产原则上都不会对整个金融体系构成严重的威胁。此外,所有表现"好"(根据英格兰银行的标准,表现"好"主要是指适当多样化)的机构都有资格申请援助——通过再贴现窗口获得的"普通"类别援助。② 在随 1866 年危机的发生最终建立起来的新"制度"下,英格兰银行乐意对一切平时有资格申请援助的机构(包括危机后支付能力有问题的机构)担保的票据提供一定比例的再贴现。由于英格兰银行已经

---

① 1889 年 10 月,英格兰银行持有不到 80 000 英镑的巴林银行承兑票据,但到了 1890 年 10 月初已经增加到了 500 000 英镑。时任财政大臣的乔治·J.格森(Georges J. Goschen)在他的日记中写道:"英格兰银行觉得事情蹊跷时,就会约谈再贴现票据最多的几家银行"(Clapham,1966:327-328)。在那次危机最严重的时候(1890 年 11 月 18 日),英格兰银行持有 715 000 英镑的巴林银行承兑票据(Bank of England Archives,C22/43)。查普曼(Chapman,1984:121)报告的数据也反映了巴林银行承兑票据的"异常"供给。

② 有必要指出,英格兰银行从未拒绝欧沃伦—格尼银行提出的常规援助请求。由于欧沃伦—格尼银行很可能缺少合格票据,因此在破产前的那段时间里从未到英格兰银行再贴现窗口申请再贴现,而是直到问题严重到了无可挽回的地步以后再去针线街请求特别救助(Bank of England Archive,C24/1)。

充分了解货币市场,又由于请求再贴现的票据得到了从承兑行到贴现行的多重担保,再加上风险在一个最大暴露程度仍然有限(如上所述,再贴现票据最多的承兑行只占英格兰银行持有票据总额的 6%)的金融体系里极度分散,因此,英格兰银行奉行的政策只针对一种经过精确计算的风险。而且,这其中甚至还没有考虑贴现银行都不愿失去其进出英格兰银行再贴现窗口的资格。

因此,英格兰银行凭借其在 19 世纪中叶建立起来的高度发达的监管体系得以在没有增加道德风险的情况下扩展它的最后贷款人业务。事实上,整个 19 世纪,英格兰银行有风险的业务总量呈现长期下降的趋势。到了 19 世纪 60 年代末,英格兰银行有风险的业务量基本上可以忽略不计(Bignon, Flandreau, and Ugolini, 2012)。我们认为,这就是英国在 19 世纪实现金融稳定的秘诀,这个秘诀并不依赖抽象的市场自律,也不依靠自动、匿名的最后贷款人贷款机制,与金本位制也没有多大的关系,而与救助行动就完全没有关系。英国 19 世纪金融稳定的秘诀就是建立了一个严格的监控体系,或者如果我们愿意的话,就是事实上的中央银行监管。各类银行和货币市场参与者倘若希望与中央银行保持良好的关系,那么就必须屈从于这种事实上的监管。与中央银行保持良好的关系在危机时期是很有价值的,因为英格兰银行就是身边的最后贷款人——名副其实的终极贷款人。

这种事实上的监管也佐证了 19 世纪末英国银行业实行最低限度监管并且取决于"英格兰银行行长的性情"的传统说法。[1] 根据这

---

[1] 关于这种说法的书面版本,威瑟斯(Withers, 1910:56)曾经说起过一个有关英格兰银行在某家银行资信受到怀疑时扮演的"最后仲裁者"角色的有趣题外话。

种说法,只要英格兰银行行长给脸色看,其他银行的行长就得整顿自己的银行。当然,给脸色看要比厉色造成更多的不便,因为英格兰银行掌握着详细的信息,并且有权拒绝提供再贴现便利。对于那些需要提醒的银行来说,欧沃伦—格尼银行的倒闭可能就是一个警示。①

双重成功:1866年危机的国际方面

然而,1866年的危机并不只有国内影响。就像前文已经指出的那样,伦敦货币市场非常依赖非居民,伦敦是一个国际短期信贷供给与需求交汇的地方。② 对外收支需要平衡,而资金融通——尤其是前文所说的贸易金融——则是相关各方梦寐以求的。图5.5对这种情况进行了图示,并且根据出票人的地域分布对英格兰银行通过再贴现收进的票据进行了分类:该图显示了国内(本土)出票人与国外(即外国和殖民地)出票人签发的票据总量。我们看到国外签发的票据(占1866年5月英格兰银行通过再贴现收进的票据的65%)占据主导地位。因此,这场危机以及英格兰银行为应对危机而采取的行动必然会对作为国际货币的英镑产生深远的影响。

这场危机助长了国际投资者厌恶风险的情绪,当时就有人提到了今天所说的"急刹车"(Calvo,1998)。他们心目中的机制就是今天所说的"双重危机":在这个例子中,一场信用危机变成了货币危机。

---

① 比格诺、弗朗德罗和乌戈利尼(Bignon, Flandreau, and Ugolini, 2012)讨论过的另一个值得关注的案例是瓦利亚诺(Vagliano)银行。这家银行在与英格兰银行发生争执后被取消了向英格兰银行申请再贴现的资格,最后不得不退出银行业(Chatziioannou and Harlaftis, 2001:38~39)。

② 关于19世纪中叶国际外汇市场的说明,请参阅乌戈利尼(2012)。

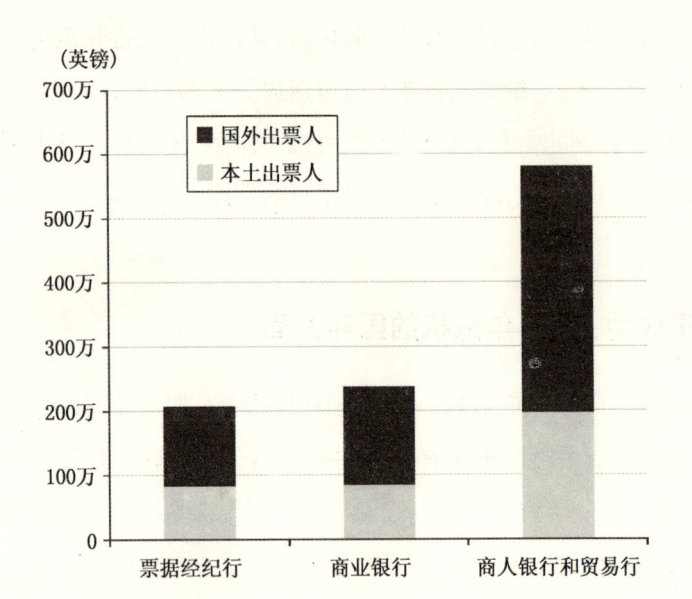

资料来源：弗朗德罗和乌戈利尼(Flandreau and Ugolini, 2013)。

图 5.5 1866 年 5 月英格兰银行通过再贴现收进的票据签发地分布

业已形成的英镑信任危机是由与欧沃伦—格尼公司破产相关的信用风险激增引发的，帕特森(Patterson, 1870: 227~228)对此也许做了最明确的阐释［还请参阅朱格拉(Juglar, 1889: 368)、沃思(Wirth, 1890: 434~435)和麦克劳德(Macleod, 1891: 833~834)］。伦敦货币市场前景未卜，有些外国投资者平仓后把余额汇回了国内。虽然英格兰银行维持了特高的利率水平，但还是在危机刚过去不久就造成了英镑疲软的后果。事实上，如果我们采用市场息差计算英镑与法国法郎的"远期"汇率，并且拿这个汇率与黄金输出入点进行比较(见图 5.6)，那么就能看到英镑——在危机前已经处于(轻微)可疑程度——在恐慌期间下降到了严重可疑程度(低于黄金输出点的"远期"汇率意味着英镑遭遇信任危机,而 4 月英镑的"远期"汇率迅速偏离黄金输出点)。在欧沃伦—格尼银行破产以后,尽管伦敦和巴黎的息差令人困惑地高达 6%,但即期汇率仍然令人气馁地停留在黄金输出点附近。[1]

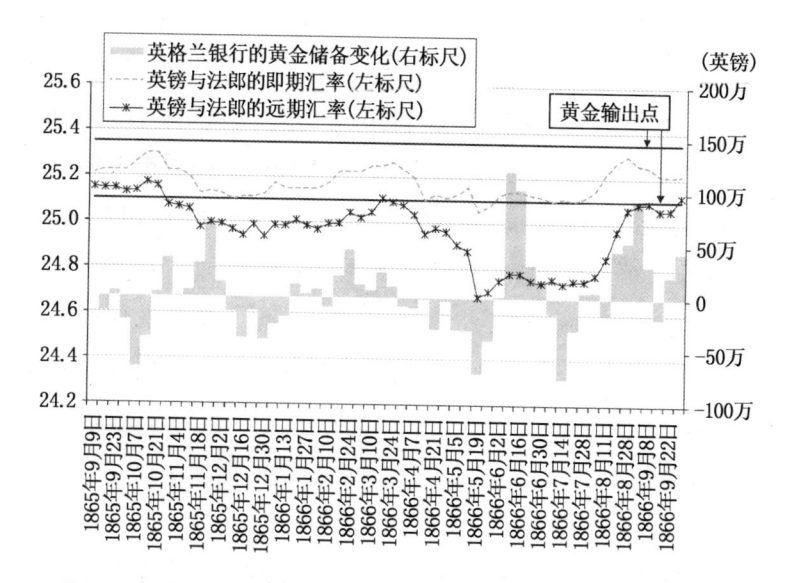

资料来源:乌戈利尼(2010);《经济学家》(1865~1866);赛义德(Seyd,1868)。

图 5.6　1866 年危机的国际影响:英格兰银行黄金储备及英镑与法郎即期和"远期"汇率变化

---

[1] 霍特里(Hawtrey,1919:149~150)认为,外国投资者已经怀疑英国金本位制的自生能力。这种情况在当时也许有所加剧:英国的黄金储备在 5 月 11 日后的头两个星期里减少了 130 万英镑后,在 6 月份重又超过了危机前的水平。尽管 7 月份黄金又开始外流(见图 5.6),但英国的黄金储备再也没有减少到低于 6 月的水平。因此,信任危机的说法是有说服力的(Ugolini,2010)。

由上可见,英国1866年发生的危机也是一场货币危机。至少,倘若我们从"高利率"期的持续时间和"高利率"程度的角度来评价这次危机,那么它可能是英镑在整个"标准"的金本位制时期(1821～1913年)遭遇的最严重危机。面对黄金储备流失,英格兰银行不得不在从未有过的长达3个多月的时间里把基准贷款利率维持在一个创纪录的水平(10%)上(Clapham,1966:429～432)。很多观察家认为,这场危机对伦敦国际货币市场的声誉形成了冲击;这次冲击在英国实施高利率的情况下阻止了国外债权人投资英国货币市场工具。这种观点引起了英国外交部的高度重视。英国外交部觉得有必要发函通知英国所有的驻外代表就英国金融体系的坚固性问题对外国人进行抚慰[信函文本可在帕特森的书(Patterson,1870:234～235)中找到]。事实上,英格兰银行奉行的政策源自于对这场危机的相同解读,即如果信用危机得到解决,货币危机就能迎刃而解。这也是白芝浩奉劝英格兰银行慷慨发放优质抵押品贷款的道理所在,而他建议实施"高利率"则说明他已经注意到了货币危机。

这项政策的影响也同样重要。在实施这项政策当天结束时,那些没有受到恐慌惊吓并且把资金留在伦敦的投资者倘若拿自己在伦敦的投资与在巴黎的相应投资进行比较,那么前者的业绩明显占优。例如,我们来考察一个在危机前1个月(1866年3月中旬)抛掉英镑票据改做短期法国法郎票据的投资者,在票据到期后再投资票据,譬如说,在6个月内一周接着一周这么做,然后把收益兑换成英镑,并且拿这种投资的收益与同期自始至终做英镑投资的收益比较。到这个时期结束时,英镑投资的收益要比法郎投资的收益高出2.14%,两者的年化收益差高达 4.28%。[①] 这是一种衡量考虑更全面的投资者——那些到国外寻求安全的投资者——受鼓励相信未来的程度的方法。我们认为,英格兰银行在 1866 年采纳最终贷款政策是英镑作为关键储备资产的地位得到确立的过程的一个重要环节。[②] 在成功应对金融震荡以后,英格兰银行取得了巨大的金融影响力;而且这一点不可能与英格兰银行日后的成功没有关系。

结束语

本章根据新的统计证据(Flandreau and Ugolini, 2013)考察了 1866 年危机管理的一些关键元素。首先,我们对英国如何找到通往 19 世纪下半叶金融稳定的路径做了全新的阐释。通过考察危机时期伦敦货币市场的结构和英国中央银行采取的措施,我们发现英国实现金融稳定的处方就是慷慨的流动性供给和严厉的监管,而且因为不接受监管就会失去享受中央银行长期融资便利的资格这一可信威胁而成为可能。英格兰银行在 1866 年果断采用了这张处方,标志着反映 1857 年前危机管理特点的信贷配额制的寿终正寝(Bignon, Flandreau, and Ugolini, 2012),并且为在以后几十年里创建更具复原力的金融体系铺平了道路。

其次,我们强调指出了新政策超越英国和英国金融体系的意义。

[①] 本章作者根据乌戈利尼(2010)的数据计算得出。详细数据可向本章作者索取。
[②] 中央银行应该被预期会以这种方式采取行动这一事实在当时并不能被认为理所当然。例如,在 1870 年事件严重危及法郎作为国际货币的命运后,法兰西银行就没能这样做。白芝浩本人也指出了这个问题,但不无担忧地承认,在法国崩溃后,对越来越多的责任落到英格兰银行身上的高度担忧是驱使他动笔写《伦巴第街》(Lombard Street)的一个关键激励因素(Bagehot, 1873:31—32)。

我们认为,英格兰银行成功地处置危机事件在国际上产生了影响。英格兰银行成功地应对了一场双重危机:伦敦货币市场在欧沃伦—格尼银行宣布破产后短短的几个小时里经历的惊恐考验了英国贸易信贷机构的复原力和英镑的稳定性。因此,英格兰银行最终取得的成功有助于确立英镑作为国际货币的地位。

最后,在一部专门论述英国金融危机的专著中,我们似乎应该采用比较的手法来结束论述 1866 年危机的这一章。我们建议拿 1890 年巴林银行危机来与 1866 年的危机进行比较。这两次危机之间的一个主要差别就在于:英格兰银行任由欧沃伦—格尼银行破产,但对巴林银行采取了救助行动——尽管伦敦各家银行因此付出了沉重的代价。我们认为,这两次危机有一个重大差别可用来解释英格兰银行的不同行为。一家票据经纪行的破产必然会给商业银行造成损失,但由于票据经纪行在创造货币市场工具的第一阶段并没有发挥作用(见图 5.1),因此,欧沃伦—格尼银行的破产没有对伦敦货币市场的运行产生任何影响。虽然市场有现金需要,但英格兰银行总能满足这种需要,而且也没有大量的信息遭到破坏。相比之下,一家像巴林银行这样的商人银行破产会损害伦敦货币市场的基础。巴林银行不同于欧沃伦—格尼银行,它是一家重要承兑银行。在"正常"情况下,英格兰银行总会接受巴林银行承兑的票据,因为拒绝接受巴林银行承兑的票据就有可能危及伦敦货币市场,还有可能殃及整个金融体系。[①] 除此之外,英格兰银行还会因为巴林银行破产而面临巨大风险——而英格兰银行不会因为欧沃伦—格尼银行破产而面临巨大风险。

[①] 商人银行对金融体系的重要性再次被英国金融史上发生的另一关键事件——1931 年发生的危机——所证明(Accominotti,2012)。

6

"我们怎样来拯救伦敦城?"
——1914年金融危机管理

理查德·罗伯茨

引言

英国1914年发生的危机绝不是根据金德尔伯格(Kindleberger)等在"典型危机剖析"(*Anatomy of a Typical Crisis*, Kindleberger and Aliber, 2011:26~38)中表达的思路展现出来的一次"典型危机"。[①] 之前没有出现信用扩张、欣快症状、投机狂热或者资产泡沫,但有一个明显的"位移事件"或者"明斯基拐点"(Minsky moment)——7月23日星期四下午6:00,奥地利在贝尔格莱德向塞尔维亚递交了最后交战通牒——改变了欧洲有可能爆发一次大规模战

[①] 本章作者感谢安德斯·米克勒森(Anders Mikkelsen)提供了研究帮助。

争的风险感知,从而导致了波及整个欧洲的恐慌,包括伦敦金融市场迅速崩溃,从而引发了伦敦城将停止批发银行业务的预期;银行系统发生了挤兑风潮,从而威胁到了英国的信贷和支付机制。金融市场参与者、英格兰银行和英国财政部纷纷采取不同的"遏制"措施——就如新近出版的金融危机管理著述所说的"权宜应急手段"——来应对正在酿成外交和军事危机的局势,英国从8月4日星期二23:00开始进入战争状态(Honohan and Laeven, 2005:7~17; Gelpern, 2009:493~548)。重大金融危机常常会呈现一个后续"解决阶段",获得援助的金融机构会在这个阶段完成重组。然而,金融机构破产和重组并不是伦敦1914年危机的特点,而使用"复兴"这个词比较合适。复兴措施包括振兴金融业,取消遏制措施所规定的限制条件。这些因素正好又赶上英国金融当局开始为满足战争需要而进行动员,这是典型的战时"金融抑制"表现。

时任英国财政大臣的戴维·劳埃德·乔治(David Lloyd George)给他记述1914年财政危机的回忆录取名"我们怎样来拯救伦敦城?"(*How We Saved the City*, Lolyd George, 1938:61~74)。在概述了上文所说的各个阶段以后,他解释了他作为财政大臣和他的同事们所面对的挑战以及他们采取的应对措施。那么,他们当时采取了哪些措施呢?为什么要采取这些措施?这些措施是否合适、有效?一句话,对1914年金融危机进行的管理是如何取得成功的?

崩盘

奥地利王位法定继承人弗朗茨·费迪南(Franz Ferdinand)于6

月28日在萨拉热窝被暗杀,这一事件并没有对伦敦金融市场产生任何明显的影响。毕竟,之前3个夏季的国际紧张局势和1912年的巴尔干战争始终局限在局部地区。但是,奥地利7月23日发出的最后交战通牒改变了人们对战争风险的感知。"市场虽然并非从来没有遇到过,但至少很少遇到比这更糟糕的一周、更糟糕的状况或者更糟糕的星期六"(*The Observer*, 26 July 1914),《观察家》(*The Observer*)杂志本地新闻栏目编辑在26日星期天"战争乌云笼罩市场"(War Clouds Over the Markets)的标题下如是说。但还有更糟的情况要发生:在随后的一周——从7月27日星期一到8月1日星期六——里,伦敦城的几个关键市场——外汇市场、贴现市场和股票市场——无一例外全都发生了崩盘。

在金本位制下,外汇融资需求主要来自国际贸易。1914年进行国际结算的主要手段就是英镑汇票(Sonne,1915:102;Michie,2007:66~68)。国外商人持有大量的英镑汇票,英镑汇票因此而成了商人银行家汉斯·索恩(Hans Sonne)所说的"国际货币",在世界各国银行之间广为转手交易,并且为汇票持有人提供了获得当地货币的手段,还为需要在伦敦结清债务的人提供了一种英镑结算工具。对战争风险的恐惧在国外金融中心引发了一场英镑汇票争夺战,"一次国际性的'英镑囤积'"(Sonne,1915:106~107)。英镑需求急剧增加,导致英镑"绝对离奇地"偏离它的标准黄金平价:例如,英镑兑美元的汇率在7月24日从4.88美元猛涨到了6.50美元这么"一个前所未有的水平"(*Sunday Times*, "City Chatter", 2 August 1914; *Financial Times*, "American Markets", 28 and 29 July 1914; *The Times*,

1914:170)。英镑汇票很快就成了求之不得的抢手货,导致汇往伦敦的国际结算款项在 7 月 27 日星期一开始的那个星期的早些时候一度中断。国际结算汇款也可以通过运送黄金或者商品来完成,但这需要时间来安排,而且严重遭到了由战争威胁导致的船运和保险安排混乱的破坏。

贴现市场混乱

英镑汇票签发和交易是伦敦贴现市场(货币市场)的一个功能。通常期限为 3 个月的汇票为国际贸易(商业汇票)提供了融资便利,但也被银行用来进行短期融资(金融汇票)。英镑货币市场这个连续的场外银行同业拆借市场独一无二的规模和流动性,是伦敦在 1914 年以前作为国际金融中心脱颖而出的一个关键因素,并且导致 1913 年前有 71 家银行在伦敦开设分支行(Michie,2007:51,65)。

伦敦贴现市场的参与者都是承兑行和贴现行等扮演票据经纪人和做市商角色的专业中介机构。它们都享有从英格兰银行那里赎回(购买)其承兑或贴现汇票的优先权。贴现行通过以汇票作担保吸收国内外银行的短期通知贷款来为它们的票据贴现业务融资。汇票的流通性依靠"承兑行"——在汇票到期日贸易交易债务人无力支付情况下的付款担保人——的背书来支撑。承兑汇票可是伦敦城很多被称为承兑行(商人银行)的机构的一项重要业务,经它们承兑的未偿付汇票(担保汇票)在战争前夕总计达到了 8 000 万到 1.2 亿英镑的规模(Roberts,1992:131;Chapman,1984:106;Sir Robert Kindersley, evidence to the Macmillan Committee, 1931：I：76；Spring-Rice, 1923：426). 承兑行相对于它们的承兑负债而言只有不多的资本, 1914年总共有2 000万～3 000万英镑。①

伦敦贴现市场受到多重困难的困扰, 市场很快就变得死气沉沉, 因为只有卖主, 没有买主。贴现行遭遇了银行收回贷款的打击, 因此不得不通过出售汇票或者举借抵押贷款从英格兰银行那里融资。承兑行由于承兑汇票到期, 国外债务人汇款中断而陷入了困境, 这就意味着它们不得不在汇票到期时承付汇票。7月29日星期三, 弗雷德里克·胡特(Frederick Huth)这家主要承兑行的资深合伙人弗雷德里克·胡特·杰克逊(Frederick Huth Jackson)向《统计师》(The Statist)这家财经周刊的编辑乔治·佩什(George Paish)先生吐露真情说, 他自己的承兑行和另外7家承兑行——占整个行业的1/3——已经濒临破产[London School of Economics Archives(以下简称LSEA). Coll. Misc. 26/2. Sir George Paish, "My Memoirs", typescrip n. d. c. 1590：59]。一家承兑行的破产会导致它对自己背书的全部汇票的担保失去价值, 从而殃及贴现行和银行的流动资产。胡特·杰克逊之前预见到的破产规模昭示伦敦城的根基将遭到破坏, 并且会殃及所有的银行。

---

① 本章作者估计。1914年8月12日召开的一次财政大臣与承兑行代表见面会上曾提到过总计2 000万英镑资本这个数据, 但承兑行主要代表弗雷德里克·胡特·杰克逊对这个数据的准确性提出了质疑[National Archives(以下简称TNA), 172/134；财政大臣、内阁成员和承兑行代表见面会, p.13]。

伦敦证券交易所关门闭市

伦敦证券交易所当时是世界最大并且最具流动性的证券市场。"欧洲大陆的股票疯狂地流入伦敦证券交易所",导致股价从27日星期一开始暴跌(Financial Times, "Early General Demoralisation", 28 July 1914)。据《金融新闻》(Financial News)报道,交易减少到了不能再少的地步,因为"股票经纪人拒绝买进,所以没有市场"(Financial News, "Shut the Stock Exchange", 28 August 1914; Financial News, "All Stock Exchange Business Now a Matter of Negotiation", 30 July 1914)。交易所上市公司依靠银行的通知贷款来为自己的业务融资,1914年夏季发行在外的股票面值有8 000万英镑(The Economist, "The Loan Positions of The Stock Exchange", 17 October 1914; Bankers' Magazine, "The Great Crisis IV", December 1914)。贷款都用它们用于融资的证券作为抵押品,外加一定的保证金来举借。抵押证券定期按市值计价。如果抵押证券价格下跌,那么,借款公司就得增加保证金或者偿还贷款(通过出售证券来筹集资金)。伦敦证券交易所上市公司基本上都经营国际业务,由于国际汇款中断以及国外货款延期支付,因此,无法付款的外国客户拖欠了大量的货款。29日星期三有7家上市公司宣布破产,30日星期四又有4家公司倒闭,包括德伦伯格(Derenberg & Co.)这家大公司(Financial News, "Stock Exchange Transactions", 31 July 1914; The Economist, "The Financial Crisis of 1914", 24 October 1914)。

那天晚上，有40家上市公司游说伦敦证券交易所委员会关闭市场，并且一再声称它们也濒临破产(*Financial News*,"Curious'Street'Reports",31 July 1914;Lawson,1915:54—55)。7月31日星期五上午10：15,伦敦证券交易所开张以来第一次关门停业[London Metropolitan Archive(以下简称 LMA). London Stock Exchange,Committee of General Purpose,24 March 1915. Reprint in minutes of diary entry of Chairman Sir R. E. W. Inglis;*Financial News*,"London Stock Exchange Closed as a Precautionary Measure",1 August 1914;The Economist,"The Financial Situation at Home and Abroad",1 August 1914)。伦敦证券交易所的停业通过延期交割以及因没有市价而停止逐日盯市的方式保护了交易所上市公司(*Financial News*,"Unprecedented Day in the City：Reason for the Suspension",1 August 1914;Withers,1915:18—20)。

遏制危机——英格兰银行采取的措施

英格兰银行是伦敦城最重要的机构，它曾经负责处理过1847年、1857年、1866年和1890年的金融危机，而领导解决1914年危机的责任自然也落到了英格兰银行身上。当时，是沃尔特·坎里弗(Walter Cunliffe)担任英格兰银行行长。沃尔特·坎里弗是一个身材魁梧、处事果断、爱好体育、见过大场面的英格兰汉子，已经在伦敦城工作多年，积累了丰富的经验。不过，他不是金融思想家，他"几乎是单打独斗式地"带领英格兰银行应对1914年的危机("Sir John

Clapham's Account", in Sayers, 1976: Appendix 3: 32~33; Sayers, 1976: 67)。29日星期三,坎里弗通报财政部:英格兰银行处于非常有利的位置,并且"已经完全掌控局面"(TNA. T170/14, Sir John Bradbury: Visit to Bank as to Mr Joynson-Hick's Question, 29 July 1914)。按照白芝浩的观点,1914年,英格兰银行已经确定的金融危机管理方法就是:慷慨发放优质抵押品贷款并收取惩罚性利率;一旦所承受的资金压力变得太大,就寻求暂停执行《1844年银行特许法案》。

在危机刚开始的头几天里,坎里弗毫不犹豫地带领英格兰银行像预期的那样扮演向贴现市场注资的最后贷款人角色。英格兰银行一上来就再贴现和发放抵押贷款双管齐下,注资额从24日星期五的1 200万英镑猛然增加到了29日星期三的3 700万英镑。"英格兰银行在大危机期间保持了它一贯的镇静,不加限制地按平时的利率发放抵押贷款",《真理报》(*Truth*)赞许道;而《金融时报》则赞美称"它在整个危机过程中采取了非常冷静的政策"(*Truth*, "Mammon: The City and the Crisis", 5 August 1914; *Financial Times*, "Unprecedented Day in the City", 1 August 1914)。

在星期四这个平常的日子,英格兰银行调整了基准利率,坎里弗把英格兰银行的基准贷款利率从3%提高到了4%,他仍然镇静地忽略了白芝浩开出的收取惩罚性利息的处方。《金融时报》对这个明显温和的加息举措表示欢迎,并且认为此举具有安抚作用,因为在针线街"老妇人"经验丰富的咨询顾问们看来,局势还没有严重到必须采用非正常手段保护我们国家黄金储备的地步(*Financial Times*,

"The Money Market",31 August 1914)。

虽然坎里弗保持了他惯有的镇静,但各家银行和公众却失去了他们的冷静。银行家们一直担心发生挤兑事件,就如伦敦城与米德兰银行(London City and Midland Bank)董事长爱德华·霍尔顿(Edward Holden)爵士告诉财政大臣的那样,几乎有7/8的银行资产已经被"冻结",而银行的很多负债都是随时可提取的活期存款(TNA. T170/55,Conference between Chancellor of the Exchequer and Representative Bankers and Traders, 4 August 1914. Sir Edward Holden:4)。

7月30日星期四,当时英国最大的银行劳埃德银行(Lloyd's Bank)总经理亨利·贝尔(Henry Bell)告诉佩什银行业将普遍遭遇大挤兑(LSEA,Paish,"My Memoirs",59)。为了保存自己的黄金储备,各家银行开始主要用英格兰银行发行的纸币而不是沙弗林金币(一种面值为1英镑的金币)这种日常流通货币支付前来提款的存款人。但是,英格兰银行最小面值的纸币是5英镑(大约相当于2014年的400英镑),用《金融新闻》(Financial News)的话来说,"一种对于平民百姓来说不实用的支付工具"("Crisis in Real Earnest",1 August 1914)。各家银行都声称它们是在防止存款人窖藏金币,一个要求提取1 000英镑沙弗林的顾客只能拿到10英镑的沙弗林和990英镑的纸币,并且被告知"如果需要,我们自己也要窖藏金币"(Financial News,"Decisive Precautionary Steps Are Taken by the Greast Banks",1 August 1914)。

据佩什回忆,在他与贝尔谈话后,"我匆匆赶往英格兰银行,看到那里有很多人排着长队在等候拿纸币兑换黄金……成千上万的人尽量耐心地在等待以确认他们手中的货币是否仍然安全"(LSEA, Paish,"My memoirs",59)。史密斯—圣奥宾(Smith St Aubyn)贴现行在那天的营业日记中写道:"人们真的越来越担心,纷纷涌向英格兰银行拿手中的纸币兑换黄金。贴现行的业务几乎已经停止"(LMA,Smith St Aubyn Business Diary,Ms. 14,894,vol. 24,30 July 1914)。在从7月30日星期四到8月1日星期六的3天里,有5 000人在英格兰银行排着长队用5英镑的纸币兑换沙弗林,给英格兰银行造成了意外的挤兑压力[Bank of England Archive(以下简称BEA),"Bank of England,1914~1921",iii]。结果导致英格兰银行的沙弗林储备令人担忧地下降,从7月27日星期四的2 600万英镑减少到了8月1日星期六的1 400万英镑(BEA,C1/62,Daily Accounts,1914)。据霍尔银行(Hoare's Bank)合伙人备查簿记载,"全国各地的银行都受到了挤兑风潮的困扰,人人都想窖藏黄金"(Hoare's Bank Archive HB/2/E/3,Partners' Memorandum Book, September 1914)。

英格兰银行与其他银行

伦敦证券交易所的停业加剧了各银行的焦虑,因为伦敦证券交易所的停业导致银行的贷款不能流向上市公司,倒要推高所持证券的保证金,进而导致了"严重的信贷拥堵"(*Morning Post*,"The financial Crisis",1 August 1914)。各家银行立刻毫不留情地向贴现行催还贷款,导致贴现行纷纷向英格兰银行救助:31日星期五,英格兰银行的再贴现和抵押贷款金额从3 800万英镑一下子增加到了6 300万英镑,一天的涨幅就达到了惊人的62%(BEA, C1/62. Daily Accounts, 1914)。英格兰银行的再贴现处"几乎被这么多要求再贴现的票据所压垮",于是就不断提高利率,最终把再贴现利率提高到了10%。因此,4%的官方利率已经不可能维持。下午4:00左右,英格兰银行的基准贷款利率已经提高到了8%,从而"导致向英格兰银行申请贷款多少有点议价决定利率的味道"(*Sunday Times*, "City Chatter", 2 August 1914)。"不用说,这个耸人听闻的举措史无前例",《星期日泰晤士报》(*Sunday Times*)如是说:"上周纪录屡创新高,以至于公告都来不及引发恐慌"(*Sunday Times*, "City Chatter", 2 August 1914)。其实,公告"表明了英格兰银行保护国家黄金储备的决心"并且被作为"不可避免的举措"受到了欢迎(*The Times*, "Position of the Bank", 1 August 1914)。但是,这一举措对于各贴现行来说绝不会带来任何慰藉。据《观察家》杂志本地新闻编辑报道,"很多汇票经纪人和其他票据经纪人星期五下午非常激动,以至于常常语无伦次"(*The Observer*, "The Story of the Crisis", 2 August 1914)。史密斯—奥宾银行在营业日记中写道:"糟糕的一天,看起来就像是恐慌,生意全都停了。"(LMA. Smith St Aubyn Business Diary, Ms. 14, 894, vol. 24, 31 July 1914)。

星期五下午3:00左右,英格兰银行行长前往财政部拜会财政大臣,并且请求暂停执行《1844年银行特许法案》,以解除英格兰银行收进纸币兑换黄金的义务,并且允许英格兰银行超法定限额发行纸币以满足金融中介机构的流动性需要(因为英格兰银行在过去的危机中都是这么做的)。主要银行的领导人应邀参加了财政大臣和英格兰银行行长主持的见面会,于是就引发了与坎里弗之间的激烈交锋。坎里弗对英格兰银行迫使贴现行和存款人求助于英格兰银行的说法大为不满。那天傍晚,与会者又移师唐宁街 10 号求见首相赫伯特·阿斯奎斯(Herbert Asquith)。会见持续了 2 个小时,谈到了很多其他需要解决的问题,但是,阿斯奎斯好像只正式承诺着手应对金融危机。坎里弗、财政秘书埃德温·蒙塔古(Edwin Montagu)和常务副大臣约翰·布拉德伯里(John Bradbury)爵士试图劝说在场的银行家们用黄金支付储户提款,但银行家们非但没有答应,而且强烈要求暂停实施《1844 年银行特许法案》和采纳他们的长期计划把私人银行的黄金存放在英格兰银行,并且以 1∶3 的比例换取英格兰银行发行的纸币。首相的会见在没有达成任何协议的情况下草草就结束了。

  星期六,市场又出现了非同寻常的状况。银行挤兑事件需要牺牲品,国民便士银行(National Penny Bank)这家设有 14 个分支机构的伦敦储蓄银行就成了这起银行挤兑风波的牺牲品。坎里弗与各家银行开战,拒绝向贴现行提供融资便利,这就意味着它们无力满足贷款银行收回通知贷款的要求。"因此而被挤压在金融这台石磨上下磨盘之间的票据经纪行经历了非常令它们不爽的体验",《经济学家》的未来主编哈特利·威瑟斯(Hartley Withers)当时是这么说的,"英格兰银行最终还是发了慈悲"(Withers,1915:29)。事实上,虽然票据经纪行起初进行过联合抵制,但当天英格兰银行的再贴现和抵押贷款又进一步大幅度增长,从 6 300 万英镑增加到了 7 200 万英镑,接近危机前贴现行未偿还通知贷款 1 亿美元的估计值[Sykes,1915:XXVi(2):73]。"各股份制银行受到了惊吓,我们只有 25%～100%的概率能够获得些许东西(意指从英格兰银行那里获得资金)",史密斯—圣奥宾银行在营业日记中这样写道:"一个真正可怕的星期六。清算部一直营业到下午 2:00,但我们只是设法弄到足够的资金并及时偿还欠款。这可是我们开业以来遭遇的最糟糕的一天"(LNA. Smith St Aubyn Business Diary, Ms. 14,894, vol. 24, 1 Saturday 1914)。虽然仍排着长队要求拿纸币兑换黄金的市民和贴现经纪人把英格兰银行围得水泄不通,但是,坎里弗又去财政部领取由首相和财政大臣签署的暂停实施《1844 年银行特许法案》的授权书。根据他们在过去危机期间开启的先例,政治家们要求英格兰银行把基准贷款利率提高到 10%这个危机时期的水平。他们的要求很快就被付诸实施(Lloyd George,1938:63)。在这次危机期间任英国财政部非正式顾问的剑桥大学经济学家约翰·梅纳德·凯恩斯,当时严厉地批评了英格兰银行"大幅度提高"基准贷款利率的做法,就如同威瑟斯谴责在危机最严重时刻"无论从英格兰银行平时提高基准贷款利率的哪个目的来看,大幅度提高利率都是完全无效的,并且会对公众的神经产生达不到预期目的的恶劣影响……造成一种最不合时宜的冲击……甚至仅仅是为了盲目模仿一个陈旧过时的先例"(Keynes,1914:481;Withers,1915:11-12)。由于英格兰银行的所有财务比率都不符合规定,该行行长正与各银行发生争执,而财政部负责确定英格兰银行基准贷款利率并且与各银行保持着直接的接触,因此,危机管理中心从针线街转移到了白厅(Whitehall,指英国政府)。

"救助者"

虽然出任财政大臣已有 7 年,并且负责编制过 6 个年度的财政预算,但在这场金融危机爆发之初,52 岁的劳埃德·乔治"还从未见过汇票,而且对支配国际贸易的微妙、复杂机制最多只能算一知半解甚至根本就不懂"(Jones,1951:50)。然而,偏偏就是他要负责处理这场危机,而他快速领悟复杂细节的能力给咨询顾问们留下了深刻的印象。《金融时报》的一名编辑威廉·劳森(William Lawson)表示,伦敦城和英国有幸有这么一个"做事大刀阔斧、不落俗套"的财政大臣,而不是一个在必须采取大胆的应急措施时"行动缓慢"的正统财政大臣(Lawson,1915:86)。

危机时期,财政大臣最亲密的咨询顾问有他的知己乔治·佩什爵士和雷丁(Reading)勋爵,财政秘书埃德温·蒙塔古与财政部官员约翰·布拉德伯里爵士和巴茨尔·布拉克特(Basil Blackett)以及内阁同僚贸易委员会主任沃尔特·朗西曼(Walter Runciman)、内务大臣雷金纳德·麦克纳(Reginald Mckenna)、掌玺大臣克鲁(Crewe)勋爵、殖民地大臣哈考特(Harcourt)勋爵和英格兰银行行长沃尔特·坎里弗。坎里弗因他的贡献得到了承认而被授予男爵爵位。时年 47 岁的佩什从 1909 年起就担任乔治勋爵的非正式经济顾问,因贡献卓著而于 1912 年被授予爵士爵位,对于一名财经记者来说,这可是一种殊荣(LSEA, Paish, "My Memoirs"; Offer, 1983:124~129; Middleton,2004~10)。时年54岁的雷丁[鲁弗斯·艾萨克斯(Rufus Isaacs)]年轻时曾在伦敦证券交易所工作过,后来开始了他辉煌的法律生涯,因此在1913年被任命为首席大法官。危机时期在财政部任这样一个职位,使他成了一个"多余的大法官",他的工作主要是帮助起草紧急法律文件(Sayers,1976:68)。有一位银行家称赞他"思路清晰,行动果断",而劳埃德·乔治则称赞他的建议"价值无法估量",并且回忆说"他那些渊博的金融知识、掌握的大量数据、沉着机智和准确的判断力在很多时候是那么的有用"(Matthew,1969:80;Lloyd George,1938:68)。当时年仅35岁的蒙塔古曾经是阿斯奎斯在1906~1908年任财政大臣时以及在1908~1910年任首相时的议会私人秘书,并且在1914年2月被任命为财政部金融秘书(Waley,1964;Kaul,2004~2010)。他后来被誉为危机时期劳埃德·乔治的"得力助手",但他自己好像并不这么认为。他在8月2日星期日深夜写给他母亲的信中说:"我只不过是政府和伦敦城的帮厨。恐慌接连不断,外交部随时都会发电报来,希望破灭后又燃起新的希望,但随后又被破灭——前景一片黑暗"(*The Times*, "Obituary: Mr. Edwin Montagu",17 November 1924;Waley,1964:63)。

危机遏制措施——暂停执行

从8月1日星期六开始,财政大臣和他的咨询顾问们在财政部连续召开了一个多星期的会议商讨应对危机的办法,有时还召集银行家和实业家代表参加。8月3日星期一,碰巧是每年夏季银行业的假日,因此,银行和金融市场关门休息。第一项危机遏制措施就是批准多起以前所未有的不同方式推迟付款责任的延期偿还申请。因市场参与者游说而实施的伦敦证券交易所休市就成了遏制危机的一道屏障。政府随后又批准了3份正式的延期偿还申请。在市场重新开张时,由国外汇款中断导致的对承兑行支付能力的担忧促成了一份星期日晚上发布的公告。该公告宣称汇票延期1个月结算。于是,星期一,为了对银行家和实业家承受的"巨大压力"做出回应,又宣布星期二、星期三和星期四银行继续放假,从而创造了一个前无先例的持续4天的公共假日(变相的银行延期付款),为"策划高见"争取时间(Hansard, HC, Postponement of Payments Bill, Lloyd George, vol. 65, col. 1987, 3 Aug. 1914; *Bankers' Magazine*, "The Great Crisis VI", January 1915)。

在银行8月7日重新开门营业时,重中之重的任务就是防止发生银行挤兑,这也是采取允许8月4日前到期的任何债务和存款可推迟1个月偿还或支付的"普遍暂停"措施的首要目标。工资,当然还有税收,是不包括在"普遍暂停"措施内的例外。坎里弗把普遍暂停措施看作是一种不必要的商业活动阻碍因素,但银行家们坚持认为"他们需要安全保证,越多越好",研究英格兰银行的历史学家约翰·克拉珀姆(John Clapham)爵士如是说:"而他们也确实获得了安全保证"(Clapham in Sayers, 1976: Appendix 3)。普遍暂停措施允许银行暂时拒付有可能酿成挤兑的储户提款,并且救援处于金融混乱压力之下的其他企业。"1914年7月底,任何一个被问及'普遍暂停'是指什么的伦敦市民都可能会回答没听说过这个词",威瑟斯沉思说:"他们可能听说过已经灭绝的长着大獠牙的长毛兽。如果碰上金融消息特别灵通的伦敦市民,他们可能会回答说这是一种在经济落后的国家用来模糊你我之间财产差别的花招"(Withers,1915:1)。

危机遏制措施——发行英镑纸币

另一项遏制危机的措施就是财政部发行小面额英镑纸币。财政部发行小面额纸币是暂停实施《1844年银行特许法案》的替代方案。虽然坎里弗当时已经拿到授权书,但是,在这次危机中,英格兰银行从未真正暂停实施过《1844年银行特许法案》。他们有几种发行纸币替代沙弗林金币和增加货币供给的方法可以选择。"我们在经过令人非常担忧的讨论以后做出了决定",劳埃德·乔治在8月5日星期三下议院会议上宣布紧急措施时表示:总的来说,"它要优于政府担保发行并可到英格兰银行兑换的政府纸币"(Hansard, HC Deb. State Financial Provisions,vo;. 65 col. 1993,5 Aug. 1914)。两者之间的一个关键差别就是暂停执行《1844年银行特许法案》意味着暂停英格兰银行发行的纸币兑换黄金的业务。如果财政部发行英镑纸币,那么纸币兑换黄金就变得并非必不可少。事实上,财政部发行的英镑纸币也可拿到英格兰银行兑换黄金,从而提高了它们对于接收方而言的可接受性。还有几个原因导致财政部发行英镑纸币的方案更加可取,它们是:(1)发行收入——就像劳埃德·乔治指出的那样,"从收入的角度看,这是政府可获得的一个好处";(2)财政部发行的英镑纸币可在苏格兰和爱尔兰流通;(3)英格兰银行发行部不能如期完成任务(TNA, T170/56. Conference between the Chancellor of the Exchequer, Members of the Cabinet, and Representatives of the Bankers, Treasury, 5 August 1914)。然而，坎里弗在与劳埃德·乔治谈到财政部发行的英镑纸币时表示"对你们的这种安排"并非十分满意。后来，他还回忆起自己的"深深不满"(TNA. T170/57. Adjourned Conference between the Chancellor of the Exchequer, Members of the Cabinet, and Representatives of the Bankers, Treasury, 6 August 1914；Lloyd George, 1938:68)。

财政大臣在下议院会议上表示，他可以"自豪地说"，经过"深思熟虑"，财政部觉得"没有必要中止硬币兑付"。实际上，劳埃德·乔治最初是赞成暂停英镑兑换黄金这个银行家们为了扩大英格兰银行纸币流通并阻止黄金外流而提出的建议的。简单介绍暂停英镑兑换黄金的材料由佩什和凯恩斯起草。凯恩斯这位31岁的大学教师是在8月2日星期日坐他姐夫开的带跨斗二轮摩托车从剑桥来到财政部的(TNA. T171/92. Miscellaneous Memoranda by G. Paish and J. M. Keynes, 1-5 August)。凯恩斯坚决、有力地反对暂停英镑的可兑换性。"我只是听说，他们认为我在阻止硬币兑付方面发挥了重要作用"，他在给他父亲的信中这么写道："就像是我的便笺改变了劳埃德·乔治的主意"(Skidelsky, 1963:289)。

财政部会议与银行重新营业

在确定危机应对策略——"普遍暂停"加财政部发行英镑纸

币——以后,劳埃德·乔治在财政部召开的一系列会议上向银行家和实业家代表征求批评意见和实际指导经验。应财政大臣的邀请,前保守党政府财政大臣、时年51岁的议会议员奥斯汀·张伯伦(Austen Chamberlain)参加了这一系列的会议,而且在劳埃德·乔治有事被叫走时还代为主持会议(Sir Austen Chamberlain, 1935: 105; Hansard, HC, State Financial Provisions, vol. 65, col. 1991, 5 Aug. 1914)。8月4日星期二,财政大臣和他的随从人员会见了银行家和商人(批发商和实业家)代表(TNA. T170/55. Conference between the Chancellor of the Exchequer and Representative Bankers and Traders, Treasury, 4 August 1914),就"普遍暂停"方案及其对银行业、商业和制造业可能产生的影响展开了讨论。夜里11:00,也就是散会后几个小时,英国宣布向德国开战。

8月5日星期三和8月6日星期四两天的会议由银行和伦敦城代表参加,主要是讨论财政部发行英镑纸币的问题。会议一开始,财政大臣就发言说,发行政府纸币的决定已经做出,再要更改为时已晚(TNA. T170/56. Conference between the Chancellor of the Exchequer, Members of the Cabinet, and Representative Bankers, Treasury, 5 August 1914)。劳埃德·乔治通过宣布英格兰银行基准贷款利率将在8月7日星期五降到6%,"如果一切正常"就降低到5%来安慰与会的银行家代表。当银行家代表在会议室外交换意见时,劳埃德·乔治表达了他的担心:"跛脚鸭"(资不抵债)银行通过超能力举债来"利用"财政部英镑纸币的融资便利。"如果真有跛脚鸭银行,对我们来说也不是问题",坎里弗回答说:"我们必须拉它们一把。我们承受不起我们国家有哪家银行——哪怕是最小的银行——倒下(TNA. T170/57. Adjourned Conference, 6 August 1914:9)。

在银行"放长假"期间,官员和媒体都纷纷表示反对"愚蠢地窖藏金币"。这种窖藏行为被指责为"愚蠢,缺乏爱国心",甚至"恶不可赦"(*The Times*, "The Folly of Hoarding", 4 August 1914)。到银行重新开门营业时,公众的恐慌已经平息下去。"当银行重新开门营业时,公众方面已经没有焦虑迹象",伦敦的一家晚报《环球》(*Globe*)当天这样报道:"星期五还要求拿纸币兑换黄金的人,今天正要求拿黄金换取纸币"(*Globe*, "Banks Re-Open", 7 August 1914)。H.G.威尔斯(H. G. Wells)的一篇通俗小说《布利特林先生终于看到了它》(*Mr Britling sees it through*)描述了当时的这个关键时刻:"当公众来银行换取新纸币时,银行却——略带歉意地——兑给他们黄金。新纸币供应不足,我们有大量的黄金"(Wells, 1916:208)。那天下午,劳埃德·乔治向下议院报告,全国银行恢复营业的情况令人"非常满意"(Hansard, HC Deb. vol. 65, cols. 2195, 2197, 7 Aug. 1914)。"我想应该祝贺财政大臣",张伯伦回答说:"我们也应该向我们的全体同胞表示祝贺。2天前,本人曾大胆说过,只要公众能够保持镇静,那么就有安全保证。我们的公众确实是保持了镇静。"

复苏——如何恢复国际汇兑

在银行恢复营业,安然渡过难关以后,劳埃德·乔治和他的顾问们把注意力转向了金融市场的复苏,最初是关注国际汇兑和贴现市场。8月8日星期六设立了一个英国和外国银行外汇委员会,负责向当局提供专家意见,并且于25日恢复公布外汇汇率。英格兰银行在8月10日星期一推出了一项旨在克服战时黄金运输困难的新安排(BEA,"Bank of England,1914－1921",Ch. V,ii:246～251)。把黄金存在渥太华加拿大财政部的储户可向英格兰银行申请英镑信贷,并且用英镑信贷在伦敦清偿债务。不久又推出了与南非、印度、新西兰和澳大利亚的类似安排(BEA,"Bank of England,1914－1921",Ch. V,ii:309～385;Ally,1991:221～238)。从8月12日到12月16日最后交运,渥太华方面总共收到了286张黄金托运单,共计1.05亿美元(约合2 100万英镑)。

起初,英镑对美元的汇率很少波动,致使英国方面10月派佩什和布拉克特(Blakett)前往华盛顿商议恢复英美间付款机制的问题。劳森指出,"其间,自然因素,再加上一点耐心,使得英镑汇率重新恢复到一个正常水平"(Lawson,1915:268)。各种不同的因素,主要是经由渥太华的汇款、英国棉花进口的恢复以及盟军战时采购的开始,驱使英镑对美元的汇率朝着1英镑对4.86美元的金本位平价运行。随着英镑与美元以及大英帝国主要成员国货币的汇率"接近于正常水平",1月16日,英国财政部发表声明称,国际汇兑状况已经"不再需要政府关心"(Morgan,1952:22)。

复苏——1914年8月12日贴现市场的"冷藏"计划

按照一份官方通告的解释,贴现市场"冷藏"计划的一个主要目标就是"结束贴现市场死气沉沉的现状,贴现市场的复苏有利于英国的贸易和商业恢复其正常进程……向全英贸易商人提供他们需要的各种银行服务便利"(Official Announcement in the *London Gazette*, 12 August 1914, 转引自 *Bankers' Magazine*, "The Great Crisis I", September 1914)。就如 8 月初已经感知到的那样,最重要的问题就是大量"被弃用"的汇票由于战争和实施"普遍暂停"措施而丧失了它们的流通性,它们都积压在了银行和贴现行的资产负债表上(*Daily Telegraph*, "Financial Situation Greatly Relieved by Bank's Action", 14 August 1914)。据估计,在实施"普遍暂停"措施以前(也就是战争爆发以前)约有 3.5 亿英镑的未清偿汇票,其中最有问题的汇票——要靠德国、奥地利和俄罗斯客户的汇款结算的汇票——占 1 亿~1.4 亿英镑(TNA. T172/134. Conference between the Chancellor of the Exchequer, members of the Cabinet and Representatives of the Accepting houses, 12 August 1914)。不过,根据预期,这场战争可能很快就会结束,因此,贴现市场的问题主要是流动性而不是清偿力问题。"这些汇票大多属于优良品级,并且都是可重新启动的信用机制,而结算汇票的手段很快就会到位",佩什 8 月 6 日在向劳埃德·乔治汇报时如是说:"现在需要的是保证持有汇票直到收到结算款项的机制和手段"(TNA. T172/183, Memorandum by Sir George Paish, 6 August 1914)。

就像财政大臣所说的那样,8 月 12 日星期四推出了一项旨在帮助贴现市场摆脱这个沉重的负担的新颖、大胆计划,目的是要把实施"普遍暂停"措施以前签发的汇票——当时的"不良资产"——清理出货币市场(TNA. T172/134:3; Announcement in the *London Gazette*,12 August 1914,转引自 *Banker's Magazine*, "The Great Crisis", September 1914:333)。计划"非常简单",《金融时报》大加赞赏——英格兰银行充当政府代理人,并且由政府赔偿损失,从汇票持有人那里购买(再贴现)汇票(*Financial Times*, "Restarting the Credit Machine", 14 August 1914)。已有的做法是英格兰银行只贴现最优等商业票据,但再贴现资格被广泛开放扩大到包括"还不错的商业票据以及外国、殖民地和英国企业和银行机构的承兑汇票"(Official Announcement:12 August 1914,转引自 *Bankers Magazine*, September 1914)。"实际上",劳森评论道:"英格兰银行把它的再贴现标准从一流票据降到了二流甚至三流票据(Lawson, 1915:117)。对于卖方——主要是各类银行和贴现行——来说,一个颇有吸引力的特点就是:按照这项计划,英格兰银行放弃了对持票人的正常追索权(意味着政府解除了卖方的全部风险)。

劳埃德·乔治所说的"冷藏"计划令伦敦城"狐疑不定",而媒体几乎欣喜若狂地把它誉为"金融天才的大手笔"(*Bankers' Magazine*, "the Great Crisis", September 1914; Lawsen, 1915:118; Sunday Times, "City Chatter", 16 August 1914)。《金融新闻》更是认定这项计划是"政府在紧急情况下能够向金融界、商业界和工业界实际表达如何休戚与共的一个生动例子",而财政大臣本人则完全成了"国宝"(*Financial News*, "Effects of Step Taken by Government to Enable Country to Carry on its Business", 14 August 1914)。不过,当时还是能够听到一些不同的声音。"无疑,财政大臣成了在伦敦城极受欢迎的人物",《星期日泰晤士报》一名凡事总持怀疑态度的好事者如是说。但是,他又颇有先见之明地补充说,"最好把这些赞美之词留到确能取得最后成功时再用。在银行业最高当局看来,还必须采取进一步的行动……再说,这项前无先例的计划就其独特性而言很难做到完全公平,因为它是按照绝对新颖的思路构想的,此前无论是我们国家还是任何其他国家都没有采纳过。其实,这项计划就是以举国之力来为其国际贸易融资"(Sunday Times, "City Chatter", 16 August 1914)。纳税人的潜在负担是《经济学家》对这项计划持保留态度的一个主要原因,该杂志提醒说,劳埃德·乔治为了银行和贴现行的利益而采取的间接激活贸易和信用的非常措施,据估算可能要国库承担5 000万英镑到2亿英镑的支出,具体取决于战争的持续时间(The Economist, "The War, Trade and Finance", 22 August 1914)。

汇票持有人匆匆涌向英格兰银行,第一天英格兰银行再贴现收进的汇票就多达900万英镑(The Statist, "Restoring Credit", 12 September 1914)。"英格兰银行承受着如此大的压力,以至于简直不堪应付每天送来再贴现的大量汇票",《银行家杂志》(Bankers' Magazine, "The Great Crisis", September 1914)报道说:"从持票人方面来看,这不仅仅是为了争取必要的融资,而且还为了解除全部责任。"最终,英格兰银行总共收进了1.33亿英镑——约占贴现市场1/3的业务量——的票据。这是一次国家以难以想象的规模——占1913年英格兰银行支出的73%,英国国内生产总值的5.9%——对金融体系实施的干预(Mitchell, 1988:836)。①

---

① 1913年英国政府的总支出是1.84亿英镑(p.590);按市价计,英国1913年的国内生产总值是22.44亿英镑,而1914年的国内生产总值则是22.78亿英镑(p.836)。

复苏——1914年9月4日放给承兑行的抵押贷款

尽管财政大臣采取了大胆的干预措施,但是,贴现市场依然死气沉沉。"不久,问题就暴露无遗:仅仅帮助'普遍暂停'前的汇票持有人通过贴现处理掉手中的汇票是不够的",《统计师》杂志表示:"那些做惯承兑生意的银行因大战突然临头而受到了惊吓,以至于不能正常履行自己的职能"(The Statist,"Restoring credit", 12 September 1914)。蒙塔古很快就意识到了这项干预计划的缺点,并且就在计划推行3天后写信给劳埃德·乔治表示:"如果我能发表意见,我觉得您应该修改您的计划;如果您想要承兑行和其他银行行动起来,那么就必须把汇票背书人置于同汇票持有人相同的位置上"(TNA. T170/28. Edwin Montagu, Treasury Secretary, to David Lloyd George, Chancellor of the Exchequer, 15 August 1914)。通过让承兑行在未来某个时候承担未知损失的责任,"冷藏"计划没有采取任何能使承兑行承兑新票据的措施。

财政大臣做出的回复是向承兑银行发放由国家担保的贷款,又一项前无先例的干预行动。9月4日又推出了一项"援助扩大计划",《银行家杂志》就是这样称谓这项计划的(Bankers' Magazine, "The Great Crisis IV", December 1914)。英格兰银行在获得政府保证补偿其亏损的承诺以后便开始向承兑行发放抵押贷款,以便它们能够清偿"普遍暂停"前承兑的到期汇票。抵押贷款借款人要承担比英格兰银行基准贷款利率高2%的借款费用,这相对于市场通行利率而言很不合理。不过，抵押贷款一直拖延到战争结束 1 年后才偿还。根据以新承兑的汇票作为抵押品可优先获得英格兰银行抵押贷款的规定，承兑行可望能够恢复承兑业务。

严格地说，与 3 个星期前报道"冷藏"计划的热情相比，财经媒体对"扩大计划"有所降温。"关于这项计划可说的，或者说，关于国家采取的这项行动可说的"，《银行家杂志》谨慎地表示：毫无疑问，"这项计划非同寻常的特点以及迅速、大胆的执行方式将作为由战争引发的世界性金融危机最显著的一个特点载入金融史册"(*Bankers' Magazine*, "The Great Crisis II", October 1914)。霍尔顿在他的日记里写下了自己不无偏见的看法："政府被胡特·杰克逊所俘虏"，而另一伙人则在英格兰银行谈判桌上把财政大臣完全控制在他们的股掌之中(HSBC Group Archives, Holden Diary, 24 September 1914)。

在扩大计划的名义下，英格兰银行总共向承兑行发放了 7 400 万英镑的贷款，占 1913 年英国政府支出的 40%、英国国内生产总值的 3%(BEA, "Bank of England, 1914~1921", i:364)。合在一起，前后两项救助计划导致英国纳税人为救助银行体系总共花费了 2.07 亿英镑，惊人地占到英国 1913 年国内生产总值的 9.2%。放给承兑行的贷款被用于清偿英格兰银行再贴现收进的"冷藏"汇票。到了 1914 年 11 月，英格兰银行持有的"普遍暂停"前汇票(从 1.33 亿英镑)减少到了 1 250 万英镑(Hansard, HC Deb. Mr Lloyd George, vol. 68, col. 1545, 27 Nov. 1914)。起先，承兑行急切地希望能从英格兰银行那里获得贷款，但后来发现向私人银行借钱要比向英格兰银行支付 7% 的贷款利率明显便宜。因此，它们基本还清了英格兰银行发放的"普遍暂停"前汇票抵押贷款。到了1915年8月,多亏国外汇款的恢复,未清偿政府担保贷款总额(包括英格兰银行通过再贴现收进的"普遍暂停"前的汇票以及英格兰银行放给承兑行结算"普遍暂停"前汇票的抵押贷款)从2.07亿英镑减少到了3 900万英镑(Hansard,HC Deb. Statement by the Prime Minister,vol. 80,col. 448,21 Feb. 1916)。此后,等待国外汇款的未结算汇票大多是敌对国债务人签发的汇票。

尽管财政部推行了两份振兴贴现市场的救助计划,但是,10月份的商业票据业务只相当于战前5%的水平(*The Economist*,"The Joint Stock Banks",24 October 1914)。到了1915年,市场的普遍预期是"业务恢复到正常水平"可能要等到战争结束以后(*The Economist*,"The Money Market",23 January 1915;Lawson,1915:122)。最初,商业票据业务的减少被归因为"国内外贸易因战争而急剧减少……票据市场陷入困境是一种症状,而不是原因。没有商业交易,票据市场就不会有业务,而没有汇票本身就说明没有商业交易"(Kirkaldy,1921:90;*The Economist*,"The Banks and the Accepting Houses",12 September 1914;Morgan,1952:303~314)。在战争引发的初始冲击过后,随着世界贸易的调整和复苏,外国商人和银行家找到了除以伦敦为付款地的汇票外的融资手段。这种解释也适用于英国的国内贸易,早在1914年10月初就有媒体报道,英国的国内贸易"现在大多是在没有以伦敦为付款地的汇票的帮助下完成的"(*The Economist*,"The Money Market",3 October 1914)。此外,政府日益成为"一切物资的主要购买者",但政府并不是用汇票而是用

"现金"来完成交易(Spring-Rice,1923:427;Lawson,1915:122~135)。"冷藏"计划和救助扩大计划虽然大胆、富有想象力,它是针对一种因业务格局正在迅速被新的现实所取代而感知到的需要制定的。

复苏——普遍暂停措施的取消

"在这场金融危机引发第一次骚动时进行的所有应急尝试中,普遍暂停措施严重扰乱了原有的商业秩序",劳森曾如此评述(Lawson,1915:101)。普遍暂停措施可能具有非常的约束力,因此严格执行就会导致经济活动陷入停滞,但实际上,银行和企业在请求暂停措施的同时也受到了束缚(Peters,1993:142~147)。不管怎样,暂停措施对企业造成了显著的现金流问题,因为它们在等待收回欠款的同时仍要支付工资和缴纳税收。财政部收到了很多有关暂停措施以及银行行为的投诉。"我听到了一些抱怨,都指责只要是涉事交易者,包括英格兰银行在内的所有银行都没有按照规则行事",张伯伦告诉劳埃德·乔治说:"我还听说一些建筑商和其他企业本打算照常招聘员工,但因申请通常能获得的融资便利被拒绝而不得不放弃"(TNA. T170/28. "The Conduct of the Banks 1914", Austen Chamberlain to Chancellor of the Exchequer,11 August 1914)。

8月19日,英国政府向企业寄送调查表调查:(1)现在可获得的银行融资便利是否可以与战前可获得的银行融资便利进行合理的比较?(2)暂停措施将于9月4日到期。届时,你们赞成撤销还是保留这项措施？调查结果或许令人吃惊,有86%的回答者对银行提供的融资便利表示满意。至于暂停措施的未来,有4 653家企业支持届时撤销这项措施,而3 603家企业赞同保留。对这些调查结果的分析表明,制造商、批发商和零售商希望到时撤销暂停措施,而金融机构和出口商则希望能保留这项措施(TNA. T172/162. General Summary of Remarks)。尽管民意调查取得了以上结果,但是,在银行的施压下,财政大臣经过两次展期最后终于在11月4日毫不困难地撤销了这项措施(Lloyd George, 1938:67; *The Times*: "Moratorium Proclamation: The Final Extension", 1 October 1914)。

复苏——伦敦证券交易所重新开张交易

"虽然财政部和伦敦城的银行没有很大的问题需要解决",劳森表示:"但伦敦证券交易所遇到了复杂得多的问题"(Lawson, 1915:124)。很多复杂的问题意味着最简单的解决办法就是在政府施行救助期间关闭证券交易所,而最严重的问题则是交易所上市公司未清偿的短期债务。"穷尽调查"显示,全国上市公司的未清偿短期债务总计9 200万英镑(*Bankers' Magazine*, "The Great Crisis IV", December 1914; Morgan, 1952:26)。撤销普遍暂停措施有可能导致上市公司成批倒闭,因为交易所关闭以后,上市公司就无法通过发售证券筹集资金来偿还它们的债务。然而,"谈判结果是,政府不愿向伦敦证券交易所提供直接援助",《泰晤士报》报道称:"想必是因为政府不愿救助一帮应该为自己的处境负责的投机者"(*The Times*, "The

Stock Exchange: An Unprecedented Year", 22 January 1915)。

但是,财政部对银行施压要求它们接受财政部发行的英镑纸币。因此,就如一名银行家当时所说的那样,银行家们决定"像天使一般来对待他们的交易所客户"(Lawson, 1915:125)。贷款问题因大银行于10月31日承诺战争结束后1年再收回贷款——而且是在政府不做任何损失担保的情况下——而得到了解决。没有接受财政部英镑纸币的小银行持有上市公司未清偿债务一半的债权,现在可以它们给上市公司的贷款为抵押向英格兰银行申请贷款,并且由国家为它们担保60%的最终损失。《经济学家》评述说:"财政部只做了尽可能小的努力,选择了让伦敦证券交易所自救"(The Economist, "The Stock Exchange Scheme", 7 November 1914)。结果,伦敦证券交易所是利用政府计划最少,依靠总计只有52万英镑的英格兰银行抵押贷款就实现了自救。

伦敦证券交易所重新开门营业在一些交易所上市公司中引发了焦虑不安,因为它们对思洛格莫顿(Throgmorton)街这个"战壕"——当时就被这么称谓——的场外现金交易和包括拍卖行和《每日邮报》(Daily Mail)广告栏目在内的证券交易替代市场的发展感到灰心丧气(The Times, "Stock Exchange: Scenes at the Re-opening", 5 January 1915; Michie, 1999:148)。在财政部的支持下,伦敦证券交易所委员会于11月18日着手"果断"解决8月中旬暂停使用的账户问题,并且"以比任何人希望的不知容易多少倍的方式"取得了成功(The Economist, "The Critical Stock Exchange Settlement", 14 November 1914)。12月初,场外交易市场的股票价格大幅上涨,几乎涨到了交易所关闭之前的水平。股市的复苏缓解了银行因股市过早重新开张导致作为贷款质押品的证券显著贬值而面临的危险。12月23日,有消息称,财政部支持伦敦证券交易所重新开张,但交易要受到最低交易价格的制约,以预防对银行构成的威胁,并且使得政府借钱变得更加容易和便宜。《泰晤士报》在为伦敦证券交易所于1915年1月4日重新开张叫好时宣称"在战时金融史上,从今天起,一个新的时期开始了"(*The Times*, "The Stock Exchange Reopens", 4 January 1915 and "Stock Exchange: Scenes at the Re-opening", 5 January 1915)。

危机应对措施与战时金融

当局采取"慈善行动"——发行英镑纸币和推行"冷藏"计划——的效果就是银行快速积累现金。银行把钱都存在了英格兰银行,而不是贷给企业。劳埃德·乔治和他的顾问们并不希望看到这个结果。"他们最不愿看到的就是钱都非正常地积聚在针线街",劳森表示:"如果财政大臣没有像天外救星那样再次实施干预,那么可能就已经发生了新的危机。这次,他不是作为救星而是作为借款人登场亮相的"(Lawson, 1915:118)。财政大臣急需资金,每天要动用100万英镑,而"英格兰银行和财政部彼此之间的配合简直是天衣无缝。一方的非正常资金需要正好用另一方非正常的资金来源来满足"。"不久,新企业就能获得大量的信贷",《晨邮报》(*Morning Post*)的本地新闻编辑、一名非常机敏的危机评论员(未来的财政秘书)爱德华·希尔顿·杨(Edward Hilton Young)写道:"这可是英国政府开始借钱为战争筹集资金最理想的时候"(*Morning Post*,"A Time for Treasury Bills", 15 August 1914)。事实上,在8月2日推出冷藏计划几天后,财政部招标定向发行了1 500万英镑的纸币。各家银行都是热心的买主,认购额超过了2倍,允许政府以3.65%这个"非常低"的价格筹集到了资金,"因此,单在这个方面,英国政府就通过救助货币市场从它大胆的政策中获得了巨大的利益"(*Bankers' Magazine*,"The Great Crisis I", September 1914)。

新商业票据荒与政府急需资金的共同结果就是战时货币市场被财政部英镑纸币所占据:财政部发行在外的1英镑面额的纸币从1914年8月的1 500万英镑增加到了1918年11月战争结束时的110亿英镑(1921年年中达到了120亿英镑的峰值)(Spring-Rice, 1923:430~431)。事实上,没有商业票据参与竞争这很好地满足了政府战时财政的需要。

11月17日,虽然伦敦证券交易所还沉浸在"令人焦虑的安排"造成的痛苦之中,但英国政府推出了发行3.5亿英镑战时公债的计划。"人类历史上最大的公债发行计划",劳埃德·乔治在下议院会议上如是说(Hansard, HC Deb. Mr Lloyd George, vol. 68, col. 1553, 27 Nov. 1914)。尽管伦敦证券交易所停止营业,但据财政大臣说,这次公债因银行和小储户积极申购而超计划发行。"真是奇妙极了!"《每日快报》(*Daily Express*)如是报道。但事实上,这次发行是一次大失败,多亏英格兰银行暗中认购了1.13亿英镑的债券(*Daily Express*,"War Loan Letters of Allotment", 28 November 1914; Wormell, 2002: 82～83)。

如何拯救伦敦城

1914年的金融危机管理取得了显著的成功,并且"拯救了伦敦城"。面对史无前例的系统崩溃,英国政府采取了遏制和振兴双管齐下的干预方式,有效地拯救了银行和伦敦城里的其他企业,并且重启了伦敦已经陷入停滞的金融市场。引人注目的是,主要金融机构没有一家破产,总共只有十来家交易所上市公司、1家小贴现行和1家小储蓄银行倒闭。知名公司在金融危机中破产会引发恐慌;如果破产公司具有系统重要性,那么就有可能产生严重的传染效应,就如同1866年危机中的欧沃伦—格尼公司和2008年危机中的雷曼兄弟(Lehman Brothers)公司。避免重大破产案,是当局采取应对措施取得的一个重大成就。

遏制危机的措施是按照业已确立的最后贷款人思路制定的,英格兰银行最初在没有收取惩罚性利率的情况下不加限制地提供票据再贴现。但是,随着再贴现额的快速飙升以及沙弗林金币存量的急剧减少,英格兰银行逐渐把基准贷款利率提高到了危机时期应有的水平,并且谋求暂停实施《1844年银行特许法案》,以向财政大臣示意控制危急状况不断升级的时机已到。财政部进一步采取的危机遏制措施——暂缓执行和发行1英镑面值的财政纸币——在英国可是前无先例,但在这之前其他金融中心采取过这类措施。例如,法国在1870年,美国在1873和1907年恐慌期间以及维也纳在1873年都分别采取过暂缓执行措施,而法国、意大利和其他国家都曾在面临财政压力时发行过政府纸币。但是,设立海外黄金金库、实施冷藏计划和承兑行抵押贷款计划,都是富有想象力的独创之举。

各单项措施在合理性以及遏制和振兴效率方面各有千秋。延长银行假日、决定不中止英镑可兑换性,设立海外黄金金库以及发行财政纸币等措施都获得了好评,并且被认为是有效的。但是,财政纸币在战争后期刺激了通货膨胀(Morgan, 1952: 68)。普遍暂缓执行措施就更有问题,也许是非必需之举,而且还要企业和公众替伦敦城和银行受过,但银行并没承担为其受过的客户发放信贷的责任。冷藏计划的情况也同样如此,这项计划在振兴商业票据市场方面并没有奏效,并且被《经济学家》说成"更多是因为计划提议者的胆量而不是他们的洞察力而引人注目"(*The Economist*, "The Financial Crisis of 1914", 24 October 1914)。但不管怎样,这项计划很可能阻止了一些贴现行甚至银行破产案的发生,就如同承兑行抵押贷款计划好像帮助承兑行生存了下来一样,两者的实施都有助于避免大量机构的破产。英格兰银行的基准贷款利率在3天内前无先例地从3%上涨到了10%,对于大多数金融企业来说,这可是一次惨痛的经历,而且无助于遏制危机。因此,这些计划取得了正反两方面的结果,但总的来说,以正面结果为主,就不足为奇了。

当局采取这些行动的主要动机是拯救金融体系,而不是为战争筹集资金。因为当局最初采取这些行动时英国还没有参战。不管怎样,捍卫伦敦城已有的结构允许英国利用伦敦城的金融中介机构和金融市场来满足其战时的资金需要:英格兰银行发放财政短期贷款;

贴现市场承销国库券，伦敦证券交易所发行战时公债，各家银行购买政府纸币和债券。就如在自17世纪末以来的历次战争中，英国的金融稳健是它的一个战略优势。

很多遏制和振兴措施提高了国家介入金融经济体系的程度：危机管理从私有的英格兰银行转移到了财政部，国家成了纸币发行者，国家宣布的暂缓执行措施影响了契约关系，而国家（纳税人）成了两项重要和多项次要金融机构救助计划的担保人，并且承担了显著的潜在损失风险。这些都是不同于战前做法的地方，但是，就如它们的结果所显示的那样，这些措施都没有偏离国家举全国之力推进全面战争的路线。

如何拯救纳税人

那么，纳税人在这场危机中遭遇了什么呢？劳埃德·乔治在1914年11月提醒下议院说政府担保可能付出了5 000万英镑的代价，还说"所有这些交易的全部损失并不比开战一周的花费多，并且把英国的工业和商业从最严重的一次恐慌中拯救出来"（Hansard, HC Deb. Mr Lloyd George vol. 68, col. 1546, 27 Nov. 1914）。《经济学家》较为悲观，把损失的下限设在2亿英镑左右（占国内生产总值的9%），具体取决于战争持续的时间（*The Economist*, "The War, Trade and Finance", 22 August 1914）。事实上，政府从来没有提交过1914年政府担保导致纳税人付出的代价的公开账目。战争期间，这属于国家机密，而战后又有其他问题需要关注。

1915年,由于英格兰银行为实施"冷藏"措施收进了大量发行在外的票据,并且还向承兑行发放抵押贷款,因此,财政部支付了3 950万英镑作为对英格兰银行的补偿。后来,当英格兰银行收到再贴现票据的付款或者承兑行的还款时,财政部就收到了退款。到了1916年,未清算"冷藏"票据和未偿还抵押贷款减少到了3 100万英镑(Hansard, HC Deb. Statement by hte Prime Minister, vol. 80, col. 448, 21 Feb. 1916),到1921年8月31日第一次世界大战"正式"结束时又减少到了1 500万英镑。《凡尔赛和约》的相关条款方便了德国和奥地利战前未清偿债务(包括利息)的偿还(*Bankers' Magazine*, "Pre-Moratorium Bills", 1921)。1年以后,当承兑行借的抵押贷款到期时,有197 000英镑的贷款因16家银行或金融企业破产而作为坏账被注销(BEA. "Bank of England, 1914~1921")。此时,未清偿总额已经减少到了400万英镑,而且大部分在随后的几年里都得到了偿还(BEA. C92/110, "Advances O/A Pre-Moratorium Advances")。

1926年12月,在一名资深本地新闻编辑开展的调查的促进下,财政部开展了一项内部研究。据财政部计算,该部总共从英格兰银行那里收到4 600万英镑包括利息在内的退款(财政部在1915年拨给英格兰银行3 950万英镑)(TNA. T160/998, Letter from Sir Otto Niemeyer, Treasury, to Arthur Kiddy, City Editor, The Morning Post, 28 December 1926)。因此,在1914年金融危机期间,除去财政部赚到的650万英镑的名义利润,最终是纳税人通过英格兰银行在政府担保下的再贴现和抵押贷款业务资助了英国的金融体系。因此,对于纳税人,还有银行和伦敦城来说,这可是一个幸运的结局。

1931年的金融危机与大萧条对英国经济的影响

尼古拉·蒂姆斯戴尔 尼古拉·豪斯伍德

引言

目前,学术界对两次世界大战间隔时期,特别是20世纪30年代大萧条时期的经济史重又恢复了研究兴趣,克拉夫茨和费伦(Crafts and Fearon, 2010)编纂出版的论文集就是一个例证。上一次这个时期经济史研究热的升温出现在20世纪80年代初最发达经济体面临严重的失业问题之际。毫不奇怪,最近发生的金融危机以及随后出现的严重经济衰退重又唤起了学术界对30年代国际金融危机的研究兴趣。我们觉得有必要重新考察那场导致英国暂时放弃金本位制的国际金融危机的影响,并且再次考察大萧条对英国经济的影响。

在这一章里,我们将考察 1931 年发生的那场金融危机。就如艾肯格林(Eichengreen,1992)所证明的那样,那场金融危机导致英国放弃了金本位制,并且对国际经济产生了广泛的影响。我们在这里主要关注那场危机对英国经济产生的影响。首先,我们将仔细考察那些导致英国在 1931 年 9 月决定放弃金本位制的事件。我们将对那场危机以及政策制定者们的反应进行解释,我们的解释在某些方面不同于艾肯格林和珍妮(Eichengreen and Jeanne,2000)被认为最新、最全面评价的解释。我们将跟随这两位作者尝试对最近的货币危机研究文献认为导致英国暂时放弃金本位制的投机冲击进行阐释。

我们在这里要考虑的第二个问题是 1929~1932 年发生的大萧条对英国经济产生的影响。虽然暂时放弃金本位制使得英国金融体系免受金融危机的影响,但并没能阻止英国这个开放经济体免受 20 世纪 30 年代早期世界性经济衰退的影响。我们将通过采用一个经济计量学模型对英国经济进行模拟的方式来考察这个问题。我们在这里寻求解决的主要问题就是为什么与国际遭遇相比这次经济衰退只对英国产生了比较温和的影响。克拉夫茨和费伦(2010)也论述了这个问题,这就意味着重新考察英国的遭遇也许是有益的,因为英国的遭遇与美国和德国等其他主要经济体的遭遇有很大的不同。然后,我们在考察英国经济是如何从 20 世纪 30 年代初期的经济衰退中获得恢复的,这是一个为产业经济史学者们(如住房建设复苏问题史学者)广泛探讨的问题。借助经济计量学模型,我们就能对许多经济复苏元素的贡献进行比较全面的评估。

我们将采用出现在蒂姆斯戴尔和豪斯伍德(1995)研究中的宏观

经济模型的一个升级版本进行模拟。艾肯格林和珍妮曾评论表示，这个模型反映了"最新的技术水平"，而且迄今还没有被取代。米德尔顿(Middleton, 2010)也对这个模型的模拟结果做过评价。就如亨德森和凯恩斯(Henderson and Keynes)在《劳埃德·乔治可以这么做?》(*Can Lloyd George Do It?*, 1929)中所提倡的那样，我们现在将对照我们以前论述财政扩张可能性的论文来考察英国经济对国际经济萧条因素做出的回应。我们将聚焦于宏观经济表现，而不是像很多学者——如豪森(Howson, 1975)、蒂姆斯戴尔(1981)和米德尔顿(2010)——那样寻求评价经济政策的效果。我们感兴趣的主要经济领域是消费者支出，因为消费者支出是需求的一个主要构成部分，并且能够反映陷入衰退的经济体的复原力。理查德森(Richardson, 1967)极力推崇消费在解释20世纪30年代经济复苏方面的作用。我们借助于自己的模型也能比较严谨地探讨消费对于经济复苏的贡献。

1931年的金融危机与金本位制的暂时废弃

我们先把英国20世纪20年代的国际收支差额作为1931年发生危机的背景资料来回顾。首先，我们考察按照第一次世界大战前4.86美元兑换1英镑的平价恢复金本位制的决定所隐含的英镑高估问题。凯恩斯在《丘吉尔先生造成的经济后果》("The Economic Consequences of Mr Churchill", 1925)中表示，在1925年4月按照4.86美元兑换1英镑的原有平价恢复金本位制时，英镑就约被高估了10%。凯恩斯在他计算购买力平价时选择指数的做法后来受到了批评。不管怎样,凯恩斯以后的作者采用改进后的数据进行的研究普遍支持凯恩斯的观点,认为英镑在英国1925年恢复金本位制时被高估了 10%～14%(Moggridge,1972;Redmond,1984;Dimsdale,1981)。马修斯(Matthews,1986)让我们听到了不同的声音,他对英镑当时能被高估表示怀疑,因为20世纪20年代英国经济接近于自然失业率。根据这种观点,效益水平是促使失业率上升而不是英镑被高估的主要因素。

当时,在1925年英镑被高估程度这个问题上也存在分歧(Moggridge,1972:94～97)。有人认为,在英镑被高估的情况下,可以通过降低英国的成本或者由黄金流入美国引发的美国对英国的相对价格上涨来加以调整,从而导致货币供应量增加和物价上涨(Moggridge,1972:91～92)。然而,就像艾肯格林和珍妮(2000:12,Fig. 1.2)对英国和美国物价水平的比较所显示的那样,1925～1931年间只有很少的证据能够证明,英国相对于美国竞争力有所增强。到了1931年,有越来越多的人接受英镑相对于美元被高估的观点。对这个问题最具权威的考察出现在麦克米伦委员会(Macmillan Committee)的报告(1931)中。该报告认为英镑被高估,而且还探讨了许多应对这个问题的补救方法,其中包括提高英国商品的国际价格或者降低英国国内的货币工资(Sayers,1976:390)。麦克米伦报告中署名为贝文(Bevin)和凯恩斯的附录 I 否定了降低国内货币工资的建议,并且主张课征进口税,用于补贴出口。此举其实就是在保持现行汇率的同时暗中使英镑贬值(Macmillan Committee,1931:paras. 266～273)。

在恢复后的金本位制下,英镑竞争力不足,通过抑制出口和迫使英格兰银行采取一种相对紧缩的货币政策(表现为约5%的平均短期利率)促成了英国的高失业。考虑到当时的物价下降趋势,5%左右的平均短期利率意味着高达8%左右的实际利率。然而,英国的国际收支出现了相对较大的经常项目盈余,但按实际价值计低于1914年前曾经达到过的盈余水平。根据范因斯坦(Feinstein,1972)的估计,从1927年到1929年,英国的经常项目盈余平均要占到英国国内生产总值的2.3%,结果导致了海外长期贷款常常超过国际收支经常项目顺差的问题,进而又导致了英国的国际收支基本差额(经常项目差额减去长期资本流入)出现了逆差。于是,凯恩斯就建议采取措施以降低海外投资的吸引力。凯恩斯的建议意味着英国的短期负债趋于增加,因为超过经常项目盈余的那部分长期贷款必须靠海外短期借款来融资(Sayers,1976:Appendix 32,Table C)。

麦克米伦委员会在它的报告附录中表示,英镑的短期负债超过了英镑的短期资产(Macmillan Committee,1931:Appendix I,Table 9)。正如塞耶斯(1976:389~390)所指出的那样,英国当时饱受对外流动性不足的困扰,这可能会导致英国在金融危机中容易受到伤害,而这种状况又被1931年国际收支状况恶化所加剧。英国的服务贸易通常呈现顺差,而且足以抵消有形贸易逆差(Feinstein,1972;Sayers,1976:Appendix 32)。随着世界经济在1931年陷入萧条,英国国际贸易出现了萎缩,从而对无形贸易产生了不利的影响。结果,英国的国际收支经常项目在1931年出现了逆差。英国国际收支基本状况呈现出顺差减少迹象,从而可能导致英镑在面对国际金融危机时容易受到影响。

1931年欧洲金融危机始于这一年奥地利工商信贷银行(Credit Anstalt)倒闭。随后,德国银行破产潮像金融传染病一样传遍了整个欧洲大陆。德国和奥地利都强制推行外汇管制,从而制约了短期资本的自由流动。这就意味着对德国和奥地利银行持有短期债权的英国银行资产被冻结。受影响最严重的金融机构是承兑行,特别是那些承兑大量德国和奥地利票据的承兑行。这些承兑行要面对它们贴现收进的票据到期不能结算的可能。承兑行是贴现市场的主要票据供应商,它们提供的很多票据随后由清算银行购买。因此,就如阿克米诺蒂(Accominotti, 2012)所指出的那样,是英国金融体系的"心脏"出了毛病。

1931年险些发生的危机类似于1914年8月第一次世界大战爆发时影响到伦敦货币市场的那场危机。理查德·罗伯茨在本书中对后一次危机进行了评述,因此,我们就没有必要在这里对那次危机进行详细的描述。笔者要说的是,伦敦的贴现行和承兑行当时已经面临破产危险,因为它们持有的一些外国票据因"第一次世界大战"爆发而得不到偿付。多亏了英国财政部和英格兰银行的联袂努力采取了暂缓执行措施,并且加大了救市力度。此外,英国财政部还以纸币形式发行了一种非常时期货币,从而避免了银行挤兑风潮的发生(Morgan, 1952:9~19)。

1931年8月,是推行外汇管制而不是战争爆发妨碍了短期债务的偿还。然而,1931年和1914年的情况有明显的相似之处。当时,英格兰银行根据自己过去积累的经验已经意识到主要是德国汇票被冻结对伦敦贴现市场构成了威胁。英格兰银行密切关注这些被冻结汇票资产,并且支持"虽然清偿前景并不确定,但这些汇票的索偿权可以在货币市场上交易"的观点(Sayers,1976:509)。就这样,这场威胁到伦敦货币市场的可能发生的危机得以避免。塞耶斯(1976:503—512)和巴洛格(Balogh,1947)研究了随后那段有关被冻结汇票以及与债务人做出偿债安排的历史。20世纪30年代初由英格兰银行救助政策造成的财政纸币短缺最终导致伦敦贴现市场更愿意持有欧洲大陆国家的汇票(Clay,1957)。

阿克米诺蒂(2012)表示,伦敦货币市场险些发生的危机是一个削弱市场对英镑信心的重要因素,并且促成了1931年9月的英镑汇率危机。我们在这里希望表达的主要观点就是,多亏了英格兰银行的巧妙应对,险些发生的英国银行业危机并没有实际发生。所以说,英国在1931年只经历了一次汇率危机,这次汇率危机在英国并没有像在德国那样与银行业危机同时发生。

我们可以简单回顾当时导致暂时放弃金本位制的主要事件。危机从奥地利安斯塔特信贷银行1931年5月11日宣布破产开始,然后波及了德国的整个银行系统,并且导致重要的达纳特银行(Danate Bank)于7月13日破产。随后,柏林证券交易所就关门闭市,德国便实行外汇管制。同日,麦克米伦委员会公布了它的调查报告。这份报告显示,英国银行的短期负债已经超过它们的短期资产,这表明英国银行在发生投机冲击时的潜在易受伤害性(Macmillan Committee,1931:Appendix I, Table 9)。此外,英国银行发放给德国和奥地利的短期贷款由于中欧国家实行外汇管制而被实际冻结,导致英国银行的短期资产失去了流动性,进而加剧了英镑流动性不足的问题。

英格兰银行的基准贷款利率在1931年5月已经跌到了2.5%,7月23日又上涨了1个百分点到3.5%,但是黄金储备持续减少。塞耶斯(1976:392)记述道,当时英格兰银行内部展开了是否应该通过提高基准贷款利率或者从有合作关系的外国中央银行那里商借信贷(即短期贷款)的方式来回应黄金流失的讨论。因循守旧者赞成采用前一种策略,而国际派则支持向其他国家中央银行商借信贷。最后,双方达成一致,决定于7月30日将英格兰银行的基准贷款利率进一步提高到4.5%,并且设法从美国联邦储备委员会和法兰西银行那里商借贷款。这两个国家的中央银行要求对英国工党政府施压减少预算赤字。美联储要求英格兰银行保证有足够的黄金可用来偿还它提供的信贷。这一保证就要求英格兰银行增加纸币的信用发行以进一步释放黄金储备承受的压力。虽然这样做有助于商借信贷,但是,释放黄金储备承受的压力并不能向那些怀疑英格兰银行守住金本位制的承诺的人提供任何保证。向纽约和巴黎借贷的公告正好于7月25日同麦克米伦关于公共支出的(1931年)报告一起发布。该报告以一种令人担忧的方式唤起了公众对政府预算赤字规模的注意,并且赞成缩减公共支出,包括失业救济金。这份报告对伦敦金融市场产生了冲击,并且导致信贷公告黯然失色,而英格兰银行的黄金储备重又开始减少(Sayers,1976:394~395)。

8月5日,英格兰银行撤销了对英镑的暂时支持。于是,英镑的汇率跌破了黄金输出点,并且导致英格兰银行的黄金储备大量流失。法兰西银行批评了英格兰银行的策略,并且力促英格兰银行把信贷用于支持英镑汇率(Sayers,1976:395～396)。纽约和巴黎劝说英格兰银行不要提高基准贷款利率,但都希望英国政府减少预算赤字。英格兰银行也强调了"自助"的必要性,并且不断加大对工党政府施压的力度,促使工党政府就预算赤字问题采取行动。诺尔曼(Norman)生病期间代理英格兰银行行长职务的欧内斯特·哈维(Ernest Harvey),从8月10日到23日,除了会晤各在野党领导人外,还就政府预算问题一共与拉姆齐·麦克唐纳(Ramsay MacDonald)首相商谈了8次。8月13日,黄金储备流失严重,而且第一期信贷差不多已经用完。英格兰银行又设法从纽约和巴黎获得进一步的援助,但被告知它们可以扩大后续信贷的规模,但必须得到英国政府削减预算赤字的可靠保证。时任英格兰银行驻纽约代理的摩根父子力劝英格兰银行表示,如果英格兰银行希望从某个美国银行辛迪加获得资金,那么就必须对政府预算采取行动(Sayers,1976:398)。摩根父子的记述也证实了这一点(Burk,1989:146～156)。

从8月22日到23日,英国政府内阁紧急讨论了削减预算的问题。讨论没有达成任何协议,尤其是在削减失业救济金这个问题上,而首相拉姆齐·麦克唐纳则宣布辞职(Sayers,1976:398～399)。随后成立了一个联合政府,麦克唐纳仍出任首相,斯诺顿(Snowden)还当他的财政大臣。新政府得到了保守党和自由党的支持,但没有获得工党的全力支持。9月10日,斯诺顿提交紧急预算方案,包括削减预算赤字的内容。这样从纽约和巴黎获得追加贷款就有了保证,但英国的黄金储备持续以越来越快的速度减少,以至于新的贷款到了9月18日几乎已经用完。从8月26日到9月16日,英国黄金储备减少了约 8 000 万英镑,这意味着最近商借的贷款已经全部用完。在随后的 2 天里,黄金储备继续流失(Sayers,1976:399,404～405)。这时,英格兰银行决定停止保护英镑汇率,并且于 9 月 19 日公布暂时放弃金本位制。在这场危机的最后阶段,英格兰银行一直把基准贷款利率维持在 4.5% 没变,但在宣布放弃金本位制以后同意把基准贷款利率提高到 6%。

除了以上回顾的导致金本位制被暂时放弃的事件以外,当时还有很多问题没有得到解决,其中的第一个问题就是联合政府为安抚外汇市场采取的财政措施。本以为联合政府会由各主要政党参加,但结果,工党虽然是议会第一大党,但并没有参加联合政府。有些市场参与者以为,工党在即将举行的大选中能够赢得议会多数席位,并且在重新执政以后废除由联合政府采取的紧缩措施。但结果,他们的预期落空,因为保守党在 10 月 27 日的大选中脱颖而出成了英国的执政党。

艾肯格林和珍妮(2000)采用一个假设"危机发生时间不可预测,有些假设条件得到满足"的第二代货币危机模型对这次危机进行了解释。我们认为,一种替代性货币危机模型能够更好地洞察造成危机的原因或者针对英镑的投机性攻击。

我们现在来考察第二个问题,这个问题就是英格兰银行没能利用基准贷款利率在危机的最后阶段捍卫英镑的地位。就如白芝浩(1873)主张的那样,基准贷款利率是控制黄金外流的传统工具。英格兰银行在 1931 年危机中采取的策略因没有提高基准贷款利率来巩固英镑的地位而在当时受到了奥托·尼迈耶(Otto Niemeyer)的强烈抨击。尼迈耶认为,通过适当提高基准贷款利率,英格兰银行应该并且能够捍卫英镑(Sayers,1976:406)。艾肯格林和珍妮(2000)表示,英格兰银行由于英国失业水平高企(1931年占受保雇员的20%)而没有利用基准贷款利率这个传统工具。英格兰银行完全明白这个问题,并且在20世纪20年代一个高失业时期由于提高基准贷款利率而遭到了批评。英格兰银行还因为不愿承认麦克米伦委员会给出的证据(1931年)——证明基准贷款利率与失业之间存在的关系——而遭到了抨击。詹维(Janeway,1995—1996)表达了一种类似的观点,他提到了有关英格兰银行基准贷款利率的决策较之于1914年前的金本位制运行越来越多地受到政治因素的影响。不过,另一个因素可能有助于解释英格兰银行的基准贷款利率策略。如前所述,英格兰银行这次在整个危机期间都严重依赖巴黎和纽约的资助,这两个资助来源非但不希望英格兰银行提高基准贷款利率,而且还力促英国政府对预算赤字采取行动。不过,英格兰银行也赞成政府削减预算赤字。在1931年,提高英格兰银行的基准贷款利率,可能不利于当时正在设法解决本国失业不断加剧问题的其他国家中央银行。当时,英格兰银行内部也认为,基准贷款利率没有遵守为获得信贷所必需的条件那么重要。塞耶斯(1976)记述的讨论主要与商借信贷和削减预算努力有关,但与英格兰银行调整基准贷款利率的事无涉。在中央银行合作是主要考虑因素的领域,这些讨论看起来已经不受重视。克拉克(Clarke,1967)提到了不同国家中央银行在影响奥地利和德国的历次危机中联合行动的重要性。英格兰银行在暂时放弃金本位制之前的讨论中看起来并不非常关心高失业问题,它的主要关切就是政府预算赤字问题。英格兰银行不断给工党政府施压，迫使它采取有可能加剧失业的预算紧缩政策。在提高基准贷款利率之前，通常都已经出现了黄金储备减少的问题。8月初，英格兰银行允许英镑跌破黄金输出点，此举很可能导致基准贷款利率上涨。就在这个阶段，法兰西银行出面力促以持有外国货币的形式利用信贷来支持英镑汇率，而不是任凭黄金储备耗费殆尽（Sayers, 1976: 395）。信贷提供者关心的是保留黄金储备以确保借款人能如期清偿信贷。中央银行之间通过授信进行的合作使得传统的基准贷款利率操纵居于次要位置，这种合作因英格兰银行没能迫使英国政府削减预算赤字而没有达到预期的目标。

我们认为，对于英格兰银行在1931年英镑危机中忽视了利用基准贷款利率这个传统的问题，应该用中央银行间合作的发展使得遵守授信条款成为借款人必须考虑的主要因素这一点来解释。中央银行间的授信条款并不要求英格兰银行使用传统的基准贷款利率机制来引导金融中心之间的黄金流动，但却假设中央银行有能力影响受信国政府的预算政策。由于英国工党政府有自己的优先政策目标，因此，在1931年危机期间，英格兰银行没能满足这一假设条件。艾肯格林和珍妮认为，高失业率阻止英格兰银行把基准贷款利率提高到危机时应该达到的水平。但是，英格兰银行当时渴望政府能够削减预算赤字，哪怕削减预算赤字会导致失业救济金减少和失业人数增加。受信条件能抑制预算赤字，但不能迫使英格兰银行提高基准贷款利率。英国工党政府拒绝削减主要是由于救济金支出增加而不断增加的预算赤字。从1929年到1931年，英国中央政府的国民保险福利和其他个人补助金支出从 1.9 亿英镑增加到了 2.64 亿英镑,增幅高达 39%。与此同时,政府 1931 年的经常预算赤字高达 8 200 万英镑,按要素成本计算相当于国内生产总值的 2.1%(Feinstein,1972:Table 12)。主要是由于第一次世界大战期间债务大量累积,公债占名义国内生产总值的比例在 1931 年达到了 172%,因此,政府的预算赤字引发担心就不足为奇了。新成立的联合政府旨在削减预算赤字的行动并不足以拯救英镑。

艾肯格林和珍妮为运用现代货币危机理论阐释 1931 年发生的事件进行了值得关注的尝试。克鲁格曼(Krugman,1979)提出的第一代货币危机模型把危机归因于一国政府的国内货币财政政策与其对外目标之间的不一致性,扩张性国内货币财政政策能够迫使政府放弃它的汇率盯住策略,外汇市场能够预期到这种国内经济政策的不一致性,因此会促成外汇危机。根据第二代货币危机模型,汇率变动由自我实现的预期促成。经济主体的危机预期并不一定需要经济基本面疲软就足以引发汇率危机这个条件,因为外汇市场随时都可能对某种货币发起袭击,并且迫使当局放弃盯住汇率制。艾肯格林和珍妮就是运用这种模型对 1931 年英镑危机进行了解释。

莫里斯和信(Morris and Shin,1998)提出了一个经济基本面和自我实现型预期都发挥一定作用的中间模型。他们俩认为,第二代货币危机模型视危机发生时间为不确定,而在他们俩提出的中间模型中,一次危机的发生至少在理论上是可以预测的。他们俩集中考察了人人都知道基本面状况的情形,并且拿这种情形与并不存在基本面状况共同知识(即大家都知道)、经济主体搞不清楚基本面状况的情形进行了比较。在后一种情况中,经济主体先要根据其他经济主体的行为来推断自己对基本面状况的了解程度,进而采取有可能迫使放弃盯住汇率制的联合行动。这种经济主体搞不清基本面状况的情形可能就出现在基本面正处在改进过程中的时候。

这项研究为剖析1931年危机提供了一些有用的洞见。在英国工党执政的最后日子里,英镑的基本面被普遍认为处于疲软状态,这是因为英国英镑被高估、财政预算赤字、国际收支经常项目逆差以及经常项目短期负债超过短期资产等问题已经众所周知,并且已经成为外汇市场行为主体的共同知识。在工党政府下台、由联合政府执政后,预算赤字有所减少,因此,基本面在某些方面得到了改善。

然而,有一种被广泛持有的观点认为,工党很快就能在大选中获胜,并且会逆转削减公共支出的做法。这种观点因工党是议会第一大党并且没有参加联合政府而得到了支持。当时,大选临近,工党很有希望获胜。市场主体难以形成对英镑前景的看法,基本面变得模糊不清,市场主体转而交互影响,因此正如莫里斯和信(1998)所剖析的那样,促成了一次危机。根据他们俩的模型,导致市场看法变化的关键因素是基本面的模糊不清。联合政府执政时期,英国的情况就是如此。有些市场主体赞同新政府采取的预算紧缩措施有可能巩固英镑地位的观点;而另一些市场主体则预期工党在即将举行的大选中重新获胜,并且逆转预算紧缩措施。这种见仁见智的状况为投机性袭击创造了条件,因为市场主体会根据他们认为其他市场参与者关于基本面的看法采取行动。

20世纪30年代大萧条对英国经济的影响

1931年汇率危机导致英国暂时放弃金本位制,从而给政策制定者带来了较大的自由度。英镑汇率下跌允许英格兰银行在间隔一段时间后调低其基准贷款利率,而利率下降有助于缓和国际经济衰退对英国国内投资的影响。由于英国在暂时放弃金本位制以后避开了银行业危机的威胁,因此可以适当放宽信贷条件。但是,英国经济受到了世界经济严重萎缩的影响。为了采用定量方法来探讨这些问题,我们运用一个经济计量学模型来考察大萧条对英国经济的影响。这样,我们就能考察很多因素对英国经济的影响。我们要说明的是,英国在出口严重受挫的情况下如何设法规避世界经济衰退造成的最坏影响。就如克拉夫茨和费伦(2010)所证明的那样,尽管英国因世界贸易严重萎缩而受到了影响,但是,英国受到的影响小于美国和德国等其他主要经济体所受的影响。

为了探讨大萧条对英国经济产生的影响,我们运用蒂姆斯戴尔和豪斯伍德(1995)所用的在某些方面已经升级的模型。当时,这个模型反映了宏观经济学模型应用的最高水平。这个模型有一个在采用由一般到特殊估计法的宏观经济建模中得到广泛运用的亨德里(Hendry,1983)版的纠错消费项。投资是采用比恩(Bean,1981)法编入模型的,比恩法是亨德里法在投资上的应用。经济体的供给端采用赖亚德、尼克尔和杰克曼(Layard, Nickell, and Jackman, 1991)开发的模型,这个模型被广泛应用于劳动力市场研究。对劳动力市场刚性工资和价格的强调使得这个模型与宏观经济学新凯恩斯学派的观点相一致。短期利率外生决定,而不是由英格兰银行根据泰罗(1993)版回馈法则来决定。

我们所采用的建模方法只是许许多多宏观经济经验研究方法中的一种。就如帕甘(Pagan,2003)所指出的那样,宏观经济经验研究要在强调经验数据的模型以及强调经济学理论的模型之间做出取舍。这里所用的方法仅仅是现在研究者可用的多种方法中的一种,是对经验建模法与理论建模法进行平衡所产生的一种中间方法。这个模型代表了处于宏观经济研究纯经验法与纯理论研究方法之间的一种中间方法。帕甘(2003:228)采用约定俗成的方法讨论了这些建模选择问题。应该指出的是,这种中间型宏观经济研究模型继续被像英国国家研究所和英格兰银行这样的预测和政策制定机构广泛运用。这种模型对于经济史学家来说可能也有用,但也许不能使时间序列分析者或者那些出于帕甘所说的原因而设法调试理论模型的学者感兴趣。

我们运用以上介绍的模型,通过一系列的模拟来考察大萧条对英国经济的影响以及促成英国经济复苏的因素。在报告模拟结果之前,我们先来考察一些反映模型中数据集合以及各数据间关系某些特点的数据。

图 7.1 列示了英国当时的国内生产总值和失业数据。1931~1933 年,英国的产出下降,随后得到了恢复;英国的失业也出现了相似的波动,与 1914 年前和 1945 年后的水平相比,在两次"大战"间隔期内一直处于高水平。国内生产总值的主要变化特点是,1929~

1932年出现了5%的温和下降。图7.2显示了消费支出在经济衰退时期相对于固定投资有较大幅度周期性波动所体现的相对稳定性，这种稳定性是两次"大战"间隔期里英国经济出现的主要特点之一，并且也是一个需要说明的问题。

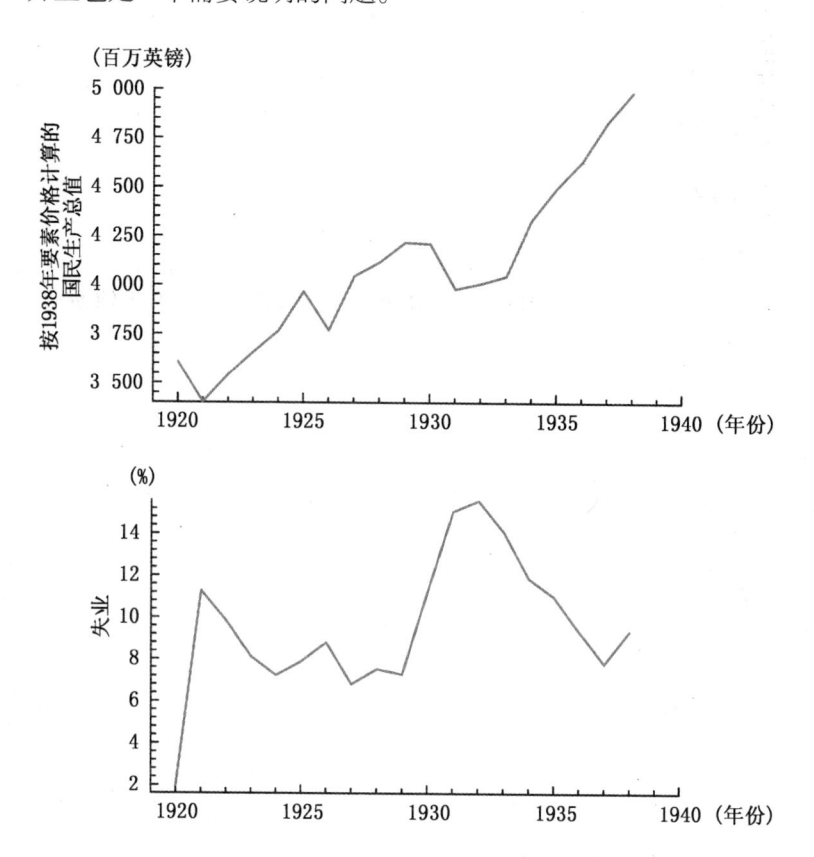

资料来源：范斯坦(Feinstein,1972,Table 5,Table 57)。

图7.1　英国的国内生产总值与失业人数

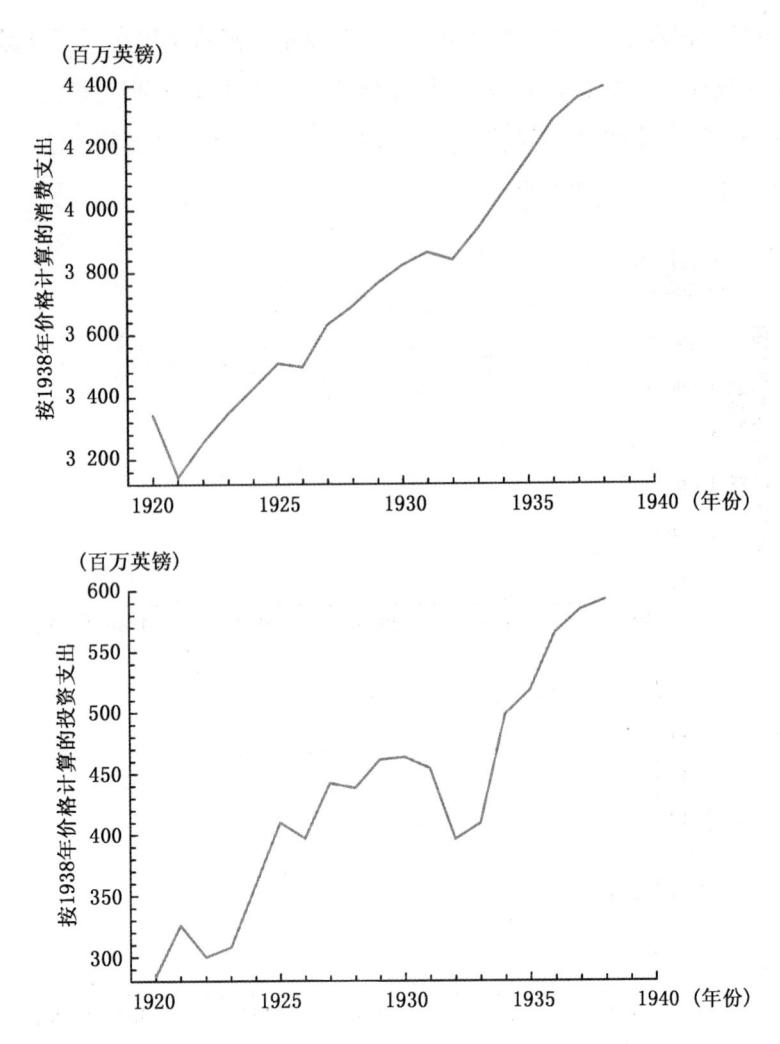

资料来源:范斯坦(Feinstein,1972,Table 5)。

图7.2　英国的消费与投资

英国经济受到的主要冲击源自与 1929～1932 年世界贸易萎缩紧密相关的出口减少。图 7.3 显示了英国出口额与主要工业经济体进口额之间的关系,这个国际贸易指标是由安德鲁斯(Andrews,1987)计算得出的。如图 7.3 所示,萧条时期国际贸易严重萎缩对英国出口贸易产生了严重的影响。相比之下,英国的进口贸易在经济衰退时期显示出更大的复原力,而贸易条件主要是因为萧条时期进口品价格下降而得到了明显的改善,尽管在暂时放弃金本位制后,英镑汇率一路走低(见图 7.4)。随后的两张图(见图 7.5 和图 7.6)列示了英国当时的固定投资。如图 7.5 显示的私人部门住房建设复苏是 1932～1934 年早期阶段经济复苏的一个主要特点。住房投资对利率——这里用国库券利率(TBR)来表示——比较敏感,这是住房投资方程式的一个重要特点。比较而言,不包括住房在内的私人部门投资复苏较晚(见图 7.6),大约从 1934 年开始,但对国内生产总值做出了很大的贡献。因此,这部分需求的方程式显示,投资取决于产出变化。

图 7.7 显示了英国政府的商品和服务支出,并且表明政府商品和服务支出从 1933 年起恢复良好,而 1935 年以后恢复更加强劲,国防支出也迅速增加。图 7.8 显示了民用部门就业与国内生产总值之间的关系,两者关系密切是就业方程的一个特点。

接下来,我们来看看实际产品工资(货币工资除以产出价格)与失业(见图 7.9)之间的关系。显而易见,实际工资在经济衰退时期有所增加,并且在经济复苏时期继续呈现逐步增长的态势。实际工资对就业的影响在就业方程中并不很大。图中显示的实际工资增长态

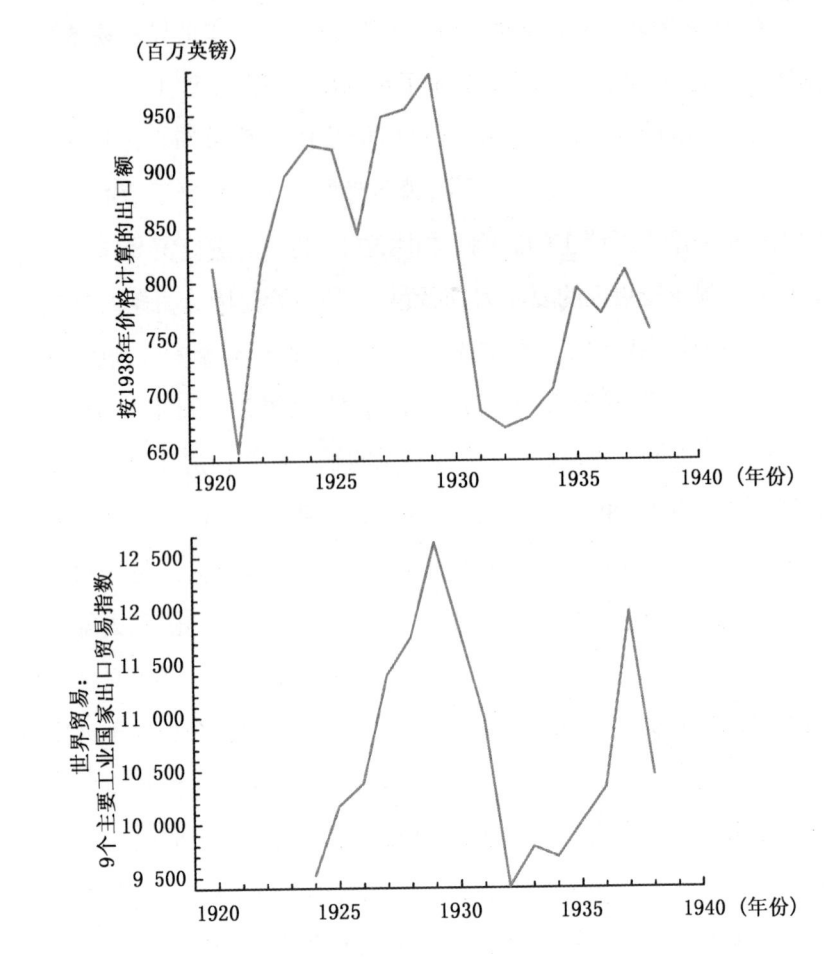

资料来源:范斯坦(1972,Table 5;1987,Table SA 4)。

图 7.3 英国的出口贸易与世界贸易的一个测量指标

势不同于艾肯格林和珍妮(2000)图示的态势。在艾肯格林和珍妮(2000)的图 1.3 中,实际工资在萧条时期快速增加,但却随着经济从 1932 年开始复苏而逐渐减少。之所以两者会出现这个差异,也许是

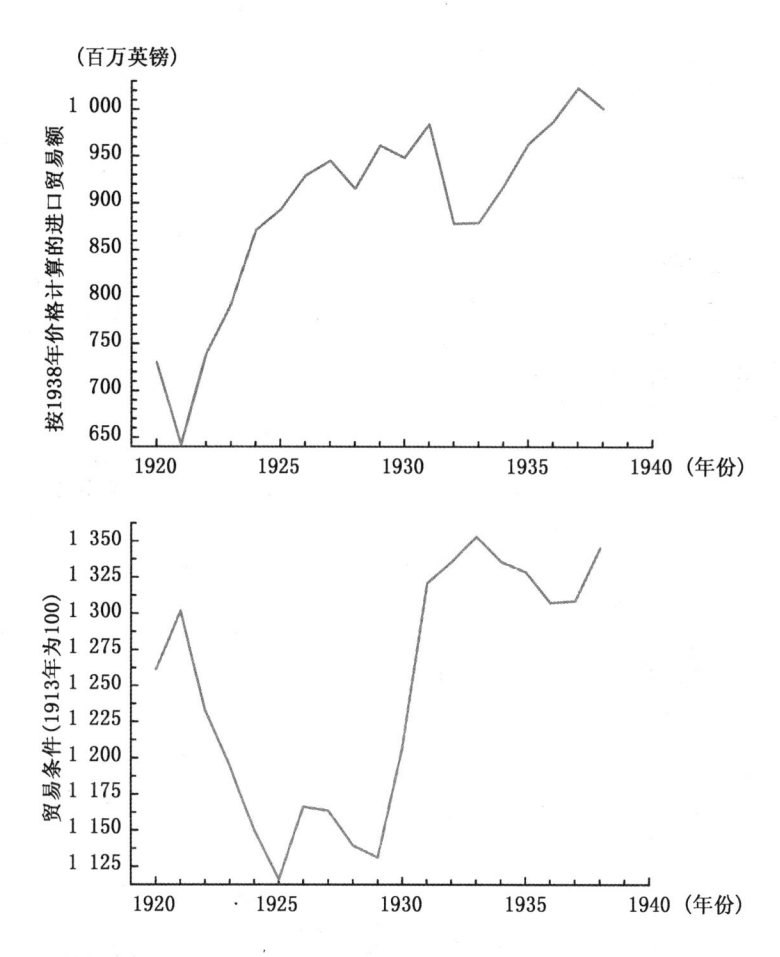

1931 年的金融危机与大萧条对英国经济的影响

资料来源：范斯坦(1972，Table 5，Table 64)。

图 7.4　英国的进口贸易与贸易条件

因为后者采用了难以令人满意的鲍利(Bowley)月度工资率指数，而且在需要产出价格衡量指标时就把生活费指数作为平减指数。可供我们使用的另一个重要工资序列是同业公会编制的季度工资率指

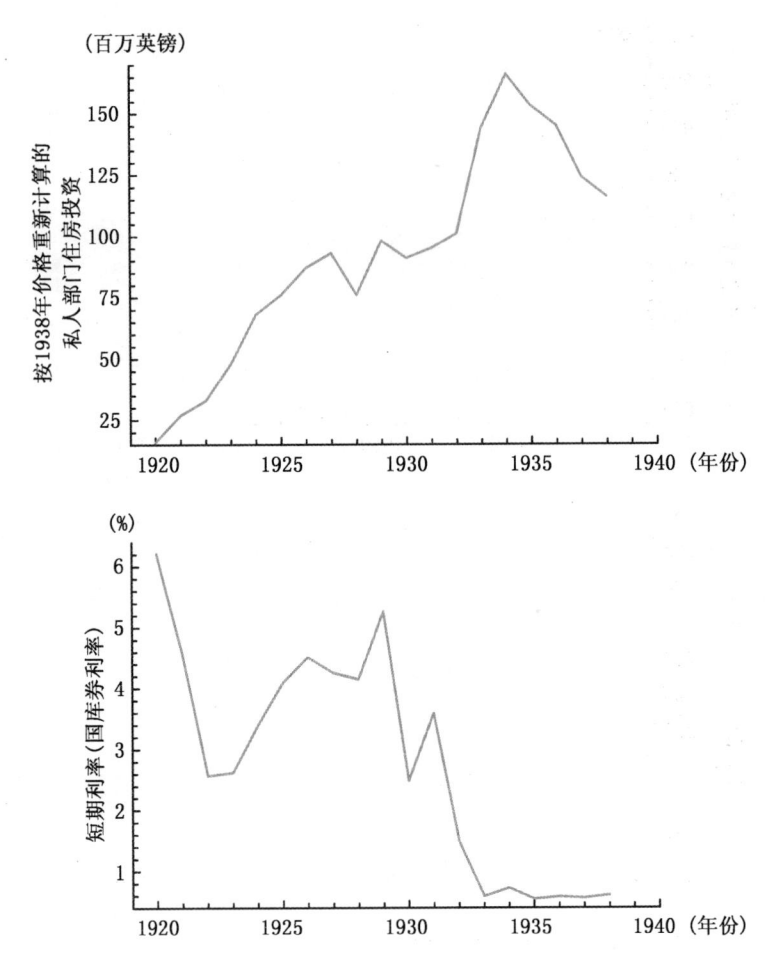

资料来源:范斯坦(1972,Table 3.34);伦敦剑桥经济服务局(London and Cambridge Economic Service,1971)。

图 7.5 英国的私人部门住房投资与短期利率(TBR)

数,采用这个指数可得出类似于图 7.8 的情形。蒂姆斯戴尔等

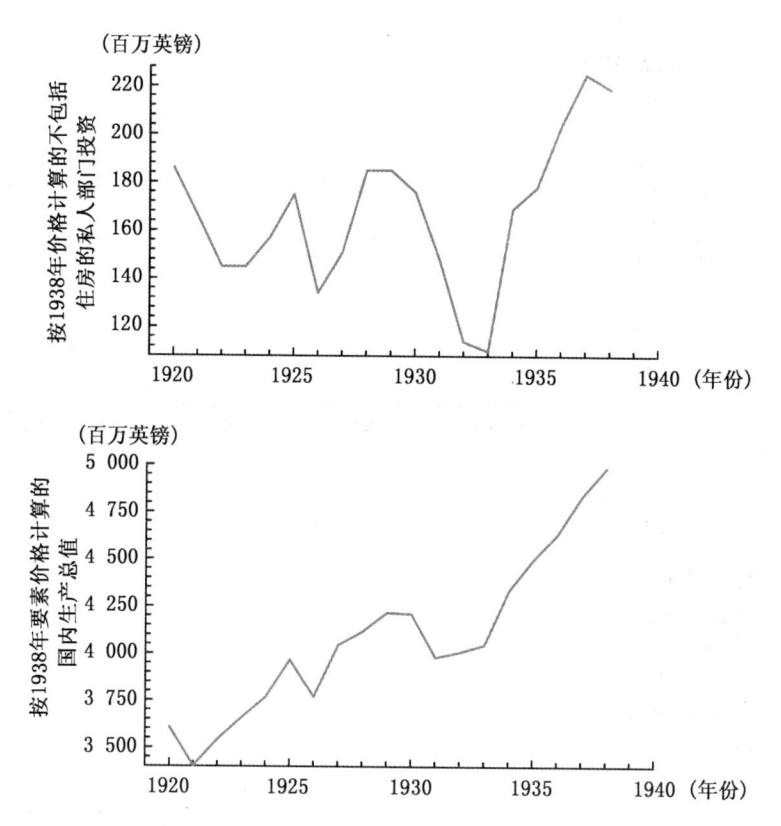

注：范斯坦(1972，Table 5)按 1938 年价格计算的总固定投资减去(1965，Table 3.34)住房投资以及其他公共投资，再按 1938 年的价格重新计算。

资料来源：范斯坦(1972，Table 5)。

图 7.6　英国不包括住房的私人部门投资与国内生产总值

(1989:272)采用了产出价格扣除通货膨胀因素后的同业公会工资率指数。

我们的模型表明，大萧条通过减少英国的出口波及了英国经济，

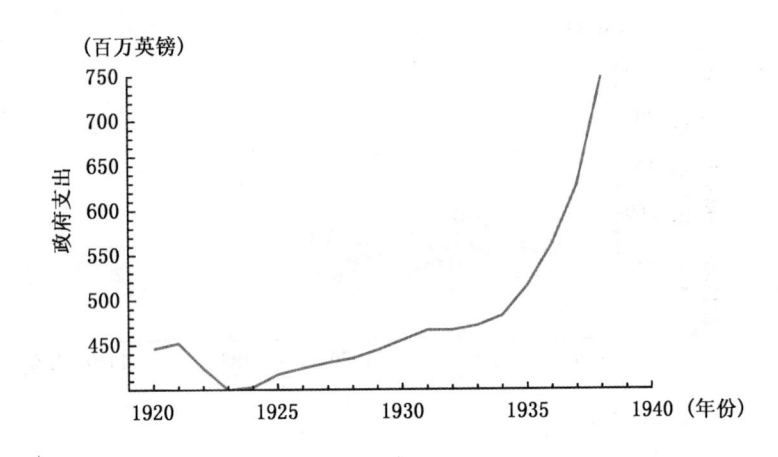

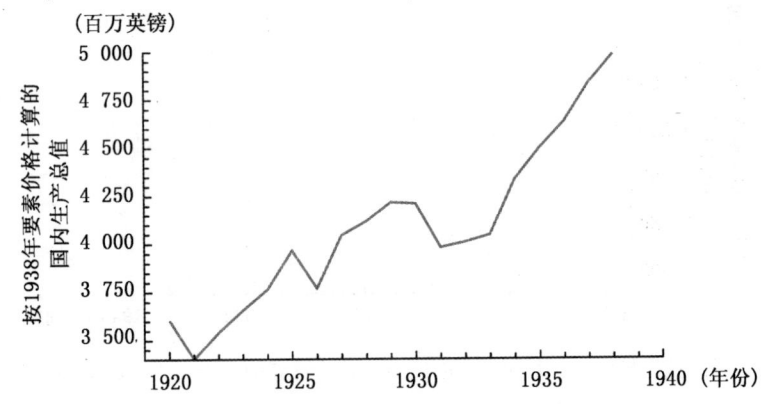

资料来源:范斯坦(1972,Table 5);范斯坦(1972,Table 5)中的商品和服务经常支出加上范斯坦(1965,Table 3.34)中的公共部门投资,再按 1938 年的价格计算。

图 7.7 英国的政府商品和服务支出与国内生产总值

进而减少了英国的国内生产总值,而且还阻碍了英国的投资。世界经济衰退也导致了英国进口品价格下跌,这在很大程度上反映为食

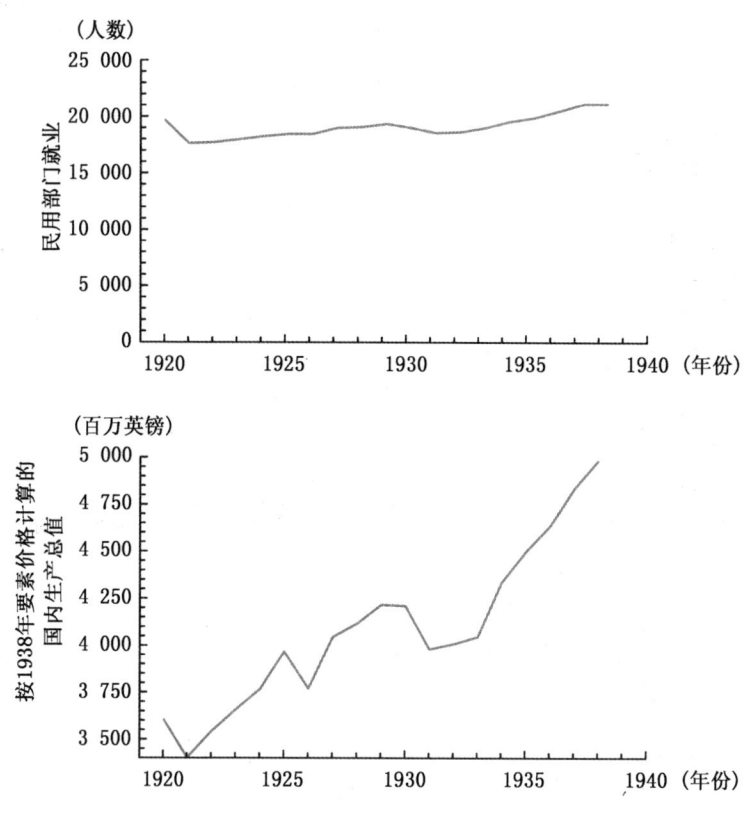

1931 年的金融危机与大萧条对英国经济的影响

资料来源：范斯坦(1972,Table 57,Table 5)。

图 7.8　民用部门就业与国内生产总值

品和原材料价格下降。生活费用下降连同货币工资刚性导致实际工资上涨。由于劳动力需求相对于实际工资缺乏弹性,因此,实际工资上涨并没有产生减少就业的严重影响。就业者的实际工资不断上涨,允许个人的实际收入在经济衰退时期有所增加,同样也允许消费支出增加,而消费支出增加高度依赖个人实际收入的增加。因此,无论是个人可支配收入还是消费支出在经济萧条时期都有所增加(见图 7.9)。

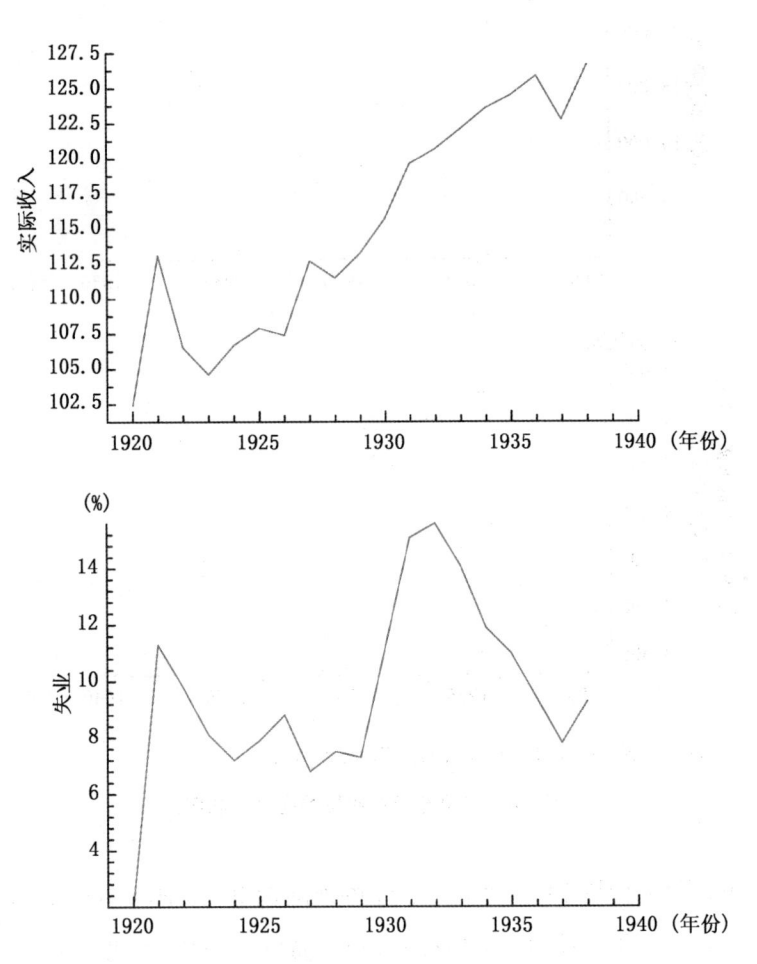

注:工资和薪水用最终总支出平减指数,扣除了通货膨胀因素。
资料来源:范斯坦(1972,Tables 5,10,57)。

图 7.9　英国的实际收入与失业

模拟结果

我们运用模型进行了一系列模拟。第一组模拟考察了英国暂时放弃金本位制和世界性经济萧条对英国经济的影响。第二组模拟考察了 20 世纪 30 年代晚期促成经济复苏的因素。模拟结果用基本运行值的百分比表示,并且被定义为模型在外生变量取真实值时生成的产出。我们没有讨论长期影响问题,因为我们集中考察了在截至 1938 年的这个时期的影响效应。

一、大萧条对英国经济的影响

我们先来考察把美元兑英镑的汇率维持在 4.86 美元兑 1 英镑这个 1929 年的水平上以及把国库券利率维持在 1931 年平均 3.6％ 的水平上的影响效应。第一次模拟对英镑汇率和国库券利率保持在英镑贬值前平价上不变的结果与英镑贬值和国库券利率发生变化的基本运行值进行了比较。

我们发现,把英镑汇率维持在 1929 年的水平上,就会导致英国的出口贸易在 1932～1934 年间下降 20％,而国内生产总值则会减少 5％～6％。利率上调和国内生产总值减少组合也会导致私人部门住房投资减少 25％,并导致私人部门非住房投资大约减少 20％。消费支出减少 5％,就业就会减少 3％。这个模型的一个特点就是就业变化幅度小于国内生产总值变化幅度。

在第二次模拟中,世界贸易被维持在 1929 年的水平上不变,结果经济活动的增长幅度远大于20世纪30年代初期实际获得的增长幅度,出口贸易超出1932～1933年萧条时期的水平40％,而国内生产总值则超过基本运行值11％～12％。由于经济活动水平有所提高,因此,消费支出和就业都增加了5％。私人部门非住房投资得益于国内生产总值的增加,但国内生产总值增加对私人部门住房投资只产生了较小的影响。

由上可得出如下结论:20世纪30年代初期世界贸易萎缩对英国出口贸易、国内生产总值和就业产生了严重的影响。1929年英国的出口贸易要占到国内生产总值的32％,因此,出口贸易萎缩对国内生产总值产生严重影响就不足为奇了。包括在基本运行中的世界贸易萎缩导致消费支出减少了5％。事实上,1929～1932年,尽管世界贸易和英国出口贸易双双萎缩,但消费支出却有所增加,这一点还需要加以解释。我们将在报告下一次模拟结果后再考虑这个问题。

第三次模拟考察了国库券利率维持在1929年的平均水平上因而无法得益于20世纪30年代银根宽松政策这种情形所产生的影响。利率上涨会对住房投资产生负面影响。与基本运行值相比,1933～1934年住房投资下降了30％。不过,利率上涨对非住房投资、消费和国内生产总值产生的影响要小许多。虽然私人部门住房投资对利率变化非常敏感,但它占支出的比例相对较小。因此,这也许能够解释利率上涨对国内生产总值变动影响有限这一点。私人部门住房投资在1929年只占国内生产总值的2％,而在1934年最高达到了占国内生产总值4％的水平(Feinstein,1965,1972)。我们的模拟结果表明,30年代英国住房投资繁荣对经济活动的影响小于沃斯维克(Worswick,1984年)得出的结论。关于这个问题,还请参阅豪森(Howson,1975:108~116)中进行的有益讨论。

在我们的模拟中,利率上涨只显示出相对适中的影响。由此看来,在同时考察汇率和利率效应的模拟1中,汇率的影响要比利率的影响强劲。

我们回过头来看看考察世界贸易维持在1929年水平上的影响效应的模拟2,因为有必要说明消费支出的走势。我们已经知道,1932~1933年,消费因世界贸易水平高于基本运行值而增加了5%。这个模拟结果意味着世界贸易萎缩的影响就是导致消费减少了5%。从1929年到1932年,消费实际增加了5%,因此有10%的消费增幅差异还需要说明。然而,基本运行值和模拟都包括进口价格下跌对消费的影响。在1929~1931年的大萧条中,进口品价格下跌了25%,而消费价格和最终产出价格只下降了10%。在我们模型的消费函数中,消费价格指数下降10%,就会导致个人实际收入和消费增加10%。大萧条中发生的情况是:消费因世界贸易萎缩而减少的幅度大于进口价格下跌抵消的减幅。消费品价格下跌,等于增加了个人可支配收入,因而也增加了消费,从而使出口贸易萎缩在减少就业方面的影响效应与价格下跌在消费支出因进口价格下跌而增加方面的影响效应相一致。

在我们模型的消费函数中,价格下跌产生了很大的动态效应,在亨德里(1983)的模型中也是如此。我们更深入地进行了这方面的研究,对英国在两次"大战"间隔期内的季度消费函数进行了估计,并且与美国和德国经历(Dimsdale, Horsewood, and Van Riel, 2006)的估计结果进行了比较。我们发现,非耐用品消费函数的价格效应类似于在我们模拟所用的年度模型中总消费函数的报告结果。

这些关于消费的模拟结果都支持理查德森(Richardson,1967)等经济史学家的观点,他们都提到了1931～1932年消费支出的增加减弱了大萧条对英国经济的影响。我们想说明造成这个结果的过程,因为之前的作者都没有这么做。具体而言,有必要说明为什么与消费品价格下跌相关的实际工资上涨连同货币工资刚性并没有对减少就业且由此减少就业者实际总收入产生严重的影响。我们模型的就业函数显示,劳动力需求相对于实际工资缺乏弹性,所以,实际产品工资上涨并没有对就业产生重要影响。实际工资总额(即就业人数乘以实际工资)会随着价格的下跌而上涨,因为就业者的实际工资有所增加。实际工资是个人实际收入的主要组成部分,因此,在就业减少而实际工资增加时,个人实际可支配收入和消费仍有可能增加,从而导致消费增加能够抵消由出口萎缩导致的巨大负面冲击。结果,大萧条对英国经济产生的影响较之于对美国和德国等其他主要经济体造成的影响显得非常轻微。克拉夫茨和费伦(2010:287)对大萧条中的英国和美国进行了有益的比较。

二、经济复苏模拟

在接下来的一组模拟中,我们将考察20世纪30年代对经济复苏做出贡献的因素。第四次模拟把世界贸易水平维持在1932年的低点上,这样就对出口贸易产生了抑制效应。与基本运行值相比,英国的出口贸易在1937年减少了25%以上;非住房投资由于对国内生产总值波动高度敏感而下降了20%,而国内生产总值紧随着出口贸易萎缩下降了8%以上;就业减少了3%,而对私人部门住房投资和消费支出的影响相对较小。这次模拟的结果应该表明,30年代后半期,世界贸易复苏失败对英国经济复苏造成了严重的后果。尽管30年代末的世界贸易还不及1929年,但英国经济较之于1932年的萧条水平已经出现了明显的复苏。由于英国的出口贸易是英国国内生产总值的一个重要组成部分,因此,在30年代后半期,即便是比较温和的出口贸易复苏也对英国经济复苏做出了重要贡献。

我们已经在模拟3中考察过利率下降对经济复苏的影响,并且发现对私人部门住房投资产生了强烈影响,但对消费和国内生产总值只产生相对温和的影响。应该指出的是,这里只提及利率下降对国内需求的直接影响效应,但并没有考虑利率下降通过导致汇率走低对经济活动产生的影响。在我们的模型中,汇率是个外生变量,因为英镑汇率被假设是按照政策制定者所希望的水平来设定的,而没有被假设为自由浮动汇率。这个假设与豪森(1990)关于英国在暂时放弃金本位制后对英镑汇率实施管理的解释还是非常吻合的。

我们的最后两次模拟考察了公共支出对经济复苏的影响。在模拟5中,国防支出被维持在1935年的水平上,这个水平的国防支出大大低于包括在基本运行值中的实际支出水平。模拟结果表明,如果国防支出维持在1935年的水平上,那么1937~1938年的国内生产总值大约会下降2%。国防支出影响消费的动态效应可能还来不及充分体现出来,因此,国防支出的长期效应可能要大于一次时间没有超越1938年的模拟所能显示的效应。国防支出减少会对非住房投资产生抑制效应：1937～1938年非住房投资减少了8%，但对消费的影响较小。这些关于国防支出的模拟结果可与托马斯（Thomas, 1937）发现的结果进行比较。我们通过模拟发现的国防支出影响效应要小于托马斯报告的影响效应。1935年英国国防支出占其国内生产总值的比例是2.8%，而1938年达到了6.4%。我们的模型模拟显示，国防支出基于低基础的增长到1938年并没有对英国的产出和就业产生重大影响。

我们的最后一次模拟把公共支出维持在1932年的水平上。模拟6中的公共支出包括经常性商品和服务支出以及公共部门投资。第六次模拟显示，英国的公共支出对英国经济具有重要影响。如果把英国的公共支出维持在1932年的水平上，那么，英国1937～1938年的国内生产总值就会减少7%～8%，并且对非住房投资产生显著影响；消费支出和就业双双下降。虽然更大范畴的公共支出增幅小于国防支出，但总量要远远大于国防支出，因此能够对国内生产总值产生较大的影响。

总体来看，世界贸易有限的复苏对20世纪30年代后半期英国的经济复苏做出了重要的贡献，而广义的政府支出似乎对英国经济的复苏意义重大。如果公共支出增长仅局限于从1935年开始的国防支出，那么对英国经济复苏的影响效应要小许多。此外，我们没有发现降低利率通过私人部门住房对国内生产总值产生的重大影响，原因就在于私人住房投资只占国民支出相对较小的比例。

结束语

我们首先讨论了导致英国决定在1931年暂时放弃金本位制的事件。我们认为,中央银行之间的合作对于恢复后的金本位制的运行至关重要。相比之下,英格兰银行基准贷款利率的重要性有所下降,作用也不如1914年以前。英格兰银行把主要精力放在了对工党政府施压以减少预算赤字上。削减预算赤字为英格兰银行受信捍卫英镑所必需。工党政府由于没能压缩预算赤字而被迫下台,被一个愿意削减政府开支的联合政府所取代。当时,英国的政治形势变得模糊不清,因为很多人相信工党有可能在很快就将举行的大选中获胜,从而导致外汇市场前景不明。我们对这种状况的解释着力于考察塞耶斯(1976)充分阐释的各种导致1931年危机的事件。

我们认为,造成1931年汇率危机的原因就是英镑相对疲软以及外汇市场对工党政府下台后的英国经济基本面状况捉摸不透。我们依靠莫里斯和信(1998)提出的汇率危机模型证明了我们这部分的论点,目的在于强调并不是基本面本身的疲软促成了危机。在一国货币的基本状况正在改善,而外汇市场前景不明时,就有可能出现这种结果。在我们的案例中,当时英国人普遍认为(但被证明是错误的),工党将在即将举行的选举中再次获胜,而联合政府旨在削减预算赤字的措施将被逆转。因此,英镑受到的袭击虽然引发了危机,但却是发生在基本面正在向好的时候。结果,市场主体对工党重新上台执政的担心被证明是毫无根据的,因为参加联合政府的各个党派轻松赢得了选举。

暂时放弃金本位制和英镑汇率下跌,意味着英国的金融体系基本上没有受到国际金融危机的影响。随后发生的大萧条对英国经济的影响表现为与世界贸易萎缩相关的出口减少,而英国则得益于由进口品价格剧跌促成的贸易条件改善。以上这些因素趋向于相互抵消,而结果是相互抵触的压力因素给国内生产总值产生了并不严重的影响。

我们采用蒂姆斯戴尔和豪斯伍德(1995)使用过的经济计量学模型探讨了以上这些问题。现在,经济史学家对这种模型已经相当熟悉,艾肯格林和珍妮(2000)以及米德尔顿(2010)都采用过这种模型。这种模型能够解释经济受到冲击但消费支出保持稳定的原因,例如,在经济面对出口急剧萎缩、非住房投资受挫的情况下,消费支出稳定能使国内生产总值复原。关键在于,进口商品价格下跌连同货币工资刚性导致实际工资上涨。由于劳动力需求相对缺乏弹性,因此,实际工资和实际可支配收入仍可能增长,从而促进了消费在1929～1932年的增长,进而部分抵消了出口萎缩的影响。

在经济复苏过程中,利率下降因英镑脱离金本位而成为可能,并且对私人部门住房投资的复苏做出了贡献。但是,这种影响效应看来并不是十分有力。英国经济得益于世界贸易在1933年以后出现的温和复苏。此外,广义的公共支出对英国经济复苏做出了重要贡献,而且它的贡献超过了从1935年开始重整军备导致的国防支出大涨的影响。

我们认为,我们的模型对分别促成经济衰退和复苏的因素做出了貌似可信的解释,并且揭示了消费支出在减弱20世纪30年代初经济衰退的影响方面发挥的关键作用。

附录:两次"大战"间隔期内大萧条影响英国经济的模拟

变量列表:

CE:消费支出

HINV:私人部门住房投资

NHINV:私人部门非住房投资

EXP:出口

CEMP:民用部门就业

TBR:国库券利率

关于数据来源,请参阅蒂姆斯戴尔和豪斯伍德(1995:380～381,396)。

模拟1 英镑汇率维持在1929年水平上和国库券利率维持在1931年水平上时

年份	CE	HINV	NHINV	EXP	GDP	CEMP
1930	−0.01	−0.05	−0.25	−0.25	−0.07	−0.02
1931	−0.17	−0.65	−3.55	−4.09	−1.03	−0.26
1932	−0.95	−5.70	−16.86	−16.80	−5.05	−1.40
1933	−2.03	−25.88	−23.92	−20.68	−6.87	−2.47
1934	−2.52	−26.35	−16.97	−13.12	−5.71	−3.18
1935	−2.47	−20.78	−2.87	−8.21	−3.37	−2.83
1936	−1.58	−15.62	−10.24	−2.59	−0.96	−1.46

偏离基本运行值的%。

模拟 2　　　　　　　世界贸易维持在 1929 年的水平上时

年份	CE	HINV	NHINV	EXP	GDP	CEMP
1930	0.68	2.93	15.84	14.82	4.40	1.09
1931	1.87	3.84	36.42	27.90	8.35	2.52
1932	3.63	7.23	48.13	40.17	11.78	4.61
1933	5.16	7.88	41.89	39.63	12.17	5.86
1934	5.18	6.13	7.64	14.16	6.12	4.87
1935	3.89	6.41	−17.15	−2.76	1.40	2.66
1936	1.87	4.56	−25.61	−6.27	−1.68	0.00

模拟 3　　　　　　　利率对经济活动的影响

年份	CE	HINV	NHINV	GDP
1930	0.17	−4.50	−3.68	−1.09
1931	−0.36	−30.04	−3.29	−0.704
1932	−0.09	−22.91	−4.09	−1.45
1933	−0.16	−34.57	−3.25	−1.11
1934	0.25	−38.90	−0.96	−0.87
1935	0.80	−32.17	1.74	−0.22
1936	1.32	−26.69	4.92	0.56

利率维持在 1929 年 5.28% 的水平上时。

模拟 4　　　　　　　世界贸易与英国经济复苏

年份	CE	HINV	NHINV	EXP	GDP	CEMP
1933	−0.23	−0.98	−5.13	−6.50	1.53	−0.37
1934	−0.64	−1.31	−10.34	−9.29	−2.77	−0.85
1935	−1.25	−2.55	−13.57	−13.22	−4.07	−1.59
1936	−2.01	−3.71	−16.99	−18.90	−5.67	−2.38
1937	−2.88	−5.38	−21.60	−25.52	−7.78	−3.24
1938	−3.36	−5.23	−15.57	−20.22	−6.40	−3.37

世界贸易维持在 1932 年的水平上时。

模拟 5　　　　　　　　英国的国防支出与经济复苏

年份	CE	HINV	NHINV	EXP	GDP	CEMP
1936	−0.08	−0.35	−1.88	0.01	−0.55	−0.13
1937	−0.36	−1.02	−6.67	0.06	−1.87	−0.51
1938	−0.75	−1.42	−9.27	0.15	−2.55	−0.94

国防支出维持在1935年的水平上时。

模拟 6　　　　　　　　英国的政府支出与经济复苏

年份	CE	HINV	NHINV	GDP	CEMP
1933	−0.02	−0.10	−0.55	−0.16	−0.04
1934	−0.11	−0.30	−1.99	−0.55	−0.15
1935	−0.35	−0.96	−5.70	−1.63	−0.49
1936	−0.81	−1.80	−11.02	−3.20	−1.05
1937	−1.54	−3.21	−16.79	−5.20	−1.91
1938	−2.78	−5.96	−25.86	−8.72	−3.38

政府商品和服务支出维持在1932年的水平上时。

8

如何让股东承担责任
——英国的银行业稳定与或有资本制

约翰·特纳

引言

2008年前,英国的银行体系一直被视为世界上最稳定的银行体系之一。这一章[①]试图说明英国银行体系能够享受这种令人羡慕的稳定以及必须追溯到1825年才能找到可与2008年殃及英国全体银行的金融危机比拟的系统性银行业危机的原因。有人认为,英国银

---

① 本研究是笔者在哈佛大学商学院做阿尔弗雷德·D.小钱德勒(Alfred D. Chandler, Jr.)基金研究员时完成的。笔者要感谢哈佛商学院的热情接待,还要感谢英格兰银行档案和信息中心的萨拉·米勒德(Sarah Millard)、珍妮·芒廷(Jenny Mountain)和凯茜·贝格利(Kath Begley)帮助本人处理有关英格兰银行的档案材料。本章的早期版本曾提交牛津大学货币史研究组和银行史研究所组织的慕尼黑学术研讨会。笔者还要感谢尼古拉·蒂姆斯戴尔、艾弗纳·奥弗尔和勒克·萨米对本研究做过点评。

行体系能够获得相对稳定发展的一个关键原因就是或有资本发挥了作用。

在从1825年到2008年的大部分时间里,或有资本的存在限制了银行冒险。这里所说的银行"或有资本"是指银行股东投入银行但要到银行濒临倒闭时才必须缴清的那部分资本。从股份制银行于1823年问世到19世纪80年代初,英国银行的或有资本一直采取无限责任的形式;而在从19世纪80年代初到或有资本制于1958年寿终正寝为止的这个时期里,英国银行业的或有资本始终采取未缴股本的形式,也就是说股东在银行濒临倒闭时必须缴清相当于每股股份一定份额的资本。由于或有资本导致经理人和股东要实际承担倒闭风险,因此能够阻止他们把风险转嫁给存款人(即投机取巧地提高资产风险)。归根结底,是这种或有资本的存在保证了英国银行体系的稳定。在这本论述长时期内银行业危机的论文集中,本研究发现,虽然在流行或有资本的年代里也有银行倒闭,但却从来没有发生过系统性银行业危机。

尽管或有资本在其他国家的银行体系中也是司空见惯,尤其是在它们的形成时期,但很少有人研究或有资本巩固稳定的作用。例如,美国银行体系的双重责任制度在保护存款人方面发挥了实际作用,而或有责任在20世纪初的美国曾经阻止银行采取冒险行动(Esty, 1998; Macey and Miller, 1992; Grossman, 2001)。同样,一项关于世界早期股份制银行体系历史的研究表明,无限责任制的实施与这些银行体系的稳定正相关(Hickson and Turner, 2004)。本章将丰富这方面的研究并且认为或有责任在保证英国银行体系持续100多年的稳定中发挥了重要作用。

本章第二节将说明或有资本是如何巩固英国银行体系的稳定的;第三节介绍英国银行业实行或有资本制度的悠久历史;第四节对英国银行体系自1825年以来的稳定状况进行评价,并且讨论或有资本制度与银行业稳定性之间的相关关系;第五节评判有关或有资本制度的批评,如果对或有资本制度的批评是正确的,那么就实际意味着或有资本制度毫无价值,而且在保证英国银行业稳定方面没有发挥任何作用;最后一节认为,虽然或有资本制可能是一种保证英国银行体系长期稳定的方法,但很可能并不是一种能够获得很多政治支持的方法。

或有资本制度如何造就稳定的银行?

银行通过吸收存款人的储蓄资金然后把它们贷给借款人的方式来开展信用中介业务,通常能把绝大部分存款贷放出去,因此,银行最大的资产就是贷款资产。贷款资产至少因为两个原因而是一种极可能被替代的资产。首先,借款人都很看重慎重,这就意味着有关贷款的信息不可能公开披露。其次,如果公开披露私人贷款信息,银行也只能收回其信息搜集投资的部分回报。虽然从理论的角度看,贷款资产的高可替代性意味着银行应该主要通过股东权益来筹集资金,但银行的基本属性(即信用中介)却意味着它们是高负债经营机构,这就为银行经理人创造了各种转嫁风险(即暗中把贷款资产转换成比事先承诺的风险更大的资产)的激励,并且能够潜在地威胁银行系统的稳定,进而引发以下两个相关问题:一是如何防范银行经理人转嫁风险;二是商业银行经理人需要怎样的激励才能以与更大的银行系统稳定相符的谨慎方式经营银行。

如果存款人怀疑银行经理人在转嫁风险,那么就能通过监督银行经理人和提走存款来制约银行经理人。我们能够潜在地通过依靠大储户来克服潜在的搭便车问题(England,1988)。其实,活期存款合同的连续服务规则也许能够实际激励大储户去为监督银行经理人进行投资,并且缓解搭便车问题(Calomiris and Kahn,1991)。然而,存款人的这种惩戒至少会遇到两个困难。

首先,显性的存款保险这种事后救助制度以及隐性的"大而不能倒"政策弱化了对存款人的监督激励(Minsky,2008:282)。虽然传统上认为这种建设性模糊降低了与这样的隐性政府担保联系在一起的道德风险,但这里还有一个与当局事前承诺不救助陷入困境的银行的任何努力联系在一起的时间不一致问题。

其次,而且更重要的是,就如上文已经讨论的那样,有关某家银行贷款资产的信息是私人信息,因此出于谨慎,银行不可能在不影响其无价的声誉和不减少其私人信息搜集投资回报的情况下向存款人披露这种信息。换句话说,银行业的性质本身意味着存款人不可能观察到银行转嫁风险的行为,而且也没有很多存款人通过监督来了解某家银行贷款资产的质量和价值。此外,即使存款人能够监督银行经理人,最后也不能阻止银行去转嫁风险。当然,这个"最后"什么时候会到来,也许不能确定。但是,当折现率充分高时,银行经理人就有兴趣转嫁风险(Hickson and Turner,2004:908)。

限制银行经理人转嫁风险的另一个约束就是,倘若经理人冒险最终会导致银行倒闭,那么,股东就会损失他们投入银行的资本。因此,剩余索取权利人所采用的激励机制最终决定银行经理人是否会利用存款人的存款资金转嫁风险。为了缓解经理人转嫁风险的问题,银行必须以闲置资金的形式持有大量的资本,但这样就会产生一大笔机会成本。由于银行可能拥有很多原子型小股东,并且执行所有权与经营权相分离的原则,因此,银行的这种筹集大量资本的需要也可能产生代理成本。

由于以上所说的与存款人有关的相同原因,所有权分散的银行股东无法获得借款人的信息。此外,银行股东无法阻止银行管理层最终把风险转嫁给他们。股东对此心知肚明,因此,只有在回报充分高的情况下才会对银行进行投资。不管怎样,这样的权益成本应该实际具有抑制效应,所以,经理人的利益总得以某种方式符合股东的利益。

对于股东来说,一种既能降低上述机会成本和代理成本又可降低经理人转嫁风险动机的方法,就是持有某种形式的或有资本,如无限责任制、双重责任制或者未缴股本制下的或有资本。或有资本制度能够防范银行股东转嫁风险,因为万一银行倒闭,股东就要承担巨大的损失风险(Esty,1998)。然而,为使这样一种机制发挥作用,银行经理人必须同时又是银行的股东,这样一来,他们就得承担自己冒险造成的损失,并且能使他们的动机与股东动机相符。事实上,银行股东(和存款人)可能也希望经理人富有并且在他们管理的银行里有很大的利益关系。

由于多种原因,在面对外生冲击时,股东持有或有资本的银行体系要比股东没有或有资本的银行体系稳定。首先,股东要承担或有责任的银行转嫁风险的可能性较小,因此,外生冲击不太可能降低银行贷款资产的价值。其次,存款人到拥有大量或有资本的银行挤提存款的可能性较小,因为他们明白自己的存款部分甚至全部有或有资本担保。

英国银行业的或有资本制度

1826年前,英国只有5家政府特许银行[英格兰银行、爱尔兰银行、苏格兰银行、皇家苏格兰银行和英国亚麻公司(British Linen Company)]获准采取股东承担有限责任的股份公司形式,其他银行都采取合伙制组织形式。除了苏格兰外,纸币发行银行都受到最多只能有6个合伙人的限制,发行银行的合伙人都要对银行的债务承担无限连带责任。

在经历了1825年的严重金融危机后,英国各银行获准采取股份公司形式,但股东要承担无限连带责任。[①] 银行的每个股东都要为银行的债务承担少至自己最后"一亩六分田"的责任。万一银行濒临破产,股东就得根据自己持有的股份数按比例缴清股本。如果有股东无力缴清银行催缴的股款(因为他们自己也因缴纳股本余款而破产),那么,他们无力缴清的股款就按比例由其他有支付能力的股东分担。如表8.1所示,银行公司法解禁25年后,英国有141家银行,

---

① 《爱尔兰银行合伙监管法》(Irish Banking Copartnership Regulation Act)(6 Geo. IV, c.42);《银行合伙法》(Banking Copartnership Act)(7 Geo. IV, c.46)。

总共有35 000多个对银行债务承担无限责任的股东。

表 8.1　1849～1900 年英国银行业实行的不同股东责任制

	1849 年	1869 年	1889 年	1900 年
英格兰与威尔士				
无限责任银行数量	113	73	2	0
有限责任银行数量	1	42	103	72
有未缴股本和/或保留责任的有限责任银行数量	—	40	102	71
股东人数	22 031	40 583	95 701	125 859
爱尔兰				
无限责任股份制银行数量	10	7	0	0
有限责任股份制银行数量	1	2	9	9
有未缴股本和/或保留责任的有限责任股份制银行数量	—	1	8	8
股东人数	3 083	8 487	20 226	23 974
苏格兰				
无限责任股份制银行数量	18	9	0	0
有限责任股份制银行数量	3	3	10	10
有未缴股本和/或保留责任的有限责任股份制银行数量	—	—	8	8
股东人数	11 157	10 865	19 192	23 435

注：5家政府特许银行包括在有限责任银行内。我们没有找到多家小银行的股东人数。

资料来源：Banking Almanac and Yearbook, 1850, 1870, 1890, 1900; Monthly Manual, Dec. 1870; Acheson et al., 2010: 250。

最初，出于对存款人安全的考虑，银行不能适用1856年的《股份公司法》(Joint Stock Companies Act)①,因为该法赋予股份公司采纳有限责任制的自由(Alborn,1998:129)。然而,根据1857年和1858年的立法,银行获准限制自己的责任。如表8.1所示,到了1869年,英格兰和爱尔兰分别有41家和1家有限责任银行,其中绝大多数是新建银行,而不是对其责任进行限制的已有银行。事实上,多数已有银行直到19世纪80年代初才限制自己的责任,因为"股东认为无限责任制更有利于赚取利润,而存款人则认为无限责任制令他们更有安全感"(Wilson,1879:69)。

银行业解禁后设立的有限责任银行都有很高水平的未缴股本。未缴股本的情况如银行(或者公司)发行譬如说面值50英镑的股份,股东在认购时只缴占面值一定比例的金额(如10英镑),余额(40英镑)要到银行濒临破产或者董事会在任何时候催缴时再缴纳。实际上,股东在银行或公司濒临破产时承担的责任是一个取决于其持有股份数的固定金额。由于新成立的有限责任银行通常规模较小,因此,直到19世纪80年代初,英国银行业绝大部分银行是无限责任银行。

如表8.1所示,1869年英国只有一家新成立的有限责任银行拥有未缴股本。1875年,有限责任银行每股未缴股本的中值和均值分别是18.75英镑和32.36英镑,而每股未缴资本占已缴股本的比例是2.74倍。② 当时,未缴股本的水平非常高,以至于处于中位的有限责任银行有50.6%的存款是由未缴股本担保的,另有30.5%的存款则

---

① 19 & 20 Vict. c. 47。
② 作者根据《投资者月度手册》(*Investor's Monthly Manual*, Dec., 1875)的数据计算。

由已缴股本和准备金担保(Acheson and Turner, 2011b:210)。因此,这些银行在当时的英国人看来与无限责任银行一样可靠(Dun, 1876:28)。

1878年10月,格拉斯哥城市银行的倒闭加快了无限责任制的终结。倒闭前,格拉斯哥城市银行是苏格兰最大的银行之一,并且拥有英国银行业最大的分支机构网络之一。这家银行的股东承担无限责任,结果1 819名股东中有86%在接到股本催缴单后宣布无力清偿股款。这一灾难导致的后果就是英国议会在1879年通过立法鼓励无限责任银行对它们的责任进行限制(Crick and Wadsworth, 1936:33)。这一立法的中心主题就是创设"保留责任制"。除了只能在银行濒临倒闭的紧急情况下催缴股本,因而董事会不能相机决定催缴以外,保留责任制在其他方面与未缴股本制完全相同。在保留责任制的一个倡议者看来,这种制度纯粹是为了保护银行存款人而设置的(Rae, 1885:258)。

随后,大部分银行都对自己的责任进行了限制。如表8.1所示,到了1889年,无限责任制差不多已经在英国银行业销声匿迹。显然,1889年,除了4家政府特许银行外,每家有限责任银行都有未缴股本或保留责任,甚至常常是两者兼有。在银行业全面实行有限责任制以后,银行股东对于自己投资于银行的每一个英镑,都要以未缴股本和保留责任的形式实际承担追加责任,持有1英镑的银行股本平均另需缴纳3.10英镑。[①]

如表8.2所示,1900年,每家有限责任银行(不包括3家政府特

---

① 这些数值根据《1885年银行业年历与年鉴》(*Banking Almanac and Yearbook*, 1885)的数据计算得出。

许银行)都有某种形式的或有责任。它们的通知即缴股本与存款的平均比例达到了33.9%,而到了1921年主要由于第一次世界大战期间货币(因而存款)扩张而大幅下降。银行合并也在一定程度上导致了这个比例的下降,因为有些银行在兼并过程中减少了它们的保留责任和未缴股本,最终殃及存款人的安全。① 到了1940年,除了5家榜首银行的通知即缴股本与存款比率略有下降以外,其他银行的情况同1921年。然而,第二次世界大战期间,货币扩张,但银行股本没有相应得到扩充,从而导致银行的通知即缴股本—存款比率跌到了2.5%的低点。

表8.2　　　　　　1900～1958年英国银行的或有负债

| | 通知即缴股本—存款比率(%) ||| 银行家数 | 有通知即缴股本的银行家数 |
	均值	中值	5家榜首银行的均值		
1900	33.9	28.6	20.6	90	87
1910	29.3	24.4	19.2	57	54
1921	10.3	10.5	8.7	25	22
1931	11.3	11.9	8.5	22	19
1940	9.4	10.1	7.1	16	13
1950	3.7	4.2	2.5	16	13
1958	0.0	0.0	0.0	17	0

注:表中数据不包括英格兰银行,1921年以后的数据不包括爱尔兰南部各家银行。

资料来源:根据1900年和1910年《银行业年历》(*Banking Almanac*,1990,

---

① 请参阅《财政部银行合并委员会报告》(*Report of the Treasury Committee on Bank Amalgamations*,5~6)。

1910)、1921 和 1931 年《银行业年历与年鉴》(*Banking Almanac and Yearbook*, 1921, 1931)以及 1940 年和 1950 年《伦敦证券交易所官方年鉴》(*Stock Exchange Official Yearbook*, 1940, 1950)的数据计算得到；英格兰银行 C40/102 档案银行股本备忘录(*Memo on Bank Capital*)。

1921 年，巴克莱(Barclays)银行通过资本重组以及一些股东的准备金转股缴清了未缴股本，因此就成了第一家取消通知即缴股本的银行。不过，其他大银行一直到 1956~1958 年在一次由英格兰银行组织的行动中才取消了它们的通知即缴股本。① 如表 8.2 所示，到了 1958 年，通知即缴股本已经完全从英国银行业消失。

在上一节中，我们已经指出，只有在银行经理人本身又是银行股东，因此有可能要用他们自己的个人财富缴纳股款的情况下，或有资本制度才会对银行经理人产生约束作用。在英国银行的情况下，按照银行的授产契或者公司章程，银行董事在就职前必须持有最低限额的银行股份。尽管董事的资格股可能只占银行股份总数的一小部分，但却要占用董事很大比例的个人财产，特别是在 19 世纪和 20 世纪初。无限责任银行通常由银行万一倒闭就会蒙受损失最大的股东(即最富有的股东)监管(Hickson and Turner, 2003)。然而，在股东只负有限责任，并且按持股比例追缴股本以后，最富有的股东就不再有这样的动机参与银行治理，但银行治理因股权资格问题而仍受限于股东个人财产(Acheson and Turner, 2006: 342~343)。即使到了 1940 年，"五大银行"中 4 家银行的董事平均仍要用个人财产缴纳 3 762 英镑的股款，才能持有为出任董事所必需的最低限额的银行股

---

① 请参阅英格兰银行档案 C40/120 中的 1958 年 4 月 30 日内部机密备忘录(Bank of England Archives C40/102, confidential internal memo, 30 April 1958)。

份。实际上,许多银行董事持有的银行股份远多于最低限额的董事资格股。

1800～2008 年的英国银行业稳定状况

现在要回答的问题是:英国银行的股东持有或有资本是否使得英国的银行体系变得更加稳定?为了回答这个问题,我们有必要考察英国银行体系在过去两个多世纪里表现出来的稳定性。由于难以量化银行业的长期稳定性,因此,经济学家通常采纳一种叙事法来确定某个银行体系是否经历了危机(Grossman, 2010:58～59; Reinhart and Rogoff, 2009)。那么,如何来定义银行业危机呢?莱因哈特和罗格夫(Reinhart and Rogoff)把一家大商业银行或商人/投资银行或者几家小商业银行或小商人/投资银行的破产视为一次危机。因此,他们俩认定英国在以下年份发生了银行业危机:1810 年、1815～1817 年、1825～1826 年、1836～1839 年、1847 年、1857 年、1866 年、1878 年、1890 年、1914 年、1974 年、1984 年、1991 年、1995 年和 2007～2008 年。

把投资/商人银行包括在银行业危机的定义中,特别是在一个它们没有直接与货币供给(通过存款)发生关系并不直接参与信用中介活动的历史背景下,很可能有弊无利。银行破产有可能说明货币市场受到了冲击,但并不一定就意味着银行体系不稳定。其实,周期性的银行倒闭有可能实际促进银行业稳定。银行之所以会倒闭,可能是因为存款人猜疑银行受到了攻击而进行挤兑。但是,这种对挤兑及随后银行倒闭的恐惧可能先是作为一种鼓励银行谨慎行事的机制实际发生作用的(Calomiris and Kahn,1991)。例如,有作者(Collins,1990:84~85;Baker and Collins,1999)已经以英国的银行体系为例研究发现,19世纪的英国银行已经变得比较保守,因为它们已经看到自己身边有银行倒闭。

由于我们更加关心英国的银行体系是否经历过系统性危机,因此,我们要考察英国银行的倒闭率和现有的相关文献以确定莱因哈特和罗格夫认定的各次危机是否都是银行体系的危机。按照一条粗糙的经验法则,如果银行的倒闭率(按银行家数或者资本金额计)超过10%(这是一个很低的阈值),我们就把这一事件归类为银行业危机。

一、1826年前的英国银行业稳定状况

1826年前,英国银行体系经历了几次冲击,1810年、1815~1817年和1825~1826年的银行倒闭率分别是1.6%、7.0%和18.4%。在这个历史阶段中有3个时期被莱因哈特和罗格夫认定为发生了银行业危机。[①] 1815~1817年的高银行倒闭率是由战后经济紧缩触发的,而战后经济紧缩在一定程度上是由英格兰银行积极准备英镑可兑换性的最终恢复造成的(Clapham,1966:ii,58~62)。1825~1826年金融危机的触发因素是大宗商品和股票市场上的资产价格逆转。这次危机的高银行倒闭率(18.4%)并没有适当反映英国银行体系当时承受的压力。现在有人认为,当时几乎每一家英格兰的银行都求

---

① 1826年前的银行倒闭率数据是根据芒恩(Munn,1981:222~224)、普雷斯内尔(Pressnell,1956:11,538)和吉尔巴特(Gilbart,1837:110)的数据计算得出的。

助过英格兰银行。这次危机导致货币供应量迅速下降,随后又导致了信贷紧缩(Pressnell,1956:491)。

1826年前,英国的银行股东要负无限责任,因此,在10年时间里发生了一次大规模的系统性危机和一次小规模的系统性危机,似乎否定了或有资本有助于银行业稳定的论点。然而,这个时期的英国银行受制于合伙制组织形式,而英格兰和爱尔兰的银行券发行银行最多只能拥有6个合伙人。最多只能有6个合伙人这个限制条件除了限制一家银行资产和负债多样化的能力以外,还会减弱银行股本的缓冲作用,从而削弱银行消解由货币或实体冲击造成的损失的能力。但更重要的是,由于合伙人要负无限责任,因此,合伙人越多,银行消化亏损的能力就越大。确实,银行券持有人和存款人也许宁可看到银行所有权分散在很多合伙人手中,因为有很多所有人较之于只有几个所有人,所有人损失全部个人财产的可能性要小得多(Hickson and Turner,2005:197)。

1825～1826年的高银行倒闭率主要是由英格兰银行体系崩溃造成的,而苏格兰的银行体系在这一事件发生期间大致稳定。对英国银行业历史的相关研究把苏格兰银行体系的相对稳定性归因于苏格兰银行不受"合伙人不得超过6人"的约束(Kerr,1884:69～70;Cameron,1967:97～98;Munn,1981:236;White,1995:47～48)。然而,"合伙人不得超过6人"的规定并不是一种紧约束,因为英格兰的地方银行都很小。因此,高银行倒闭率无论如何都是由普通法下形成的合伙制所面对的固有敲竹杠问题造成的(Acheson et al.,2011)。此外,苏格兰的合伙制法赋予企业某些方面的法人资格,而且又促进了合伙制大企业的创立,因为签约和治理决策只能由一个科层制的管理层做出。因此,苏格兰的合伙制银行有许多合伙人,结果银行发行的银行券和吸收的存款由许多异质性所有人的财产担保。值得注意的是,英格兰1826年的银行法修订通过允许设立多所有人、无限责任银行来刻意模仿苏格兰银行体系的特点。

1826年前英国银行体系的不稳定主要局限于英格兰,而且好像是起因于英格兰的银行受到的种种约束。不过,这也显示,仅仅依靠银行自己的或有责任不足以防止银行业出现不稳定的状况,银行还必须采取股份制组织形式,这样才能形成大而分散的股东群体。这样的股东群体能使负有或有责任的银行更加从容地应对周期性外生冲击。

二、1826~1958年或有资本制执行时期的银行体系稳定状况

按照莱因哈特和罗格夫的观点,在股份制银行负有某种形式的或有责任时期,英国经历了7次银行业危机,其中有5次发生在无限责任制是主要或有资本制形式时期。但按照上文的定义,这些危机没有一次可被定义为系统性危机。

莱因哈特和罗格夫认定的这个时期出现的第一次危机发生在1836~1837年。1834~1836年间,有很多银行和铁路公司在股票市场上挂牌上市。铁路公司股票的价格在1836年末、1837年初的大跌对资本市场和货币市场产生了压力。1836年11月,创建于1834年的爱尔兰农商银行(Agricultural and Commercial Bank of Ireland)倒闭,随后另外几家银行于1837年倒闭,其中有非常著名的英格兰

中北部银行(Northern and Central Bank of England)。尽管其间发生了这两起著名的破产案,但是,1836~1837年的银行倒闭率只有3.7%,而且这两起著名的银行破产案涉及的都是扩张迅速、从事风险过大的贷款和投资业务的新建银行(Collins,1990:84)。[1] 如果说有什么不同的话,那么就是1836~1837年间发生的银行倒闭案通过淘汰比较脆弱(和比较冒险)的银行机构,使得英国的银行体系变得更加稳定。

重要的是应该指出,当时,无限责任(或者说任何其他形式的或有资本制度)未必能够防范银行倒闭。不过,这句话的确切意思应该是,危机期间发生的损失是由股东而不是存款人承担的。因此,在资金紧张时期存款人的挤兑动机大大降低。此外,股东要承担无限责任,就意味着事前不可能转嫁风险,结果就是银行有更大的能力抵抗冲击。

莱因哈特和罗格夫认定的第二次危机是1847年的商业危机。这次危机是由小麦价格下跌以及起因于铁路公司催缴股本的资本市场和货币市场混乱造成的:铁路公司股东在18个月里眼睁睁地看着自己的投资大幅贬值。虽然这次商业危机导致很多小商人和商业企业破产(Evans,1849),但只有1.0%的银行倒闭。[2] 在这次危机中并没有大银行或者著名银行倒闭,再加上低银行倒闭率,就意味着在1847年商业危机期间并没有发生系统性银行业危机。

莱因哈特和罗格夫认定的第三次危机发生在1857年,这次危机

---

[1] 倒闭率是根据托马斯(Thomas,1934)和《银行家年历与年鉴》(*Bankers' Almanac and Yearbook*,1931:279~330)的数据计算得出的。

[2] 倒闭率是根据托马斯(1934:656~662)和《银行家年历与年鉴》(*Bankers' Almanac and Yearbook*,1931:279~330)的数据计算得出的。

被认定为第一次全球性金融危机(Kindleberger,2000:129)。虽然1857～1858年间的银行倒闭率只有3.3%,但有一家著名大银行——苏格兰西部银行(Western Bank of Scotland),这家银行也是拥有最大分支机构(101个分支机构)网络的苏格兰银行——倒闭。苏格兰西部银行当时也是英国最大的银行之一,1855年拥有占英国银行体系4.9%的已缴股本。1857年倒闭的另一家大银行是诺森伯兰郡和达勒姆行政区银行公司(Northumberland and Durham District Banking Company),这也是当时英国较大的地方银行,倒闭前拥有占英国银行体系2.1%的已缴股本。[①] 因此,按实缴股本计,1957年银行业的股本减少正好不足定义银行业危机的10%。但值得注意的是,尽管这两家倒闭银行规模很大,但是,它们的倒闭并没有造成银行业普遍恐慌和其他银行倒闭。

在苏格兰西部银行倒闭以后,它的1 280个股东为了清偿存款人总共补缴了1 089 577英镑(或者每股36英镑)的股本(Checkland,1975:468)。因此,苏格兰西部银行的存款人没有因为银行倒闭而损失一个便士,而格拉斯哥的其他银行接管了苏格兰西部银行发行在外的纸币,从而缓解了对另一轮倒闭的恐惧。同样,诺森伯兰郡和达勒姆行政区银行公司433名股东起初总共补缴了2 233 826英镑的股本,但后来收回了部分股本(Orbell and Turton,2001:418～419)。

这两家银行还有一个相同的地方,那就是在倒闭之前都进行了咄咄逼人的扩张。以苏格兰西部银行为例,当时的银行家都知道,这

---

① 数据转引自《银行业年历与年鉴》。这个数字没有包括英格兰银行。

是一家爱冒险的银行,这家银行已经分别在1834、1837和1847年遇到过流动性困难。在1857年之前,这家银行一直以很低水平的准备金在运营,它大量投资于海外贸易,并且把自己的贷款资产集中在一小群企业身上(Checkland,1975:467)。的确,有人可能会认为,这些倒闭案淘汰了英国银行体系中两家过度冒险的银行,从而使得英国的银行体系变得更加稳定。此外,这两家银行的倒闭可能有益地提醒其他银行的股东和经理人迅速扩张和开展过度冒险的贷款业务是有危险的。

莱因哈特和罗格夫认定的第四次危机是1866年发生的金融危机,这场危机是由欧沃伦—格尼公司这家通过货币市场与银行体系发生关系的贴现行倒闭造成的。1866~1867年英国的银行倒闭率只有4.2%,但除了伯明翰银行公司(Birmingham Banking Company)之外,另外4家倒闭的英国商业银行都是规模很小、创建时间不长的无限责任银行。① 伯明翰银行公司已有接近30年的历史,并且与之前几家破产的银行情况相似:股东必须弥补银行资产负债表上出现的亏损(Holmes and Green,1985:46)。尽管这家银行规模不小,但它的已缴股本只占英国银行体系已缴股本的0.70%,而这次危机期间倒闭的银行已缴股本总额也只占英国银行体系已缴股本的4.1%。② 总而言之,在我们看来,这次并没有足够多的大银行破产,因此不能被认定为危机。尤其是,从本章的视角出发,有限责任在这次危机中发挥了重要作用——欧沃伦—格尼公司在1865年对自己

---

① 银行倒闭率根据《银行家年历与年鉴》(1931:279~330)、托马斯(1934:656~662)以及不同年份的《银行业年历》(Banking Almanac)。

② 数据转引自《银行业年历与年鉴》。这次计算没有包括英格兰银行。

的责任进行了限制,这次危机中倒闭的银行大部分只负有限责任,而资本市场遭遇的压力主要来自于依照《1862年公司法》新设立的有限责任公司的倒闭。

这个时期的第五次危机是在1878年格拉斯哥城市银行倒闭后发生的。在1878年10月倒闭时,格拉斯哥城市银行是英国吸收存款最多的银行之一,拥有英国第三大银行分支机构网络。1878~1879年,英国的银行倒闭率是4.2%,但除格拉斯哥城市银行外,倒闭银行规模都很小。尽管格拉斯哥城市银行是英国最大的银行之一,但它的已缴股本只占英国银行体系已缴股本的2.0%,而1878~1879年所有倒闭银行的已缴股本也只占英国银行体系已缴股本的3.9%。[①] 虽然这次危机的银行倒闭率不高,而且英国银行体系在1878年底遭遇了巨大流动性压力,但是,英国银行体系仍然相当强健,足以抵抗这些压力(Collins,1989)。不管怎样,英国银行体系的稳定性最终不是按照抗压力的自由度,而是根据面对压力保持支付能力的能力来测度的。

由于格拉斯哥城市银行股东用他们的个人财产弥补了银行的亏损,因此,存款人并没有因为这家银行的倒闭而损失分文。事实上,由于其他苏格兰银行立刻接受了格拉斯哥城市银行发行的银行券,并且还允许格拉斯哥城市银行的存款人转走自己的存款,因此,格拉斯哥城市银行的存款人(股东除外)甚至不必等到破产清算程序结束就取回了自己的存款。这一切之所以成为可能,是因为格拉斯哥城市银行的股东承担了无限责任。

---

① 数据转引自《银行业年历与年鉴》,本次计算不包括英格兰银行。

无限责任制在19世纪80年代寿终正寝之后，英国银行在20世纪50年代之前一直持有各种不同形式和金额的未缴股本。在这个时期，莱因哈特和罗格夫只认定了2次危机，即1890年和1914年的危机。1890年的危机被莱因哈特和罗格夫认定为银行业危机，导致这次危机的原因是私人组织救助巴林这家因南美证券价格暴跌而陷入财务困境的商人银行。由于在这一事件中没有一家商业银行倒闭，因此，这次危机不能被归入系统性危机。但是，有人可能会争辩说，在大股份制银行的资助下，英格兰银行进行的资金担保协调阻止了一次金融恐慌的发生。股份制银行乐意贡献担保资金的主要原因是，巴林银行的承兑票据被那么多银行持有，以至于在银行承兑票据市场和更一般的货币市场上造成了严重的问题(Clapham, 1966：ii, 333)。因此，股份制银行出于自利的目的才通过向巴林银行提供担保资金来防止恐慌发生的。尽管这些银行因为这样做而受到了指责，但由于巴林银行在事后完全恢复了财务健康，因此没有一家遭遇损失(Clapham, 1966：ii, 337)。确实，在这一事件中，任何一家股份制银行的支付能力都没有受到任何威胁。

英国与其他国家不同，在20世纪30年代的大萧条中没有经历过银行业危机(Grossman, 1994；Jonker and van Zenden, 1995)。虽然银行股东持有或有资本可能与这有一定的关系，但其他因素也可能与1920年以后英国银行体系的稳定具有一定的关系。首先，英国各家银行本身已经变得更加稳定，而且在1920年前的银行合并过程中已经出现了全国性的大银行(Sykes, 1926：162；Sayers, 1976：11)。这些大银行因规模大、多样化做得更好而更有能力抵抗冲击(Capie,

1995:399;Holmes and Green,1986:119)。其次,1920年以后,英国的银行好像与政府达成了这样一种默契:只要接受持有大量政府债券这个交换条件,银行就能获准结成卡特尔开展经营活动(Griffiths,1973:8;Cottrell,2003:64)。例如,1933年,英国银行持有的政府长期债券要占到其存款总额的31%(Sheppard,1971:126~127)。最后,这种状况可能已经限制了英国银行转嫁风险的能力。

三、1958~2008年英国银行体系的稳定状况

在或有资本制废除后的半个世纪里,莱因哈特和罗格夫认定的5次银行业危机——分别是1974年、1984年、1991年、1995年和2007~2008年危机。然而,就如我们在上文已经看到的那样,只有其中的最后一次可被定义为系统性危机。

1974年,在英格兰银行的指导下,英国的商业银行大约向在批发货币市场筹集资金做房地产和消费金融贷款的二级银行提供了13亿英镑的流动性支持(Reid,1982:192)。这次被称为"救生艇"的流动性支持行动阻止了二级银行面对的困境恶化为一场典型的金融危机(Reid,1982:200)。虽然有几家二级银行倒闭,但没有出现不利于任何商业银行的问题。

1984年,庄信万丰银行家银行(Johnson Matthey Bankers)陷入了困境,英格兰银行在协调私人部门救助失败后就接管了这家银行。1991年,国际商业信贷银行(Bank of Credit and Commerce International,BCCI)这家总部设在伦敦的国际大银行倒闭。这些银行与清算银行相比规模并不算大,而且就连是否有人把它们看作商业银行

都有问题。因此,把这些孤立的破产案归类为银行业危机是错误的。同样,我们也不能把1995年由一个交易员造成的损失导致巴林银行破产视为银行业危机。更何况,巴林银行也是一家投资银行。

在2007～2008年采取银行救助行动之前,英国有9家大商业银行。2008年,北岩银行(Northern Rock Bank)和布拉德福德—宾利银行(Bradford and Bingley Bank)被收归国有。在这场危机中,作为政府拯救苏格兰哈利法克斯银行(Halifax Bank of Scotland, HBOS)策略的一个组成部分,骏威银行(Lloyds-TSB)兼并了苏格兰哈利法克斯银行,并且避免了一场传染引致型恐慌。在短短几个星期的时间里,骏威银行和苏格兰皇家银行接受了用纳税人的钱注入的巨额资本,结果是英国纳税人持有了这两家银行的大部分股权。按总资产计,英国银行体系51.8%的资产需要政府以整体国有化或者注入大量资本的形式进行救助,而且这甚至还算不上是英格兰银行提供的史无前例的援助。① 因此,2007～2008年的危机轻松满足了我们定义系统性危机的条件,而且显然是英国历史上最严重的银行业危机。

四、本节小结

在拥有或有资本的股份制银行占据英国银行业主导地位的时期(1826～1958年),英国的银行体系没有经历过一次系统性银行业危机。虽然英国银行体系时不时地遭遇为期短暂的压力,从而导致某些银行陷入困境并且要求股东追缴股本,但整个银行体系在面对这

---

① 根据英国银行体系2006年银行资产负债表上的总资产计算。

些冲击时表现依然强健,甚至可能因为高风险银行被淘汰而变得更加稳固。应该承认,在英国银行实行或有资本制的最后三四十年里,或有资本规模相对较小,因此,英国银行业的稳定也许应该归功于银行与政府间达成的银行认购大量政府债券的默契。

在废除了或有资本制以后,英国的银行体系在2008年危机前的50年里仍然比较稳定。这就提出了以下这个问题:如果或有资本对于保证银行业稳定如此重要,那么,为什么英国的银行体系在50年以后会遭遇严重危机?这个问题的答案其实上文已经暗含,那就是政府对银行转嫁风险的约束和监管实际成为或有资本的替代品。2008年的那场危机是在经历了一个漫长的监管放松过程以后发生的。在这个过程中,政府的很多约束和监管措施被废除或者逐渐被侵蚀。

对银行业或有资本制的批评

本章的主要论点是或有资本制度由于能够防范银行转嫁风险而在英国促成了一个稳定的银行体系,因为有了或有资本,银行一旦倒闭就会累及把部分或全部个人财产投入银行的股东和经理人。然而,在英国银行业推行或有资本制的整个时期里,这种制度在严重影响其转嫁风险防范效率的两个相关方面受到了批评。首先,有人认为,银行股东是一些低财富个体;随着时间的推移,银行有可能倒闭,因此,富有的个体不太愿意投资于银行股份。其次,另有人相信,在危机爆发时,那些不想追缴股本的银行股东会抛掉手中的股票。

19世纪英国有几名主要的支持者赞同实行或有资本制的银行股东财产不多这一观点(Turner, 2009a)。例如,威廉·克莱(William Clay)议员在议会1836年会议上的一次重要发言中表示,"无限责任倾向于阻止有财富、智慧和责任感的人成为股份制银行的股东或者经理人"(Clay, 1937:117)。虽然他当时也承认也有富人持有银行股份,但他表示动态的变化情况是银行倒闭会导致富人卖掉他们手中的银行股份(Clay, 1837:66)。同样,沃尔特·白芝浩在1856年的著述中表示,"我们颁法规定,每个持有银行股份的人都要为自己投入银行的每一枚六便士币承担责任,直到耗尽他们最后一英亩的地和最后一先令的钱。结果就是持有银行股份的人常常只有很少的土地和钱财"(Bagehot, 1856:312)。这种批评银行业无限责任制的独特观点,又因《经济学家》刊文表示格拉斯哥城市银行倒闭案表明该银行的股东大多是低财富投资者(The Economist, 1879:"City of Glasgow Bank":1480),而在格拉斯哥城市银行破产后,这种情况就达到了登峰造极的地步。此外,当时普遍认为,在格拉斯哥城市银行绝大多数股东破产以后,其他无限责任制银行剩下的有钱股东应该很快就会卖掉他们手中的股权[The Bankers' Magazine, 40(1880); Levi, 1880:56; Rae, 1885:257]。

银行股份可以交易,因此会像所有的股份公司股份一样,含或有资本的股份很可能最终轻而易举地都留在了低财富个体手中。为了解决这个问题,经济学家通常会建议,每个现任所有人可以审核每个提出申请的候选所有人,并且按规定监督已有共同所有人(Jensen and Meckling, 1985:605)。然而,在英国的银行里,审核候选所有人是公司董事的责任,他们实际控制着股东的准入条件,并且保证股东的总财富不被稀释(Acheson et al.,2010:255)。银行董事有动机把低财富个体排除在股东群体之外,因为:(1)董事本身也是股东;(2)他们通常是最富有的股东;(3)他们要负连带责任,也就是说,有股东付不起催缴股本,董事就得用自己的财产多缴股本(Hickson and Turner,2003:952)。19世纪80年代初,在银行限制自己的责任时,银行董事仍然扮演着审核人的角色(Rae,1885:233)。董事慎重审核的动机在银行对自己的责任进行限制以后可能多少有所减弱,因为一旦银行的责任不再无限,接纳低财富个体就会产生较小的外部性(Acheson et al.,2010:255)。此外,董事审核的管理成本有可能因为股东人数的增加而增大,这首先是银行合并的一个结果。英国前5家银行的平均股东人数在1900年是10 104人。[①] 不管怎样,提交给美国国家货币委员会(US's National Monetary Commission)的证据毫不掩饰地表明,即使在20世纪10年代,英国银行的董事也非常认真地审核候选股东(Withers and Palgrave,1910:93)。

到了20世纪20年代末,英国前5家银行的平均股东人数已经减少到了不足6 000人。当时,有1位观察家表示,大多数银行的股东都是一些财产不多的个体(Sayers,1928:111)。不过,这在20年代并不是一个问题,因为银行的未缴资本水平较之于银行股价相对较低,因此,银行能够轻松接纳财产不多的投资者。此外,即使银行接纳财产不多的投资者已经成为问题,银行董事也得按规定把大量资本投入银行才有资格出任董事。这就意味着银行董事有动机确保

[①] 根据1900年《银行业年历》的数据计算得出。

银行经理人不转嫁风险。

董事审核股东是一种旨在防止股份最终都掌握在低财富个体手中的私下安排机制。但是,这种机制在发生财务危机时也许并不能防范董事和其他富有股东为了逃避承担追缴股本的责任而投机性地抛售公司股份。的确,当银行身处绝境时,银行股份对于富有的股东来说可能只有负值,因此,对于这些银行股东来说,把自己的股份过户给贫穷的名义所有人不失为上佳选择。如果出现这种状况,那么,或有资本就可能成为一只"没有牙齿的老虎",最终有可能无法防范经理人转嫁风险。因此,股份制银行在19世纪20年代中期的表现迫使当局要求无限责任股份制银行的股东承担所谓的"售后扩展责任",这就意味着银行股东个人在他们不再是银行股东后的3年里仍要对银行债务负责。[①] 有未缴股本或者保留责任的有限责任制银行的股东也要负售后扩展责任,因为《1862年公司法》规定股东在出售其股份后的1年里仍要对未缴股本负责(Plumptre,1882:507)。售后扩展责任规定有效防止了董事审核制在最后环节的失效(Acheson et al.,2010:258)。

那么,上述这些机制在防范银行股东稀释财富方面到底是否有效呢?可获得的证据显示,这些机制是有效的。首先,几项考察19世纪和20世纪初银行股东财富和社会职业特点的研究显示,银行股东是一些富有的个体,而且他们的财富足够付清任何可能催缴的股

[①] 1825年的《爱尔兰银行合伙法案》(Irish Banking Copartnership Act,6 Geo. Iv,c. 42)以及1826年的《英格兰银行合伙法案》(English Banking Copartnership Act,7 Geo. Iv, c.46)。在苏格兰,有限责任股份制银行的前股东要为他们是银行股东时期发生的债务负责(Bell,1858:224)。依照《1862年公司法》(25 & 26 Vict. c. 89)注册设立的英格兰、爱尔兰和苏格兰银行能把他们承担"售后扩展责任"的期限缩短至1年。

本(Hickson and Turnwe,2003;Acheson and Turner,2006,2008a, 2011a;Turner,2009b)。其次,一项有关格拉斯哥城市银行的最新研究表明,该银行的股东都是一些富有个体,并且每个股东被要求缴付12 000英镑的股本(相当于现在100多万英镑)(Acheson and Turner,2008a:243)。当时银行股的交易记录显示,没有证据表明在发生格拉斯哥城市银行危机以后,银行股遭到抛售,尤其是遭到富有个体的抛售(Acheson anf Turner,2008a:245～247)。此外,在格拉斯哥城市银行倒闭后,苏格兰有限责任制银行的股票价格下跌并不是由股东抛售手中的股票造成的,而是因为格拉斯哥城市银行的股东为了追缴股本而被迫卖掉他们手中持有的其他银行的股份(Acheson anf Turner,2008a:249)。

或有资本制的回归

英国银行体系从1825年以来保持的稳定性是与银行先是以无限责任形式后是以未缴股本形式实施的或有资本制联系在一起的。其基本论据是,或有资本具有防范银行经理人把风险转嫁给银行存款人的作用。鉴于2008年英国银行体系受到了重创,于是就理所当然地产生了银行监管当局为了保护存款人和纳税人是否有必要重新在银行业推行某种版本的或有资本制度这个问题。显然,有人提出了一些在某些方面模拟或有资本制度的方案,例如,弗兰诺蕾(Flannery)建议银行发行或有资本凭证,或有资本凭证只是一种在银行资本资产比低于触发水平时可转换为股权的债务凭证(Flannery,

2009)。阿德马蒂和弗莱德尔(Admati and Pfleiderer,2010)也曾建议,银行股应负无限责任,并且应该置于某个股权责任载体的管理之下,这个责任载体还持有无风险债务,而且由承担有限责任的投资者提供资金。从英国银行或有资本制经验的视角看,这些建议只能算是次优选择,因为银行的股东和经理人在发生违约时并不是个人承担责任。最终,是这种潜在的个人责任制,尤其是银行经理人承担的个人责任,从一开始就能防范风险转嫁行为。

在最近这场危机发生之前,一些学者建议,这种传统的或有资本制应该重新引入银行体系(Macey and Miller, 1992; Grossman, 2001)。近来,康迪—布朗(Conti-Brown)建议,那些具有系统重要性的金融机构应该承担比例无限责任(Conti-Brown,2011)。可惜,这些政策建议大多被忽视,并且被视为金融史上一些有趣的奇闻轶事,因此多少有点过时。反对或有资本制的经济学观点主要是围绕银行资本成本和担心追缴股本可能会加剧危机这个问题提出的。由于或有资本需要一个庞大的管理机构才能确保银行股份不卖给穷人,因此有可能降低银行股份的可交易性,进而导致银行资本变得成本太高。其实,银行资本的成本可能不会变得太高。例如,19世纪,即使在大多数银行实行无限责任制的情况下,银行股仍可在伦敦和一些地区证券交易所较为自由地交易(Acheson and Turner,2008b)。的确,19世纪的责任制变化并没有对银行股的流动性造成影响(Acheson et al.,2010:263~264)。现代银行有多达数十万股东这一事实,导致管理成本在现代背景下高得离谱(Acheson et al.,2010: 270)。此外,面对人数如此众多的股东,催缴股本可能会激化危机,因为很多人可能会试图同时抛售自己的金融和实物资产。因此,任何试图把或有资本制引入银行业的尝试,都可能要求银行减少股东人数(Acheson et al.,2010:270)。

反对或有资本制的主要势力可能是银行及其股东,他们也许宁愿接受由纳税人埋单的救助行动和存款保险制度,而不愿容忍自己冒险决策的不利方面。反对这种改革的政治势力也有望形成,因为有势力的银行可能会为反对这样的变革进行游说,而民主国家的政治家也许会关心那些把银行股权留在有钱股东手中或者有可能将巨额成本强加于中产阶层银行股东的方案。

9

从1870年前后到2010年英国狭义的银行业、房地产业与金融稳定

艾弗纳·奥弗尔

引言

在1866年以后的一个多世纪里,英国银行体系的稳定从来没有受到过质疑。这个稳定时期现在可被视为特例。在这个时期里,英国保持了稳定的经济增长水平,为大多数国民带来了不断提升的生活水准,并且使英国从世界工厂变成了消费社会。英国当时的银行体系不同于我们今天看到的英国银行体系,并且在受过现代金融理论训练的经济学者看来相当陌生。20世纪70年代后的英国银行体系最初似乎保持了持续繁荣的势头,但在2007年陷入了危机,并且仍然处于失控状态之中。英国的经济增长停滞不前,许多银行不得

不接受救助、补贴或者国有化，而且还没有就以后该怎么办达成共识。英国 70 年代前的银行体系也许能为回答怎样才能恢复英国的金融稳定这个问题提供一些线索。

已经离我们而去的那个世界有一个重要属性，那就是银行体系不同构成部分的职能专业化，金融体系的每种活动都由一类不同职能的机构来完成。这种职能专业化的金融机构与 20 世纪 70 年代后涌现并最终占据主导地位的"无所不能"的全能银行机构形成了鲜明的对照。70 年代前的金融体系坚持把不同部门金融业务的风险分隔在不同的部门。具体而言，住房和商业不动产金融的风险由自我约束的不同机构来承担。金融体系严格根据审慎的流动性和信用自我约束原则运行，从而遏制了自身的扩张倾向，并且允许流动性以与经济系统其他部门相同而不是更快的速度增长。这就是已经离我们而去的那个世界，我们真想知道我们能从这个离我们而去的世界找回多少我们想要的东西。

货币有 3 个职能。在维多利亚王朝晚期的英国，货币的每个职能由不同类别的机构来代为履行。货币最直接的用途就是充当交换媒介。从代为履行货币职能的机构的角度看，货币的这个用途具体表现在支付体系中。在英国的商业大街上，最雄伟的大楼都属于清算银行，清算银行的主要职能就是付款和收款。"清算"是一个各银行的代理聚集在一起抵消相互之间负债并结算差额的日常过程。另一类机构大多位于伦敦城内，它们提供短期商业票据信用（"贴现"）。

货币的第二个职能就是充当价值储藏手段。有不同层级的金融机构吸收储蓄资金，然后把它们转化为投资和贷款。在商业区街面上,有不同等级的储蓄银行,等级较高的储蓄银行就是保险公司。在伦敦城,投资银行专门发行和承销债券和股票,而证券交易所(和其他专业化市场)从事金融和其他资产交易。还有一类专门机构,那就是购房互助会,它们吸收存款并且发放购房抵押贷款。保险公司也发放房地产抵押贷款,但其他金融机构不涉足房地产市场。

货币还被用作记账单位。《1844年银行特许法案》规定英格兰银行对英国流通货币价值、物价水平和金融体系的诚信负责。英格兰银行虽然是一家私人公司,但一直履行着法律赋予它的这一职能。总体而言,英格兰银行很好地履行了这一职能。

支付与储蓄

经济学家习惯把银行视为执行"期限转化"的机构,它们吸收短期存款,然后把短期存款转化成长期贷款。经济学家在了解到维多利亚王朝晚期英国银行业的核心机构并不从事这一业务后都感到惊讶不已。维多利亚王朝晚期的英国银行是一种城市公用事业。到了19世纪末,英格兰和威尔士银行业的常规业务已经集中在5家总部设在伦敦的大机构手中,这5家金融机构每家都有数百个分支机构,分布在英国的各个城镇(Sayers,1967:Ch.3;Collins,1990:Ch.3)。就像煤气和自来水等公用事业一样,银行的职能就是为有需要的企业提供流动性。英国的法定货币,无论是金币还是英格兰银行发行的纸币,数量都受到《1844年银行特许法案》的限制,而货币供应量大多由清算银行以银行存款和透支的形式提供。清算银行根据经济增长速度,依据一种"真实票据"说,利用这种形式的流动性和信用来逐渐增加货币供应量,这样就能根据正当业务需要来提供信用(Higonnet,1957;Goodhart,1972:209~210)。[①] 在发放在外的贷款得不到还本付息的情况下,银行家根据正当业务进行判断是受到约束的,因为他们作为银行官员需要承担风险(Holgate,1938:743)。

"清算"银行的主要职能就是方便商业付款。它们并不大量发放贷款,而且总是小心翼翼地做贷款业务。对此,威斯特敏斯特银行董事长沃尔特·利夫(Walter Leaf)曾经说过:

"我们国家的主要信用体系以资本或者资本借贷形式的交易创造的巨大金额是完全独立于银行的……银行做'短期资金'买卖业务,基本上就是充当了撮合需要做短期投资的资金与需要短期资金的借款人的经纪人。"(Leaf,1935:93,97)

信用是以存款透支或者几个月的短期垫付款形式提供的,但通常很容易获得展期。1909年,据1名专家估计,接近3/4的银行存款是由贷款和垫付款创造的(Withers,1909:63),而未清偿贷款规模通常不超过银行存款的一半(Goodhart,1972:158)。存款是一种支付手段:负债可通过借记和贷记银行账户来清偿。这些账户没有利息或者只有很低的利息,有时甚至会发生费用。存款人可即期提取存款,从而会导致商业付款规模波动不定,银行很厌恶由此产生的风险。银行通过以下方式来应对商业付款规模的波动:保持高比例的流动资产(如政府债券和随时可收回的贷款),通常要占到银行资产的1/3;保持资本比率,在维多利亚王朝晚期是12%~14%,而在两

[①] 在历次拿破仑战争期间暂停纸币兑换黄金时,英格兰银行运用"真实票据"学说来调节货币供应量(Viner,1937:148~149)。

次世界大战间隔期间大约下降了一半;甚至动用自己的黄金储备。1913年,清算银行打算积累就如英格兰银行用来执行货币政策的黄金储备,但是,清算银行想积累黄金储备是为了使自己免受英格兰银行货币政策的影响(Offer,1983:132～133;Goodhart,1972:223～226)。另一个约束来源是"风险共担",即银行股东承担的个人责任。

从19世纪70年代到第二次世界大战爆发,英格兰银行成功地维持了物价稳定,从而使得货币作为价值储藏手段更加具有吸引力。有两种机构从个人那里吸收储蓄资金,然后替他们保管起来。储蓄银行为小储户提供了一种"价值储藏手段"。信托储蓄银行作为非营利性互助储蓄会创建于19世纪初期,它们最关心的是存款安全问题。政府于1861年开设邮政储蓄银行进入这个业务领域,并且为低收入家庭的小额储蓄账户提供绝对担保。邮政局还以汇款单和邮政汇票(金额较小)的形式为穷人开设了一个支付系统(Horne,1947)。这些机构吸收的储蓄资金只能投资于政府债券。邮政储蓄资金快速增加,以至于在第一次世界大战爆发前的几年里,邮政储蓄银行成了英国政府可利用的最可靠借款来源(Offer,1983:134)。到了1938年,英国各类储蓄银行吸收的总存款约有7.75亿英镑,或者说约占242.89亿英镑英国个人净财富的3%[Sheppard,1971:Table(A)3.1;Solomou and Weale,1997:Table 6,311]。另一种等级较低的储蓄形式是自助储蓄。友爱社(和"劳动保险"公司,即丧葬保险公司)1958年吸收了17.6亿英镑的储蓄资金,约占个人财富的7.2%[Sheppard,1971:Table(A)2.9]。

对于中产阶级来说,一种流行的储蓄形式就是人寿保险公司出售的保单。大多数人寿保单是为期若干年的定期保单,并且变成了一种储蓄形式。人寿保险在当时任何年龄段的预期寿命都不确定的情况下是颇具吸引力的。只有少数保单转换成覆盖很长寿命风险期的年金。保险公司努力持有长期债权,并且很专业地控制已知的精算风险。这个行业和企业的业绩评定颇具竞争性,因此在顶端具有一定的集中度,但仍值得探讨这些企业靠什么来维持自己的可信度。这个行业需要做更加细致的研究,竞争有可能导致保险公司的储备金处于相对较低的水平,因此,保持稳定的保费流比各种形式的弃保潜逃更具吸引力。在物价稳定的预期下,比较容易经营这类业务。再说,该行业的很多企业都是互助会,它们出现在市场上有可能对它们的股份制竞争对手产生制约作用(邮政局也进入了这个业务领域)。这些保险公司长期投资于债券、可靠的股票和抵押贷款。它们管理保守,而它们的一个卖点就是能与顾客机会共享、风险共担("利润分成"保单)。在一个会计准则欠缺的时代,保单持有人显然会这样信赖保险公司,而他们也确实这样做了。1938年,英国保险公司拥有10.23亿英镑的资金规模,占英国国民个人总财富的比例要小于向体力劳动者和中低阶层劳动者提供应急保险的友爱社[Sheppard,1971:Table(A)2.6]。

住房金融

一个值得重提的自明之理是,储蓄的目的是把金融债权从一个时点转移到另一时点。这个过程充斥各种风险,对付这些风险的一种方法就是拥有房地产。住房是一种实在的财产,无论其财务价值如何,都能提供源源不断的避险手段。20世纪的历史经验也表明,住房能够很好地保值,通常能够以与国内生产总值相同的速度增值,住房的增值速度要比零售价格指数上涨速度快七八倍,比劳动收入增长速度快2到3倍(Offer,2014:214~216)。维多利亚时代,有人建议银行家不要把房地产纳入他们的资产组合,而他们听从这个忠告是英国银行业持续稳定1个世纪的一个重要原因(Rae,1885:94~98,106~107,113~116;这是那个时期主要的银行手册)。房地产是一种蹩脚的抵押品:价值不确定,难以出售,而且还要缴税。在当今时代,银行取消抵押物赎回权,通常会损失很多市场价值。

在维多利亚时代的英格兰,拥有住房并不是为了避险,而是为了盈利,小资本所有人把住房作为一种"买房出租"的手段。投机性营造商建造住房,然后转卖给这些业主。房产的价值受周期性大幅波动的影响,房产价值最大的周期性波动发生在19世纪末前后。19世纪末,也就是19世纪90年代末,海外投资(储蓄资金的另一个主要出路)已经失去吸引力,而房产价值曾达到过峰值。在随后的几年里,房价急剧下跌,在爱德华统治时期一般都跌掉了1/3以上,是有记载以来最大的房价跌幅之一(Offer,1981:Ch.17)。就在这个时候爆发了第一次世界大战。不到1年,英国的住房都被置于一种房租管制制度之下,而这种房租管制制度直到20世纪80年代才完全废除。那时和现在一样,住房是一种很重要的家庭资产(1914年前约占家庭资产的1/5,两次"大战"间隔期内不到1/10,在过去的20年里约占1/3。Offer,2014:Table 8.1;Solomou and Weale,1997)。但在1939年前,房价如此猛烈的波动只对金融体系产生了很小的负面影响。结果,住房价格终于实际走强,其中的一个原因就是房租居高不下,涨幅大大高于房价。因此,名义收入也同样上涨(Offer,1981:Figure 17.9,278)。而这些资产,整体而言,并不是任何人账簿上的负债。在房租涨到了监管当局规定的上限以后,房东就要蒙受损失。住房作为投资品种遗赠则要按照采用抵押贷款融资自住房的方式处理。于是,房主自住开辟了一个新的金融领域。

从19世纪初开始,购房互助会就已经向自住业主贷款。但是,它们的业务因"买房出租"租赁占据主导地位而受到了限制。房租管制的施行开辟了一个业主自住的新领域,而购房互助会发展了自己作为融资机构的能力。两次世界大战间隔期是英国购房互助会的全盛时期,它们为建造大量的新房提供了资金,并且发展了建房融资的新方法。购房互助会是非营利性互助会,它们吸收存款(大多是从中产阶层储户那里),然后以按揭方式把存款资金贷出去。他们的运营方式具有内置型谨慎约束。购房互助会的贷款资产完全来自于定期存款,其中的有些定期贷款被归类为购房互助会的"股本",但购房互助会资产就抵押权而言比普通存款人的资产低级。购房互助会的吸引力在于股东能获得高于利息的股息,而且还有借钱的优先权。最初,贷款抵押品估值较低,借款人得事先存入大笔现金存款,而且还要有良好的储蓄记录。抵押贷款的回报率始终比政府债券回报率高出1倍。购房互助会的优势就是,它们选择的借款人都是靠得住的,而它们的存款人又是真正的储户,因而比清算银行的商人存款人和股东更加耐心。在不必维持股票市值的情况下,购房互助会能够与它们的存款人分享抵押贷款业务赚到的利润,并且向他们支付远高于政府债券利息的有竞争力的利息,因此在20世纪20年代吸引了源源不断的中产阶级甚至金融业的储蓄资金,在1932年政府债券利息转而下跌以后就更是如此。此外,购房互助会用它们吸收的存款资金和构建的储备金发放贷款在金额方面受到了限制。购房互助会不像清算银行,它们不能创造货币,它们的资金不是英格兰银行分类账簿上的贷记金额,而是储户的家庭收入,并且真正是从消费中抽走的资金。购房互助会吸收的存款是只有流动性很低的住房担保的真正负债,因此在做贷款业务时必须谨慎(Cleary,1965)。

这并不是说,购房互助会在做贷款时总是小心谨慎。具体而言,在20世纪30年代,购房互助会的经理人发明了一些占住房价值高比例(接近100%)的创新性按揭方法。新方法的成功导致采用新方法发放的贷款迅速增加,但信用评级却变得不再那么个性化。在30年代期间,购房互助会开始冒较大的风险。随着购房互助会规模的扩大,经理人的地位不断得到提高。购房互助会开始为争夺市场份额而展开竞争,许多购房互助会开始违规经营,它们的创新性贷款策略基本上不需要借款人的抵押资产,很多贷款直接贷给了买保险投保违约险的开发商。幸运的是,购房互助会未曾经历大幅下滑的考验,在经历了第二次世界大战以后稳健地恢复了自己的业务,并且以相同的方式一直持续到80年代。它们很少在金融市场上借钱,它们构建了大量的储备,它们的杠杆比率很低,它们按照存款人的储蓄来配给贷款。因此,在两次"大战"的间隔期里,虽然住房需求活跃,(中产阶级的)经济状况良好,贷款供给也充足,但没有逾越谨慎极限,而房价水平在这个时期里也没有大幅上涨。虽然有许多大型购房互助会问世,这个领域也变得更加集中,但总体而言,购房互助会没有造成系统性危机,原因就在于住房金融处于跟支付系统隔绝的状态,只有存款人和股东的资金才有风险。况且,即使存款人和股东的资金也充分受到按揭贷款利息收入流的担保(Speight,2000;Samy,2010)。

以上所说的这些金融创新有助于构建英国很大的业主自住房存量,其中有很大一部分最终来自于停滞不前的住房租赁业。从住房市场的属性来看,这一成就令人瞩目。20世纪,英国和美国的住房需求并没有完全得到满足:虽然住房信贷可用来满足住房需求,但住房需求的增长快于收入。我们不妨套用以下萨缪尔森(Samuelson)说股票的话,"如果有人买进,是因为他们认为房价会涨;他们的购买行为推高了房价……显然,没有人赔掉赢家赢到的东西"(Samuelson and Samuelson,1980:601)。这种说法实际上是错误的:一旦房价上涨,下一拨人更会觉得买不起房子,并且只能在信用扩张的情况下借钱买房。由于住房被视为资产,因此能够长期提供众所周知的担保。但从经济的角度看,住房是不良资产,是一大类无法受益于经济增长的大宗商品:无论是按相对值还是绝对值计,住房都不会变得比较便宜。

住房是造成金融波动的主要原因:就如李默尔(Leamer)所说的那样,"住房本身就是商业周期"(Leamer,2007)。房地产热经常会引发金融危机(Herring and Wachter,1999):回顾过去的40年,英国在1973年遭遇了一次商业房地产危机,美国在20世纪80年代爆发了一场大规模的储贷危机。房地产投机严重打击了日本20世纪80年代的经济繁荣，而且日本经济从此一蹶不振，再也没有真正复苏过。斯堪的纳维亚国家在20世纪80年代放松了信贷政策，随后很快就在90年代初出现了一个房地产抵押贷款高潮，接着便是金融危机爆发，再后来就是经济急剧萎缩（Jonung et al.，2009；Honkaphoja，2009）。轻率的抵押贷款策略导致2007～2008年主要是在美国、西班牙、爱尔兰和英国爆发了一场迄今仍未结束的大规模危机。德国有一个很大的住房租赁行业，德国的房价没有持续上涨，因此在很大程度上躲过了一场直接的金融危机，而只是受到了德国银行在海外抵押贷款市场轻率投资的影响。

这些危机的发展都是由两个因素驱动的。住房是一种必需品，也是最明显的社会地位标志之一，这种标志既难树立又难掩饰。因此，住房需求相当有刚性，而且受到收入的严厉制约。即使房价上涨，消费者只要有能力仍会竞相购买，这一点为住房热在美国沿海地区经久不衰以及在英国持续几十年不减所证明。如果消费者能获得信贷，那么就更是如此。在消费者能够获得信贷的情况下，他们买房只受到还贷能力的制约，而且能通过扩展家庭成员工作时间（即增加家庭成年成员的收入）来提高还贷能力。美国不同地区房价的不均衡上涨表明，是信贷供给引发了房地产繁荣。下面有必要考察哪些因素在第二次世界大战以后先是制约后又促进了信贷供给。

1945年前后～1970年的英国银行业

第二次世界大战结束时，英国政府已经积欠下沉重的债务，英国银行的放贷能力大多被用于政府债务的展期,而商业贷款则受到限制。与此同时,信用需求开始显现,充分就业、收入增加以及定量配给在20世纪50年代初的结束促进了消费需求。促成住房市场繁荣的资金部分来自于购房互助会,部分来自于政府。购置新房通常与购买家具、地毯等耐用消费品相伴。与此同时,对洗衣机、厨具、冰箱等家用电器和设备以及方便往返于市郊边远地区的机动车的潜在需求也开始释放出来,对机动车潜在需求的释放推动了修建公路和高速公路的公共投资。银行也做出了回应,有史以来第一次提供消费贷款,并且建立了消费者借款信用评分制度。第一张信用卡于1966年诞生,消费品生产和销售也需要资金和空间,从而催生了对工厂、零售店和城镇中心区域办公空间的需求。为满足这些需求的信贷期限往往长于现有银行体系提供的信贷,商业房地产业需要巨大的新的抵押贷款来源。已有的清算银行体系当时因受到贷款管制的制约而无力充分满足这些需求,因此主要是靠分期付款信贷公司和二级银行来满足这些需求。

1957~1959年间设立的拉德克利夫(Radcliffe)货币体系运行委员会对这个问题进行了调查,而在这期间负责管理英国货币体系的英格兰银行和英国财政部需要完成四个并不容易协调的任务。一是对政府债务进行展期和开始清偿政府积欠的沉重债务;二是维持物价稳定,主要是在这个阶段保持汇率稳定;三是维持充分就业和经济增长动力;四是调节新的信贷需求。拉德克利夫委员会没有一味拘泥于"货币"概念,而是把注意力放在了由信贷总供给决定的更加重要的流动性问题上,因此受到了当时和后来一些具有货币主义倾向的评论者的嘲笑(Capie,2010:134~137)。但按笔者之见,拉德克利夫委员会的做法是正确的。该委员会没有认定什么灵丹妙药,而是推荐了一种实用的行政、监管、财政和货币管制混合政策,进行了大量的监管裁决,并且试图控制信贷扩张,结果导致了管理混乱、效果模糊不清。接下来的十年在当时看来只能算是非常糟糕,但现在回过头来看,那可是繁荣和增长的十年,尽管其间出现过温和的通货膨胀。但到了60年代末,监管者们已经对监管感到厌倦,于是就改变了政策氛围。

拉德克利夫委员会花了2年的时间煞费苦心地收集证据,旨在了解银行业的表现,并且通过说理和主观判断来改善银行业的表现。10年以后,政策制定者们失去了耐心。英国经济在固定汇率的约束下在一次又一次的危机中痛苦挣扎。市场效率和货币主义之风从芝加哥吹来,而英格兰银行收进了大量的票据(Davies,2012:5~6)。各国中央银行把主观判断和实践的教训搁在了一边,做出了有悖信仰的违规行为。根据英格兰银行1970年圣诞节前夕召开的一次内部会议的记录,该行的首席经济学家约翰·福德(John Fforde)告诉他的资深同仁们说:

"我赞成根本性变革必然在某种程度上反映某种信仰。如果我们不相信竞争能够提高效率并推动创新,那么想必就不敢反对一种长期以来对银行实施的限额控制制度。但是,如果说竞争还有什么优点的话,那么,我们就不应该死抱一种令人窒息的制度不放。"(Fforde,1970:6)

这段话表明1971年9月实施的被称为"竞争与信贷控制"的根

本性改革是合理的(Bank of England, 1971)。这场改革用以利率为手段的信贷竞争取代了信贷控制。对于我们的故事来说,更重要的是,它表达了一种为了创建统一信贷市场并允许不同市场力量自由发挥作用而清除清算银行卡特尔与其他金融公司之间存在的职能障碍的意愿。倘若我们相信让不同市场力量自由发挥作用有利无弊,那么,这可是一种美妙的想法。在维多利亚时代放任自流的鼎盛时期,当时的英国人并没有这种信念。在过去的30年里,虽然有效市场说占据了主导地位,但并没有研究证明市场必然能取得这样的有利结果,而经验证据也非常混乱。

没过多久,英格兰银行提供了那些肆意践踏市场自由的人并没有受到惩罚的证据。竞争与信贷控制与爱德华·希思(Edward Heath, 1970~1974年英国首相。——译者注)的"快速增长"是一脉相承的。但随之而来的不是工业投资繁荣,而是消费高涨,并且伴随着房价上涨和进口增加。接着就是通货膨胀加剧,随后又是普遍的产业动荡。在1973年的石油冲击之后,为繁荣提供了大量资金的英国二级银行迎来的却是失败,而且依靠英格兰银行的救助才幸存了下来,而那些冒险过度的二级银行更是如此(Reid, 1982)。

就这一点来说,"竞争与信贷控制"也成了一个真正的转折点。从此,审慎原则被抛在了脑后,贷款持续增长了30多年,一直到2008年才停了下来。关于竞争和市场的基本信仰是一种新的政策形而上学,信贷的释放也沉重地打击了伦敦城。再后来,股票市场重新活跃起来,海外银行开始纷至沓来,一个为企业融资的庞大欧洲美元市场在伦敦发展了起来。

1979～2008年的信贷自由化

1979年上台的撒切尔政府赞同市场效率这种直观的信仰,继续奉行竞争与信贷控制政策,并且采取了一系列放松金融监管的措施。在这里没有必要详细介绍这些措施。概括地说,1979年,英国取消了资本管制,同年还引入了存款保险制度;1980年取消了贷款限额;而1986年伦敦城金融机构的"大爆炸"改革通过接纳崇尚冒险有奖文化的华尔街投资公司改变了英国的金融文化;最终,这些华尔街投资公司吸收或者排挤了英国的投资银行。在20世纪80年代期间,英国金融按职能划分的不同部门最终也分崩离析。

住房金融虽然仍由谨慎实行定量配给的购房互助会主宰,但从1980年起也开始对外开放。剩下的租金管制也被取消,地方当局把简易房卖给了承租人,并且禁止动用卖房收入建造新的住房。此举扩大了住房金融市场,尽管当时英国的住房建设几乎已经停滞不前。1980年,银行获准开展住房抵押贷款业务,而购房互助会则从1986年开始把自己由互助会改制成上市公司。它们的经理人利用这次机会动用了几代人积累起来的储备金,公司首席执行官们把自己的薪水提高了差不多3倍(Shiwakoti et al., 2004)。股东每人得到了从135英镑(艾比国民购房互助会, Abbey National)到2 000英镑(哈利法克斯购房互助会, Halifax)不等的现金或者配股。总之,到了1997年,英国的购房互助会已经分掉了大约360亿英镑的股份和现金。除了全英购房互助会(Nationwide)这个例外之外,所有的大型购房互助会(尤其是艾比国民购房互助会和哈利法克斯购房互助会)都走上了改制的道路,但仍大约有 50 个购房互助会保留了互助性质。那种把私有化的互助会做大的精神现在又把它们赶出了互助领域,而且没有一家互助会设法作为独立的私人实体存续下去。银行和私有化的购房互助会贪婪地竞相放贷,并且迅速推高了房价。房价上涨使得业主们觉得自己变得更加富有,并且会抑制他们储蓄。

从 20 世纪 70 年代起英国金融业面临的挑战完全不同于战后初期。70 年代也是英国转向一种新型经济的过渡时期。劳动生产率增长趋缓,企业的利润也开始下降。出口企业遇到越来越多的挑战,而国内制造业和煤炭采掘业陷入了衰退。北海油田的开发缓解了高油价造成的周期性冲击,而油田的特许使用费也有助于减轻政府的财政负担。但随之而来(由石油和反通货膨胀政策造成的高利率推高)的英镑坚挺成了英国制造业的另一负担,英国的制造业在欧洲和东亚竞争对手的夹击下节节败退。伦敦城的银行现在管理的是出口商汇入英国境内的收益,而不是英国的出口收益。国际资本流动和浮动汇率使得巨额国际收支差额在伦敦城内就能比较容易地找到弥补的办法。

英国的银行家们迎来了一种新的挑战:如何循环利用存放在他们银行的巨额流动资金。当局放松了金融监管,放手让他们把流动资金贷放出去。现在的问题是如何找到有利可图的出路。最初,英国的国际收支差额源自于石油输出国的巨额贸易顺差。从 20 世纪 80 年代起,随着国内和国际不平等问题的加剧,大量的国内资金也需要循环利用。具体难以确切表述,1997 年实施的一次国民核算账户报告方式改革,意味着1987年前的资金流账户数据目前已经不能在线获得,因此现在难以考察资金来源和去向。

英国的金融业发生了巨大的结构性变化:在30年多一点的时间里,银行贷款占国内生产总值的比例上涨了10倍之多,也就是从19世纪80年代以来保持不变的占比不到一半增长到了占比超过5倍。曾经受到严厉监管的流动性比率从大约30%(最广义的流动性比率)下降到了20世纪末的几乎为0。资本资产比率在第一次世界大战爆发之前超过10%,而现在下降到了不足5%。银行业过去是一个资本回报率保持在5%~7%的稳定行业,而现在也具备了高利润属性,所以意味着是一个回报率在20%~30%的高风险行业。这个回报率相对于通常是2%~3%的年均长期经济增长率简直就不在同一个数量级(Haldane and Alessandri,2009)。

以上种种变化都影响了英国的经济结构。下面让我们把经济简约为4个部门或者行业:(1)制造和采掘业;(2)政府、卫生和教育部门;(3)建筑、公用事业和贸易部门;(4)金融和商业服务业。就每个部门或者行业的总附加价值占国内生产总值的比例而言,1970~2005年,政府、卫生和教育以及建筑、公用事业和贸易这两个部门接近于保持不变;制造和采掘业从37%左右下降到了16%;而金融和商业服务业几乎正好取代了制造和采掘业的地位,从20%上涨到了36%。行业或者部门就业人数的变动也大致相似,制造和采掘业的就业人数急剧减少,它们的位置被金融和商业服务业取代,而金融中介服务本身增长到了约占国内生产总值增加值14%的水平(Offer,2012:Figure 4,33)。

对于金融系统来说,在这个服务经济中盈利已成为问题,这也是住房供给变得如此重要的原因所在。住房是一种"长寿"大宗商品,而且每年的新房增量只占很小的比例。住房供给不可能迅速扩大,但房价对信贷供给比较敏感。由于公租房减少并且受到批评,私租房又量小质差,就业者竞相抬价购房。他们之所以能够这样做,是因为得到了监管放松的金融系统和低利率的支持。截至20世纪80年代,英国住房抵押贷款虽然总量巨大,但几乎都是由非营利性互助会提供的交易不活跃的资产。对抵押贷款监管的放松以及购房互助会的私有化开辟了一个看似安全的业务领域,并且创造了一种供给高收益资产的开放性方法。这个业务领域允许金融机构攫取英国越来越大份额的劳动收入。对于借款人来说,这种交易由于有可能创造资本利得而减轻了他们的还贷负担,因为房价上涨远远快于收入增加。金融机构杠杆化利用它们靠吸收海外存款、打包出售贷款并且把收入再贷出去获得的小额资本,创造了像它们敢想的那样多的新信贷,并且把杠杆比率提高到了40~50倍的水平(Vicker Commission,2011:Figure 5.4,128)。在借款人方面,1975~2005年抵押贷款债务与收入相比大约上涨了4倍,而无担保债务大概也增加了这么多(Fernandez-Corugedo and Muellbauer,2006:Chart 3,43)。到了这个时期结束时,英国未清偿债务大约相当于国内生产总值的3倍,其中大约80%是住房和商业不动产抵押贷款(Vicker Commission,2011:Figure 3.4,51;Treasury Select Committee,2009~2010,Lord Turner's evidence,2 March 2010,Ev83)。

生产性投资机会的减少也导致了金融业把注意力转向了公共服

务业、公用事业、运输业、基础设施建设、教育和卫生事业这些过去大多由政府拨款的事业。讨论不同形式的私有化问题超越了本章的范畴。这里要说的是,公用事业以及教育和卫生、国防等其他基础设施供给的私有化不失为金融业把支持这些事业的税收收入转化为利润流的成功之举(Offer,2012:30～34)。金融业不是在寻找生产性投资机会,而是在攫取部分劳动收入流(劳动收入流可是最可靠、稳定的可利用收入来源)。就是这个收入来源支撑着金融业赚取高额利润并发放高薪和丰厚的奖金。

房地产暴利经济

20世纪70年代英国解除了信贷管制,最终创造了一种所谓的"房地产暴利经济"。这种房地产暴利经济持续了30多年,而且在一个很长的时期里赢家多于输家。由于这个原因,这种经济颇得人心。成本上涨是效率下降的信号,但在房地产暴利经济中,房地产升值因符合大众认知而被媒体说成是经济健康的标志。事实上,就在上次危机过去4年或者5年以后,已经为重启房地产繁荣做出了巨大努力。

在房地产暴利经济的赢家中,首先是借款人。借款人虽然不得不举借越来越多的贷款,而且要偿还越来越多的月供[他们也的确要偿还越来越多的月供(Offer, 2008:Figure 4,551;未公布数据引自CMI的研究,由约翰·穆勒鲍尔(John Muellbauer提供)],但能购置一种不断升值的资产。这种资产然后被用来为再买房创造条件、为获得消费融资充当抵押物,而且在这个价值不稳定、冷酷无情的通货膨胀世界上还被作为养老或者应变的储备金,甚至还被作为遗产传给子女。婴儿潮一代中有很多人到了20世纪60和70年代就已经成年,他们得益于房地产暴利经济,并且几乎不会对这种经济现象提出质疑。

对于贷款人来说,房地产繁荣为他们的经营活动提供了不断扩大的市场。通过循环投资因全球贸易不平衡和国内不平等加剧而积攒在金融体系中的越来越多的流动资金,开放的住房市场提供了看似可靠和安全的回报。贷款利润主要是为贷款公司的一小撮精英和高管而赚的,他们攫取了贷款利润的最大份额,剩下的利润装进了股东的腰包,其中的一些股东是养老基金,而养老基金经理也为自己开出了优厚的薪酬。所有这些人获得的巨额收入又会加剧最初助推不平等产生的不平等。

住房扩张、消费价格低通货膨胀和资产价格通货膨胀的"大稳健"时期提高了市场有效说的可信度。市场有效说好像是在为撒切尔、里根、克林顿、布莱尔和布朗政府及其监管放松改革辩护,以至于左翼政府在很大程度上也接受了这些学说,甚至在应用这些学说方面走得更远,结果导致金融监管放松改革突破了他们的保守党前辈仍然坚守的底线。大稳健时期也同样为经济学界市场效率代表者们进行了辩护。

选民们主要依靠从远东进口的品质越来越好、价格越来越便宜的制成品提高了自己的生活水准。20世纪80和90年代,液体能源和燃气供热的低成本也促进了交通机动化和集中供热。出于感激,英国政府通过降低资本利得税和非定居居民税的方式给予金融家们大量的税收优惠。从 90 年代起,英国政府通过价格远高于公共借款成本的公私合营安排(私人融资计划)的方式利用伦敦城为基础设施投资筹集资金。在这个过程中,内阁大臣和每个公务员都通过"旋转门"(指利用政治权力通过合法手段来牟利。——译者注)制度得到了实惠。在这个制度中,内阁大臣变成了薪酬丰厚的"董事",而公务员出入与他们签约的私人公司(Transparency International, 2011; Kremer, 2012)。根据《私家侦探》(*Private Eye*)报告的对腐败实例年度样本进行的相当粗糙的测算,从 20 世纪 70 年代到 21 世纪头 10 年,腐败报告案例大约增加了 10 倍,其中公私合营交易导致了最严重的腐败[请参见本章作者正与戴耶·阿诺德(Dayal Arnold)在进行的研究]。

那么,谁蒙受了损失呢？旧工党在变成新工党以后就进入了约翰·肯尼斯·加尔布雷思(J.K. Galbraith)"满足经济"的核心地带。在加尔布雷思的"满足经济"中,弱势的少数群体为了舒适的多数群体的利益而惨遭牺牲。随着业主变得越来越富有,住房市场就会阻止越来越多的新来者进入。在 2001 年后的 10 年里,房价上涨比收入快 3 倍(National Housing Federation, 2012)。在英国比较富裕的人群中,从事一般职业的普通劳动者,甚至是从事专业工作的劳动者或者双职工家庭都不可能由租房者变成购房者(Offer, 2006:284~285; Batchelor, 2007)。业主和房贷机构(可能还有借款人)囤积的剩余房被作为租赁房(其中的很多房子质量很差)租给了那些买不起住房的人。2011 年,租房家庭几乎要拿出一半的薪水支付房租(Rawlinson,2011)。为了能够买房,很多人不得不加班加点;母亲不得不外出挣钱,而不是在家照料孩子,并且挪用了本应该用于为孩子买奶粉的钱。买房对家庭结构和功能的影响仍有待研究。

高潮

2007～2008年爆发了金融危机,债务不再能够继续展期。就如在早些时候的日本和斯堪的纳维亚国家一样,住房和商业房产金融的繁荣戛然而止。为了维持房地产贷款流,美国和英国都降低了贷款标准。到了2006年,日趋边际化的借款人已经不再能够用他们的收入来支撑高房价和偿还巨额债务。一旦出现违约,就会导致螺旋形下跌,并且最终动摇整个金融体系的根基。于是,整个金融体系陷入了一场迄今远未结束的危机(Duca et al.,2010)。

有关这场危机的很多辩论都采取了涉及金融机构结构技术性讨论的形式。在英国,1971年实施的竞争与信贷管制政策开始导致英国金融业的职能专业化名存实亡。20世纪80年代,英国"解开"了信贷这件"紧身胸衣"的纽扣,而且还放开了银行的抵押贷款业务,而伦敦城1986年发生的"大爆炸"打开了创建全能型"一站"式全球银行的通道。这种银行把付款、贷款、投资、抵押和"投资银行业务"(即为企业客户、富有的个人顾客和银行自己开展的投机性金融活动)集一身。

英国从未颁布过任何像美国那样把零售银行业务与投资银行业务分开的《格拉斯—斯蒂格尔法案》。在英国银行体系几乎崩溃,由纳税人埋单、政府出面救助以后,有很多人发声支持设立像美国那样的分业经营壁垒。威克士委员会(Vickers Commission)在2011年发布报告推荐了一种因不确定性而受到影响的分业经营方式,并且建议推迟到2019年再付诸实施。

这样是否就能恢复银行体系的稳定？要知道,这可是英国银行体系自1866年以来享受了100多年的稳定。那么,恢复这种稳定需要具备哪些基本条件呢？在笔者看来,政府政策必须保护的英国银行体系的核心职能就是支付职能。2012年夏季,有几家银行的电子支付系统发生了短时间的故障,这件事提醒我们必须关注支付职能的重要性。在伟大的维多利亚时代和两次世界大战间隔期内,英国清算银行提供了可靠和安全的支付服务。

第二个问题是如何来处理房地产。如果银行业按职能分工,那么,住房贷款对于狭义的银行来说就不是一种合适的业务。房地产为庞大的银行体系提供了抵押担保。房地产的资产属性使得它不适合充当支付系统机构的担保物。期限越长,资产的清算成本就越高,资产的价值就越可能发生大幅波动,而资产受税收的影响就越大。乔治·雷(George Rae)在《地方银行家》(*The County Banker*, 1885)中所做的批评仍然有效。生活在维多利亚时代的人们知道为什么要采取防范措施。事实上,有多种住房金融模式可循。住房建设曾经(现在一定程度上仍然)是属于公共部门的事情。其实,这就是公住房的形式。在美国,住房金融一直通过联邦住房局(FHA)以及后来的"房利美"和"房地美"被置于联邦政府控制之下,直到"房利美"和"房地美"在1969年被私有化。但从那以后,这两个机构虽然并不十分谨慎,但继续在半官方保护之下开展经营活动。另一种可循的模式是互助/伦理模式,就像北美在20世纪80年代之前一直受到严厉管制的储蓄贷款协会,或者英国具有内置型扩张约束的购房互助会。英国最大的两个互助机构全英购房互助会(Nationwide Building Society)和合作银行(Co-operative Bank)毫发无损地度过了这场危机,尽管前者没有热衷于批发借贷业务,而后者因轻率地与不列颠尼亚购房互助会(Britannia Building Society)合并而陷入了困境。

威克士委员会的报告(2011)并没有考虑不准资金用途受限制的银行涉足住房和商业房地产金融。在20世纪90年代初瑞典发生金融危机后,瑞典政府有充分的独立性和伦理资本来相当严厉地管束银行。英国各届政府似乎不可能这样超脱。虽然威克士委员会的名称把它描绘成一个"独立"委员会,但它的5名成员中有2名银行家。他们的资金用途受到限制的银行仍然有资格开展住房金融业务。这一决策(以及把职能边界设置在机构内部而不是机构之间的决策)其实就是意味着赞同"金融危机仍将发生;房地产暴利经济或者它的某种变体仍将继续下去,必要时哪怕是采用某种"半生不熟"的变体;预防未来危机发生的直接成本大于折现后的未来成本。伦敦城的"蜜罐"太过危险,因此不能胡乱摆弄。自20世纪70年代以来,英国经济发生了巨大的变化,结果解除监管后的金融业变成了一个难以管理的庞大行业。

那么,是什么原因导致这个问题仍然摊在桌上没有得到解决呢?金融业让英国经济付出了沉重代价。如果笔者相信有效市场,那么就会说"是英国经济付出的一种净成本",一笔为那些管理英国供应商盈余和富人资产的人士收取的巨大租金。在笔者看来,金融稳定不仅仅是一个制度设计问题,也不只是一个界限划在哪里、允许哪类机构经营哪种信贷业务的问题。恢复稳定必须先恢复在20世纪60年代曾经令银行家感到痛苦不堪的信贷配额制,必须消除暴利,还必须把信贷重新装入它曾经逃离的笼子。这些是否有可能做到?这不仅仅是一个只涉及银行业的问题,而是一个社会和政治问题。这个问题的解决或者解决失败将决定英国经济和社会的未来进程,因此关系重大。

10

金融危机导致了政策变化？

尤瑟夫·卡西斯

引言

那么，金融危机是否已经导致了重大的政策变化呢？2007～2008年金融危机爆发以来，反复有人提起这个问题，因为世界知情民意已经强烈地意识到1/4个世纪愈演愈烈的金融监管放松所遭遇的失败和造成的后果。人们已经普遍认为，良好的监管应该能够防范金融危机发生，而金融危机往往会引发对改变监管环境的强烈需要。然而，危机总是重复发生，这并不令人奇怪。政策变化并不是一个简单的过程。具体而言，银行、消费者、政治家和监管者本身之间的经济、政治、意识形态或者技术分歧——虽然不是直接冲突，但也——能轻而易举地导致形势变得模糊，并且危及结果。危机期间采取的措施有可能令人遗憾地无法阻止以下结果的出现——根据以往经验行事。历史证明,要在监管不足或者监管过度、自我监管或者政府监管、国内合规或者国际合规之间实现不偏不倚的平衡是一个巨大的挑战。

这一章①从长远的历史视角出发,通过考察全球金融危机对国内和国际两个层面的金融监管产生的影响来思考本章标题所提出的问题。② 本章的主要论点是,这些影响,包括20世纪30年代大萧条的影响,就整体而言仍比较有限,而且在美国和欧洲的表现也大相径庭。本章的第二节讨论对过去金融危机的认知和理解,因为这方面的认知和理解最终将决定变革需要的强烈程度。第三节将讨论如何实际捕捉改善已有监管架构的机会。第四节考察2007~2008年金融危机及其对根据历史经验制定政策的影响。

如何理解过去的危机

"绝对不会再次发生"的情绪是认知金融危机——及其严重性、成因、复发风险和如何防范——的一个良好指标。令人惊讶的也许是,"绝对不会再次发生"的情绪虽然会出现在每一次危机中,但在过

---

① 这一章根据笔者最近出版的新书《危机与机遇:现代金融形塑》(*Crises and Opportunities : The Shaping of Modern Finance*,2011)改写。
② 在本书的考察期内发生过8次全球性金融危机:1890年的巴林银行危机、1907年的美国恐慌、1914年7~8月的金融危机、20世纪30年代大萧条时期的银行业危机、20世纪70年代初的金融动荡以及随后的银行倒闭风潮、1982年的国际债务危机、1997~1998年的日本银行业危机以及2007~2008年的金融危机。8次看起来似乎不多,因为最近的一些定量研究记载了数百次的危机(如可参阅 C. Reinhart and K. Rogoff 的"*This Time Is Different. Eight Hundreds Years of Financial Folly*",Princeton,2009)。然而,绝大部分金融危机发生在新兴经济体,并且在经济、社会、政治和全球层面展现出不同于发达经济体危机所展现的现实。

去120年里严重冲击世界主要经济体的8次金融危机中仅仅是偶然表现得非常强烈。大萧条时期发生的那场金融危机标志着一个转折点,原因有两个:一是"绝对不会再次发生"的情绪非常强烈;二是人们以不同的方式认知金融危机。

1890年的巴林银行危机震动了伦敦城,但并没有伤到伦敦城,或者说没有给伦敦城造成长期伤害。巴林银行倒闭的消息当然令人震惊,但是在危机已经实际得到遏制以后才传开的,而且恐慌只持续了很短的时间。更重要的是,巴林银行危机并没有在伦敦城或者威斯特敏斯特区引发对英国或国际金融体系的深刻反省。那次危机之所以在英国显得非常严重,主要是因为巴林银行在金融市场享有巨大的声誉并且扮演着重要的角色。巴林银行的问题被归因于个人错误,而不是结构性缺陷。另一家大银行罗斯柴尔德(Rothschild)在当时可是无可置疑,对其他主要银行资信的怀疑也很快就不攻自破,而股份制银行在英国得到了迅速壮大。那次危机的另一个相关原因当然是阿根廷:伦敦一个被称为罗斯柴尔德委员会的银行家小组内部重新商谈了阿根廷外债的问题。[①] 在那次危机后的几年里,外国债券发行有所减少,但与差不多100年以后的情况不同:当时没有引发关于主权债务和更一般的新兴市场风险的辩论。伦敦城有悠久的资本输出历史,第一次拉美债务危机发生在19世纪20年代。1875年,一个专门的外国政府债务委员会对这些债务的发行条件进行了调查,并且把重点放在了伦敦证券交易所的作用上,但没有提出具有约束

---

① "阿根廷融资安排"其实就是一项延期还债协议。这项协议解除了布宜诺斯艾利斯当局在3年内还清全部债务的义务,交换条件是阿根廷政府发行新债(Marichal,1989:159~170)。

力的建议(House of Commons,1875)。这个委员会根据债务国政府的预算,尤其是根据债务国还本付息成本与税收收入的比例进行了国家风险评估。当时,债券发行行是凭借自己的声誉来为投资者提供担保的(Flandreau and Flores,2009)。巴林银行危机引发了对英国黄金储备的担心:英国的黄金储备是否真的不足? 或者,需要时依靠伦敦吸引黄金的能力这一点是否可以接受? 还有就是保护黄金储备的问题:清算银行积攒的黄金储备是否应该存入英格兰银行? 或者,每家银行保留自己的黄金和金币,并且公布自己的黄金储备? 问题的关键在于英格兰银行作为中央银行应负的责任与它作为私人银行经营的商业活动之间的矛盾。1914 年之前没有找到任何解决这个矛盾的办法(Sayers,1976:28~65)。

美国在 1907 年遭遇的恐慌不同于巴林银行危机,这场恐慌并非完全不同于 19 世纪美国银行史上经常发生的银行业危机,尽管它主要涉及信托公司这种新型金融机构(Calomiris,2000:3~4)。[1] 这场危机被普遍认定为特别严重——在《商业与金融纪事报》(*Commercial and Financial Chronicle*)看来,"这是美国历史上遭遇的最严重的金融业瘫痪和虚脱"(Livingston,1986:172)[2],并且主要被归因于美国银行体系存在的缺陷,尤其是中央银行的缺位。其实,当时就有人注意到美国的银行业危机比西欧国家或者它的北方邻国加拿大频繁和严重。1908 年 5 月 30 日,美国国会通过了《奥德里奇—夫瑞兰法案》(Aldrich-Vreeland Act),除了颁布一份允许银行发行临时兑

---

[1] 1819 年、1837 年、1839 年、1839 年、1857 年、1861 年、1873 年、1884 年、1890 年、1893 年和 1896 年都发生了危机。

[2] 虽然 1907 年倒闭的银行少于 1893 年(分别是 73 家和 503 家),但 1907 年倒闭银行的总负债要比 1893 年倒闭银行的总负债多 20%(Wicker,2000:5,87)。

换券的计划外,还创立了国家货币委员会。国家货币委员会的使命就是"开展调查并向国会报告……美国货币体系或者银行业和货币法律的那些变革是否必要或者值得"。这个委员会由内尔森·奥德里奇(Nelson Aldrich)这个与华尔街银行圈关系密切的共和党参议员任主席,开展了一项非常了不起的国际调查,提交了由美国权威专家起草的委员会报告,并且还进行了有关各主要经济体银行业和货币制度的采访。[①] 另一个担心——权力过度集中在华尔街金融精英手中——更具政治性,并且严重影响了对 1907 年危机的认知。J.P. 摩根(J.P. Morgan)能够凭借一己之力拯救美国的金融体系,但美国的命运不能掌握在一个人手中。1921 年成立普尤(Pujo)委员会对"货币和信贷集中"问题进行调查,由可能存在的"货币信托"引发的恐惧帮助美国战胜了抵制 1913 年创建联邦储备体系——1907 年恐慌促成的主要监管结果——的势力。

  1914 年 7~8 月的金融危机当然与众不同,这场危机先由战争逼近、后又由战争爆发造成。而随后的金融风波是由全面开战导致的大量需求引发的。可是,战争首先暴露了国内和国际金融体系的脆弱性。就如巴林兄弟公司(Baring Brothers)的一个合伙人在一封信中所写的那样,"眼睁睁地看着几代人辛辛苦苦建造起来的'信贷大厦'在一夜之间突然倾塌了,怎么不叫人痛心疾首"(Ziegler, 1988: 320)。这场战争也显示了国家在金融事务中扮演的新角色——不但是救助者、客户,而且还是监管者。针对世界最大银行之一的伦敦城

  [①] 除了其他人以外,专家中还有英格兰的哈特利·怀特尔(Hartley Whiters)、法国的阿尔弗雷德·内曼克(Alfred Neymarck)和德国的雅各布·里斯尔(Jakob Riesser)。请参阅国家货币委员会(1910)。

与米德兰银行(London city and Midland Bank)董事长爱德华·霍尔顿(Edward Holden)"如果国家不适当地迫使银行大量贷款,那么就应该承担责任"的观点,英国财政大臣戴维·劳埃德·乔治回答说:"国家既要承担责任,又要实施监管"(Kynaston,1999:7)。国家与金融界之间后来就改变了关系,但是,金融和政治领袖们在战后并没有清晰地认识到这个问题,而且也没有意识到世界经济形势已经与四五年前大相径庭,而是决心恢复他们深深迷恋的战前美好时代的秩序。在货币领域没有再比20世纪20年代初恢复金本位制更加明确的问题了。但是,恢复金本位制被证明是导致大萧条发展到那么严重的程度的最重要促进因素(Eichengreen,1992)。

大萧条不同于其他危机,经济学家和历史学家反复对它进行了研究。就如本·伯南克(Ben Bernanke)指出的那样,"弄懂大萧条是宏观经济学的圣杯战"(Bernank,2000:5)。大萧条这种确定世界历史转折点的特殊地位在某种程度上模糊了经历大萧条的那几代人对它的认识以及之后几代人对它的认识之间的区别。从大萧条传承而来的金融监管无论有多么重要,都超越了作为应对包括第一次世界大战甚至战后年代在内的银行业危机而采取的直接措施的范畴。经济学家和历史学家也同样反复对大萧条时期发生的那场危机进行了研究和阐释。大萧条不但成了评判之后历次危机的参照系,而且还改变了日后处理危机的方法——所有这一切多亏了自凯恩斯以来对经济和金融危机的更全面理解。

讨论当时人们如何认识20世纪30年代发生的历次银行业危机,可能大大超出了本章的范畴。不过,我们可以就本章的一般目的说上几点。首先是那次萧条的规模无比巨大感——危机的世界性维度、大量失业造成的人间悲剧、资本主义分崩离析以及政治极端主义崛起和国际不稳定性加剧。这些银行业危机虽然仅仅是一种更普遍现象的一个组成部分,但却与经济状况有着错综复杂的关系。应该牢记心头的第二点就是,尽管那次萧条具有全球性,但给人的感觉是国家之间发展很不平衡。因此,关于这些金融危机成因、性质和影响研究的侧重点也各不相同。英国更加关心英镑的命运,而不是它那相当稳定的银行体系。在法国,政治—金融丑闻几乎掩盖了一场虽然称不上非常严重但挥之不去的危机。在德国,舆论分歧明显,一部分人把危机归咎于银行自身——对外负债过多、资本不足,但最终是全能银行制造成的危害;另一部分人把问题置于国际政治经济——德国的对外赔款政策——背景下来审视(Balderston, 1994)。在美国,就如同 1907 年,银行系统仍然是罪魁祸首,尽管其间创建了被认为能够稳定美国银行业的联邦储备体系。与其他国家相比,美国更多是归咎于 20 世纪 20 年代的投机过度和金融危机以及与 1929 年 10 月华尔街崩盘联系在一起的更具一般性的经济萧条(Fraser, 2005:367~418)。对这场危机的反应,尤其是采取某些措施的必要性,因此而都受到了政治和经济两方面因素的影响,并且都扎根于当时流行的一股思潮——解决方案应该在国家干预而不是市场机制中寻找。

　　20 世纪 70 年代初期发生的危机虽然远没有 30 年代的金融危机那么惨烈,但同样是范围更广的经济危机的组成部分。虽然很多的银行倒闭案[德国的赫斯塔特银行(Bankhaus Herstatt)、美国的富兰克林国民银行(Franklin National Bank)以及英国的一些边缘银行]都需要货币当局出面干预,但是,总体经济气候——石油冲击、"滞胀"、失业加剧——以及影响其他产业尤其是钢铁业的危机对决策者的心智产生了极大的影响。更一般地说,当时流行这样一种观点:一个时代正在结束——一种在经济学领域最好地表达为新古典学派对凯恩斯学派发起越来越多的挑战的变化,而固定汇率制的寿终正寝对这个时代的结束起到了强有力的推动作用。只要问题涉及银行业,对眼前潜在风险的意识就会变得特别强烈。危机标志着一个漫长的稳定时期的结束——自大萧条以来发生的第一批意义深远的银行倒闭案!虽然银行业遇到的困难,特别是通货膨胀和利率上涨,被视为不利的经济气候的一部分,但是,这种新的不稳定性主要被归因于金融活动的国际化以及金融活动所引发的高风险——派生于外汇市场和欧洲货币银行同业拆借市场的发展。国际银行体系的脆弱性已经变得显而易见,并且提出了最终国际贷款人的问题(Kindleberger,1978;Spero,1979;Reid,1982)。

在20世纪70年代初发生了多次银行业危机之后,1982年8月又发生了墨西哥违约事件。虽然它们在很多方面有所不同,但是,墨西哥发生的这次准恐慌也同样与欧洲货币市场的发展有关,更一般地说,与越来越不稳定的国际金融体系有关。这起被称为"国际债务危机"的事件,一方面是一次猛烈但持续时间很短的冲击——应该是一些没有1974年那么引人注目的银行倒闭案,但给人以"国际金融体系有可能崩溃"的更强烈感觉;另一方面是一个贯穿整个80年代甚至更长期的旷日持久的事件,并且被称为拉美——还被称为第三世界——债务危机。这次危机引发了很多政治—战略、学术和新闻媒体的辩论和研究。3个相互关联的问题初露端倪:商业银行的贷款政策、第三世界国家的债务水平和这次危机的全球特性。银行因为不惜一切代价地放贷和太过冒险而受到了严厉的指责。特别地,银行在单个借款人身上面临的风险引起了关注,并且被认为处于太高的水平;而银行的资本比率则被认为处于太低的水平(Bird,1989)。在又有银行——美国伊利诺伊大陆(Continental Illinois)银行和意大利安布罗西亚诺银行(Banco Ambrosiano)——倒闭以后,欧洲特别是美国出现了严格银行资本要求和监管的需要。此外,就如差不多100年前发生巴林银行危机那样,外围国家的问题引起了远多于核心工业国家的担心。银行可能已经超贷,但在大多数分析人士看来,像墨西哥、巴西和阿根廷等国家造成债务达到不可持续水平的原因是这些国家糟糕的经济表现,特别是这些国家缺乏必要的财政货币秩序。然而,在一些分析人士看来,这种管理不善的后果是由不利的全球经济条件特别是油价上涨和利率高企合并造成的(Devlin,1989)。不管怎样,国际货币基金组织和世界银行的"结构性调整"计划被认为是解决这些问题的正确方法——尽管在有些地方受到了严厉的批评。1982年的国际债务危机比以往任何危机更加被感知为全球性金融危机,因此,我们不但需要一种国际应对机制,还需要国际合作才能防范另一次危机爆发。

1997~1998年日本发生的银行业危机导致日本经济连续几年陷入衰退,因为日本公众日益意识到经济气候的恶化——失业加剧,职工福利减少,加班增多,工资减少,无力还贷。日本大银行确实刺激了20世纪80年代日本的股市和房地产繁荣。然而,这次银行业危机的成因并没有被认为仅仅是日本国内经济恶化。日本银行似乎受到了结构性问题特别是不良贷款的困扰,并且需要经历那种超越通常在金融危机期间采取的监管措施——加强监管,强制推行更高的资本要求——的彻底改革。事实上,日本的整个金融监管架构,尤其是大藏省与银行之间的非正式私人关系被日本和外国观察家认定为病态地迎合了一场严重危机的需要,从而导致当局对银行问题做出了低水平的应对(Amyx,2004)。也有人对整个日本经济持类似的观点,日本国内舆论也倾向于回避对这次危机的商业周期解释,从而导致了支持结构性解释的宏观经济对策和对国内金融体系进行的根本性改革(Takeshita and Ida,2003)。

危机与监管改革

危机后的监管水平在很大程度上取决于"绝对不会再次发生"的情绪以及由无监管创新导致的危害。从这个视角看,大萧条明显不属于这种情况:大萧条是现代史上最严重的经济衰退,并且迄今为止空前绝后地催生了一系列为了约束金融活动而采取的监管措施。虽然这样来看待问题有它的一定道理,但是,金融危机史呈现出一幅更加微妙的图景。首先,金融危机并没有自动促成更多或者更加严厉的监管;大萧条后的情况恰恰是一种例外,而不是普遍规律。其次,政府干预和监管已经从20世纪30年代到70年代持续了将近半个世纪,是超越大萧条历史条件的产物。再者,美国与欧洲之间可能存在显著的差异。最后,监管放松也伴随着金融危机。

1890年的巴林银行危机是金融危机后没有采取任何监管措施的最显著例子。英格兰银行的防范性干预是一种屡试不爽的干预模式,而且在1973年二级银行危机、1982年国际债务危机和长期资本管理公司(Long Term Capital Management)破产案发生期间都采用过,但仅此而已,因为这些事件都没有引发恐慌,也没有引起任何担心重复发生的忧虑,而且英国有放任自流传统这个优势。相反,1907年的危机促成了美国银行业最重要的一部立法——联邦储备体系的创立。这场恐慌名副其实,再次发生的可能性极大,而且这次危机被归因于美国银行体系本身的缺陷。然而,当时美国虽然就创建中央银行的必要性达成了一致,但对于应该建立什么样的中央银行制度——集权还是分权,置于金融还是政治监管之下——这个问题仍存在很大的分歧。针对华尔街的敌对情绪在中西部银行家中仍然非常强烈,而解决的方法只能是妥协。

创立联邦储备体系的首要目标就是解决货币供给缺乏弹性和美国最后贷款人缺位的问题。联邦储备体系通过建立一种分权型监管架构来解决这些问题,它把全美分成12个监管区,并且在每个监管区设立一个位于区主要城市的联邦储备银行。联邦储备体系的会员银行必须是全国性银行,而不是州银行和信托公司。联邦储备银行有权对票据进行再贴现,像清算银行那样为会员银行提供服务,并且对它们进行监管。这个联邦储备体系统一由联邦储备委员会负责监管,联邦储备委员会设在华盛顿,由7个委员组成,负责在征得12个联邦储备银行同意后制定总体政策。那么,这些在1907年恐慌后进行的改革有多么成功呢？中央银行的创立无疑是一大飞跃,但是,美国由于历史和政治的原因而没能抓住所有的变革机会。联邦储备体系的创立并没有真正改变美国银行业的结构。一方面,美国并没有解决它意欲解决的全部问题,尤其是金字塔形的代理银行体系(在这个代理银行体系中,货币中心银行持有州银行的准备金,而这在危机时期被认为是一种不稳定因素)以及全国性银行与州银行的分离(因为很多州银行都没有成为联邦储备体系成员);另一方面,在当时和后来的观察家们看来,当时美国银行体系的主要问题是禁止分行制——一个政治敏锐性太强而不能碰的问题[White,1983;还请参阅卡洛米瑞斯(Calomiris,2000)]。1914年前的立法没能防范19世纪那样的银行业恐慌在20世纪30年代爆发。

"绝对不会再次发生"的情绪在第一次世界大战期间尤为强烈。第一次世界大战的确是一场"结束所有战争的战争",但是,无论20世纪20年代影响一些较小欧洲国家的银行业危机有多么强烈,这种情绪都没有真正扩展到这些危机。与银行业相关的立法措施虽然关系到金融和货币稳定,但主要并不是为了防范1914年8月恐慌死灰复燃的。结果,无论是外交还是金融都没能阻止另一次危机和另一场战争的爆发——《凡尔赛和约》和金本位制就是在这样的背景下订立和恢复的。

此外,大萧条是一场"结束一切危机的危机"。很多国家就是冲着这一点采取了一系列的监管措施,但没有一个国家比美国采取了更多的监管措施。美国在新政的架构下,针对其金融市场采取了一系列的激进措施(White,2000:764～769)。1933年,美国国会通过了两部法律,一部(《证券法》)是针对资本市场的,而另一部(《银行法》,但用这部法律的两名倡议者的姓氏命名的《格拉斯—斯蒂格尔法案》更加出名)则是针对银行的。前一部法律制定了许多旨在改善证券交易所证券发行和交易信息披露的条款,而后一部法律则明确规定商业银行业务(吸收存款和发放贷款)与投资银行业务(发行、承销和买卖证券)完全分离(包括这两种业务在母公司和子公司之间或者通过交叉持股或互派董事的方式进行的分离)。在实际中,商业银行舍弃了它们从事证券交易的子公司,而绝大多数私人银行选择经营投资银行业务。最大的例外是华尔街最著名的摩根银行(J. P. Morgan Co.)选择成为商业银行,这一决定导致这家公司的好几个合伙人辞职并创立了摩根士丹利公司(Morgan, Stanley & Co.)这家投资银行(Chernow, 1990)。《格拉斯—斯蒂格尔法案》还引入了每家联邦储备体系会员银行必须执行而其他银行可有条件选择执行的联邦存款保险制度。被保险银行机构根据其总资产的一定百分比,向负责支付破产银行存款人保险金的保险基金缴纳保费。在这部法律通过6个月后,全美有14 000家银行决定为其储户投保每个存款账户最高5 000美元的保额。另一个联邦条例——Q条例——规定了银行可支付的最高储蓄存款利率。其他法律完善了这部新政立法,特别是规定创设证券交易委员会的《1934年证券交易法》、规定投资公司治理准则的《1940年投资公司法》以及把货币政策管理权集中在联邦储备委员会华盛顿7个委员手中的旨在改革联邦储备体系的《1935年银行法》。

欧洲主要经济体,包括全能银行业设法存续下去的德国,金融监管都没有美国走得远。尽管如此,由于银行业与工业之间有着特别紧密的联系,金融监管的存废问题在以反资本主义的民粹主义、猖獗的反犹太主义以及政客们对银行权力的偏执性恐惧为标志的紧张气氛中经历了激烈的辩论。1934年12月在纳粹统治下颁布的《银行法》把危机归因于个别银行的经营不善,而不是银行体系的任何缺陷,从而加强了对银行的监管,并且引入了一些针对长期存款和公司监事会银行代表制的限制措施。虽然全能银行生存了下来,但德国政府大幅加强了对金融机构的监管,而非储蓄银行金融机构在经济中发挥的作用由于政府资助企业、储蓄银行扩张以及在一定程度上自动通过银行存款筹集资金弥补公共赤字等原因而有所减弱(James,1992:277~279)。① 法国的情况在1941年前一直没变。1941年,维希政府通过了一部法律,并且在1944年进行了补充和确认,该法旨在对之前向任何新来者开放的银行业进行控制和监管。自那以后,银行必须根据自己的业务种类进行注册登记。这部法律对投资银行和存款银行做了明确的区分,并且还根据业务或者客户认定了许多专业化机构,包括金融公司和贴现银行(Andrieu,1990:201~237)。而英国则回避了加强银行监管的趋势,很可能是因为30年代英国没有发生银行破产案,英国的金融体系比其他国家的金融体系更加专业化,而且英格兰银行为了确保金融体系正常运行而对它进行了有效的监管。在其他欧洲国家中,意大利和比利时选择了废除全能银行制度,而瑞士则选择保留全能银行制度。除规定了一些一般规则,并且把对银行体系的监管委托给一个独立委员会以外,

---

① 到了1958年,储蓄银行成了德国银行体系的主要构成部分,储蓄银行的资产占德国银行体系总资产的45%,而商业银行的资产则只占银行体系总资产的15%。

瑞士的1934年联邦银行法主要还是因为该法关于银行保密——一个无疑增强瑞士银行竞争优势的举措——问题的第47条而闻名于世(Guex,2000;Vogler,2001)。

除了美国以及意大利和比利时这几个例外之外,大萧条期间采取的金融监管措施看起来都比较温和,侵扰性较小。对于大部分欧洲国家来说,国家对银行业的干预既是萧条的结果,又是20世纪30年代甚至第二次世界大战经济和政治背景的产物。英国就是这方面的一个很好例子。英国从一种主要基于英格兰银行行长个人劝告的非正式金融监管开始,英格兰银行在第二次世界大战起就成为一家国有中央银行,但它的治理结构起初几乎一成未变;而清算银行依旧属于私人部门,但被置于财政部和英格兰银行严厉的控制之下——就如凯恩斯所说的那样,既因为它们没有被收归国有的必要,也因为它们实际上已经被收归国有。伦敦证券交易所不但受到当局的严厉监管,而且它的交易也受到了质疑——期权由于被认为具有高度投机性而在中断19年以后才于1958年5月获准重新引入交易所交易。实际上,伦敦证券交易所本身就是作为证券市场的监管者设立的,因此,谨慎和保守是它的应有之义(Michie,1999:326~422)。法国解放以后,大部分金融机构被置于国家控制之下。法兰西银行以及4家存款银行[1]和所有的大保险公司全部被收归国有,但投资银行仍留在私人手中。[2] 国家的控制最终毁了巴黎这个不但发行外国证

---

[1] 即里昂信贷银行(Crédit lionnais)、兴业银行(Société générale)、巴黎国家贴现银行(Comptoir national d'Escompte de Paris)和国家工商银行(Banque nationale pour le Commerce et l'Industrie)。

[2] 法国主要的投资银行是巴黎荷兰银行(Banque de Paris et des Pays-bas),又称巴黎巴银行(Paribas)。

券而且发行国内公司证券的资本市场。巴黎证券交易所变得相当萧条，在经历了国有化运动以后，交易证券市值蒸发了 2/3，而且经历了一次一直持续到 20 世纪 80 年代的"长期萧条"（Straus，1992；Feiertag，2005）。

  从大萧条中吸取的教训必须置于其适当的情境下来理解。在 20 世纪实行了 1/4 个世纪的金融监管是一个经历了两次世界大战蹂躏、重新划分国际界限、经济危机肆虐、政治动荡和意识形态转变的特殊历史时期——20 世纪"三十年战争"——的产物。其间发生了一次与世代交替结合在一起的意识形态转变，这种意识形态转变促进了国家干预和一种组织性更强的资本主义。即使在监管架构基本上都是在危机时期建立起来的美国，《格拉斯—斯蒂格尔法案》似乎也是意识形态色彩胜过实用性，并且植根于美国人本能地对已经被普尤调查委员会在 20 世纪初揭露的金融集中和金融权力具有的不信任（Smith and Sylla，1993）。具体而言，商业银行与投资银行分业经营并不是真正针对银行业危机主要成因的：1930～1933 年间倒闭的小银行大部分都是单一经营商业银行业务的银行。它们是由于经济萧条、自身脆弱和美联储救助失败而倒闭的，而纽约和一些大城市的大银行都有自己经营证券业务的子公司，因此得以在危机中生存了下来。虽然商业银行与投资银行之间存在利益冲突，但没有证据表明同时经营这两种业务的银行就一定会在它们承销和交易的证券上比专业化的投资银行冒更大的风险（Whiye，1986；Kroszner and Rajan，1994）。此外，存款保险制度的引入，换句话说，政府向存款人承诺保证银行将变得更加可靠，可以被证明是一个限制冒险的举措。

20世纪70年代初出现的金融不稳定并没有引发广泛的监管改革,而是催生了对很多金融活动更加严密的监管。在美国,外汇交易开始受到管制;联邦储备银行对向国外扩张的美国银行强制推行更加严厉的资本和流动性要求,而在美国营运的外国银行根据《1978年国际银行业务法案》(International Banking Act in 1978)被置于联邦控制之下。在德国,联邦当局规定了德国银行外汇交易限额;1976年,《赫斯塔特法》(Lex Herstatt)规定了按银行资本计算的贷款限额,并且扩大了联邦监管局和联邦银行(Bundesbank)的权力(Spero,1979:168~169)。在英国,由于危机更加严重,因此,英格兰银行加强了它的监管机构,并且赋予它更多的正式性。这一切都是依照《1979年银行法》施行的,该法给英格兰银行规定了更加严格的银行审批条件。就如玛格丽特·里德(Margaret Reid)这位非常受尊敬的财经记者当时评论指出的那样,"英格兰银行坚决要求银行界不应该因为流动性失调和短缺而再度冒险陷入危机的主张其实是有道理的"(Reid,1982:197)。每个国家的中央银行都扩大了审慎监管的特别权力(Spero,1979:153ss)。

但在大萧条过去了40年以后,国际社会强烈地感受到了对于国际金融监管的需要[关于这个主题,尤其请参阅亚历山大、杜梅尔和伊特韦尔(Alexander、Dhumale and Eatwell,2006);戴维斯和格林(Davies and Green,2008)]。在这方面迈出的第一步就是1974年12月成立了一个银行监管与监管实践常设委员会——后来被称为"巴塞尔委员会"。该委员会由10国集团央行行长加瑞士和卢森堡央行行长组成,并且把国际清算银行作为它的秘书处。该委员会第二年签署的《巴塞尔协议》(Basel Agreement)倡议,东道国和原籍国当局共同承担对银行国外业务的监管责任。巴塞尔委员会一直到发生另一场危机,也就是1982年的国际债务危机,才提出实用的监管建议。在美国于1983年通过《国际贷款监管法案》(International Lending Supervision Act)以后,巴塞尔委员会把自己的注意力转向了银行资本金充足问题,目的就在于为国际银行竞争创造一个公平的环境。《巴塞尔协议》——《巴塞尔协议Ⅰ》,更正式的名称是《统一资本计量与资本标准国际协议》(The International Convergence of Capital Measurements and Capital Standard)——于1988年通过并且于1992年付诸实施。依靠三个支柱——一是计量资本;二是权衡风险;三是已经与《巴塞尔协议Ⅰ》一起设定占风险加权资产8%的资本金比率。

其间,虽然某些形式的金融体系国际监管取得了一些进展,但是,自20世纪70年代末以来,包括1974年和1982年两次冲击期间,放松金融监管的问题被提上了各国国家层面的议事日程。放松金融监管是一种更加广泛的趋势——以玛格丽特·撒切尔于1979年在英国执政和里根政府于1981年在美国掌权为象征性标志的经济和社会新自由学派观点先是在盎格鲁撒克逊国家,然后在世界其他国家不断扩大其影响——的一个组成部分。无论政策和观点如何变化,但基本宗旨——小政府、大市场——在2007～2008年危机爆发之前并没有真正受到质疑。

变化始于美国,而且伴随着金融市场自由化。1975年5月1日,美国证券交易委员会废除了纽约证券交易所的固定佣金制,从而加剧了那里的竞争,导致很多规模较小的经纪行从市场上消失,并且促使最大的几家经纪行与已经有更多股本可用的投资银行一起改制成股份公司。伦敦城后来在 1986 年 10 月 27 日开始了"大爆炸"改革,这次改革也废除了伦敦证券交易所的固定佣金制以及该交易所特有的代客交易证券经纪人与证券批发经纪人之间的职能分离制。① 银行也被允许购买交易所会员资格(而这在以前一直是被禁止的),从而导致伦敦证券交易所的主要经纪公司几乎全部消失,而收购接管它们的是英国和外国投资银行和主要商业银行。巴黎也于 1992 年废除了股票经纪人的垄断权;而德国联邦银行虽然并不相信金融创新,但分别在 1984 和 1985 年允许发行存款凭证和浮动利率证券,而且还允许外国银行作为牵头行发行德国马克外国证券。

美国也放松了银行立法。1980 年,美国通过《存款机构放松监管与货币控制法案》(Depository Institutions Deregulation and Monetary Control Act)废除了 Q 条例;1982 年又通过《加恩—圣杰曼存款机构法案》(Garn-St Germain Depository Insitutions Act)放松了对在一场摧毁金融业的危机中问世的储蓄贷款协会的监管;1994 年,依照《里格尔—尼尔州际银行业务与效率法案》(Riegle-Neal Interstate Banking and Efficiency Act),银行可以在全美建立分支机构网络。1999 年,在美国通过《金融现代化法案》(Financial Modernisation Act)废除了 1933 年《格拉斯—斯蒂格尔法案》以后,放松金融

---

① 股票批发经纪人(jobber)是股票交易商,但不能向不准直接入市的公众直接买卖股票。公众必须通过代客买卖的股票经纪人(broker)进行股票交易,而代客交易经纪人则与股票批发经纪人议价买进或卖出股票并支付佣金。代客交易经纪人可以为自己进行股票投机,但不能为顾客进行股票投机。有关证券交易商的规定不允许这类经纪人卖出多于他们买进的股票。

业监管的趋势达到了登峰造极的地步,而商业银行和投资银行由于新的金融工具证明了金融界不同中介机构之间更高水平集中的合理性而重新合在一起混业经营。

放松监管也是通过1998～2001年间实施一系列所谓的"大爆炸"改革措施,对日本银行业危机做出的一种回应。这些改革措施主要拆除了银行业务、证券交易和保险业务分业经营的壁垒,解除了外汇交易管制,并且促使本国金融体系与国际接轨。然而,在金融体系监管机构的权力有所加强的同时,日本银行的自主权也得到了扩大。

在国际层面,面对不同的批评意见、金融市场变化以及20世纪90年代发生的几场危机,巴塞尔委员会于1998年着手制定了一个《统一资本计量和资本标准国际修正框架》(Revised Framework on International Convergence of Capital Measurement and Capital Standards),又称《巴塞尔协议Ⅱ》。尽管有越来越多的国家采用协议规定的标准,但是,这份协议仍要经过10国集团之间持续6年的复杂谈判才于2004年获得通过。[①]《巴塞尔协议Ⅱ》虽然规定了一种更加全面的风险加权和资本比率计算方法,但因过度依赖评级机构和银行内部风险控制模型而受到了诟病。具体而言,银行内部风险控制模型被认为是顺周期性的,因此有可能在经济衰退期间导致问题变得更加糟糕,而且所有的银行都以相同的方式行事,就会导致越来越大的流动性紧缺风险。2008年发生的危机似乎证明了这些质疑。

---

① 《巴塞尔协议Ⅱ》同样依靠三个支柱:首先是"最低资本要求"。这个支柱规定了一种更加全面的风险加权法;除了《巴塞尔协议Ⅰ》唯一关注的信用风险以外,还规定了担保运营风险和市场风险的资本。其次是"监管评审程序"。这个支柱主要规定了监管者和银行之间的关系以及监管者的扩展权利。最后是"市场纪律"。这个支柱规定向授权股东披露更多的有关资本和风险头寸的信息。

2007～2008年危机后的政策制定

当然,现在对2007～2008年危机认知以及危机期间采取的政策变革进行总结还为时尚早。然而,对之前7次全球性金融危机以及2008年9月以来发生的事件的剖析,已经显示了未来走势的某些可能方向。

与之前的经历相比,2007～2008年的危机是一场主要涉及金融的灾难,因此与20世纪30年代、70年代初或者90年代日本银行业危机这些只是更广泛的经济危机一部分的危机相比就更是如此;80年代初期的国际债务危机对于有关发达经济体而言也同样主要是一场金融危机,但与拉美和其他发展中国家的深层经济问题紧密地联系在了一起;而1890年发生的巴林银行危机也主要是一场金融危机。我们已经强调了2007～2008年危机的全球特性,而且还把注意力特别转向了自进入21世纪以来世界经济不平衡加剧导致的失稳效应以及对国际协调应对危机的需要,其中包括金融体系的全球监管——一个自20世纪70年代以来反复提到的主题——的需要。我们已经按危机的严重性主要与20世纪30年代的大萧条进行了比较,尽管采用的是一种相当不精确的方法。随着金融危机对实体经济的影响开始显现,人们的注意力就会转向衰退的性质、陷入萧条的风险、财政激励的作用以及摆脱危机的策略。

在笔者写本章时,21世纪初期的"大衰退"正在发展中,而对它的认知还在受新事件的影响,这里所说的新事件主要是指大多数欧盟国家正面对日益严重的预算赤字以及某些欧洲国家因主权债务风险而采取了紧缩计划。雷曼兄弟公司倒闭4年以后,我们主要可以做出三方面的评论。首先,历史上从来没有以这样一种扩展方式——长期、反复地占据政治议事日程——来讨论任何其他危机,虽然主题乏味,但媒体仍连续不断地报道;有那么多从高度学术研究到通俗读物的出版物问世,将来肯定会有新一代历史学家来反思这个现象。其次,"绝对不会再次发生"的情绪非常强烈,而且几乎是万众一致,特别是在金融危机发展到最严重的时候;而且,自第二次世界大战结束以来,1929年的幽灵比任何时候都更加生动地反复再现。第三,随着时间的流逝,推行彻底变革的决心被"一切必然会回归正常"——无论危机后采取的国家和国际层面的监管措施作用有多大——所消磨(European Systemic Risk Board, Frank-Dodd Act, Vickers Report, Basel Ⅲ)。

2007～2008年的金融灾难还没有严重到要对金融体系进行彻底变革的地步:金融灾难虽然严重,但得以避免,而经济衰退没有达到大萧条时的规模。这一点在很多方面可以用旷日持久的欧元危机以及爆发一次甚至更加严重的金融危机的风险正在逼近来解释。这么严重的一场金融危机无疑会导致一次金融体系的重大变革,但这场危机不可能是之前经历的重复——因为金融业务的复杂性、金融业的经济重要性、金融活动的全球特性所有这一切都是之前任何一场严重危机都不能望其项背的。但是,另一些因素也有可能导致政策变化。金融危机不应该与其他关键事件隔绝开来考虑。20世纪世界资本主义历史中出现过两个重要的转折点:一个出现在经济萧条和第二次世界大战期间，导致了显著的国家干预；另一个出现在20世纪70年代，并且在戏剧性远远较小的环境下导致了国家干预趋势的逆转。金融危机仅仅是经济、政治、社会文化和地缘政治变化浪潮的一个方面。一个相似规模的转折点的出现是有一些征兆的，主要是新的经济力量的崛起以及新自由学派模型已经达到其极限。

参考文献

Accominotti, O. (2012), 'London merchant banks, the central European panic, and the sterling crisis of 1931', *Journal of Economic History*, 72(1): 1–43.

Acheson, G. G., Hickson, C. R., and Turner, J. D. (2010), 'Does limited liability matter? Evidence from nineteenth-century British banking', *Review of Law and Economics*, 6: 247-273.

Acheson, G. G., Hickson, C. R., and Turner, J. D. (2011), 'Organizational flexibility and governance in a civil-law regime: Scottish partnership banks during the Industrial Revolution', *Business History*, 53: 505–529.

Acheson, G. G., and Turner, J. D. (2006), 'The impact of limited liability on ownership and control: Irish banking, 1877–1914', *Economic History Review*, 59: 320–346.

Acheson, G. G., and Turner, J. D. (2008a), 'The death blow to unlimited liability in Victorian Britain: The City of Glasgow failure', *Explorations in Economic History*, 45: 235–253.

Acheson, G. G., and Turner, J. D. (2008b), 'The secondary market for bank shares in nineteenth-century Britain', *Financial History Review*, 15: 123–152.

Acheson, G. G., and Turner, J. D. (2011a), 'Investor behaviour in a nascent capital market: Scottish bank shareholders in the nineteenth century', *Economic History Review*, 64: 188–213.

Acheson, G. G., and Turner, J. D. (2011b), 'Shareholder liability, risk aversion, and investment returns in nineteenth-century British banking', in D. R. Green, A. Owens, J. Maltby, and J. Rutterford (eds), *Men, Women, and Money: Perspectives on Gender, Wealth, and Investment 1850-1930*, Oxford: Oxford University Press: 207–277.

Admati, A. R., and Pfleiderer, P. (2010), 'Increased-liability equity: A proposal to improve capital regulation of large financial institutions', Stanford University Graduate School of Business Research Paper No. 2043.

Alborn, T. (1998), *Conceiving Companies: Joint-Stock Politics in Victorian England*, London: Routledge.

Aldcroft, D. H., and Fearon, P. (eds) (1972), *British Economic Fluctuations 1790–1939*, London: Macmillan.

Alderman, G. (1973), *The Railway Interest*, Leicester: Leicester University Press.

Alexander, K., Dhumale, R., and Eatwell, J. (2006), *Global Governance of Financial Systems: The International Regulation of Systemic Risk*, Oxford: Oxford University Press.

Ally, R. (1991), 'War and gold: The Bank of England, the London gold market and South Africa's gold, 1914–19', *Journal of Southern African Studies*, 17(2): 221–238.

Amyx, J. A. (2004), *Japan's Financial Crisis: Institutional Rigidity and Reluctant Change*, Princeton: Princeton University Press.

Andréadès, A. (1909), *History of the Bank of England*, London: P.S. King & Son.

Andrews, B. P. A. (1987), 'Exchange rate appreciation, competitiveness and export performance: the UK experience in the inter-war period', PhD thesis, University of Oxford.

Andrieu, C. (1990), *Les banques sous l'occupation: Paradoxes de l'histoire d'une profession*, Paris: Presses de la Fondation Nationale des Sciences.

Augar, P. (2000), *The Death of Gentlemanly Capitalism*, London: Penguin Books.

Bagehot, W. (1848), 'The currency problem', *Prospective Review*, 297–337, reprinted in N. S. J. Stevas (ed.), *The Collected Works of Walter Bagehot*, ix (1986), 15 vols. New York: Oxford University Press.

Bagehot, W. (1856), 'Unfettered banking', *Saturday Review*, 1 November 1856.

Bagehot, W. (1873), *Lombard Street: A Description of the Money Market*, London: King; New York: John Wiley and Sons, 1999 reprint.

Baker, M., and Collins, M. (1999), 'Financial crises and structural change in English commercial bank assets, 1860–1913', *Explorations in Economic History*, 36: 428–444.

Balderston, T. (1994), 'The banks and the Gold Standard in the German financial crisis of 1931', *Financial History Review*, 1(1): 43–68.

Balogh, T. (1947), *Studies in Financial Organization*, Cambridge: Cambridge University Press.

Bank of England (1961), 'Commercial Bills', *Bank of England Quarterly Bulletin*, 2 (4) (December): 26–31.

Bank of England (1971), Consultative document, 'Competition and credit control', 14 May 1971, reprinted in *Bank of England Quarterly Bulletin*, 11, (June 1971): 189–193.

Bank of England (1984), *The Development and Operation of Monetary Policy 1960–1983*, Oxford: Oxford University Press.

Banks, E. (1999), *Rise and Fall of the Merchant Banks*, London: Kogan Page.

Batchelor, R. A. (1986), 'The avoidance of catastrophe: Two nineteenth-century banking crises', in F. Capie and G. Wood (eds), *Financial Crisis and the World Banking System*. London: Macmillan, 41–76.

Batchelor, L. (2007), 'First-time buyers better off up North', *The Observer*, 9 September 2007. London.

Bean, C. R. (1981), 'An econometric model of manufacturing investment in the UK', *Economic Journal*, 91: 106–121.

Bell, G. (1858), *Commentaries on the Laws of Scotland*, 6th edition. Edinburgh: T. & T. Clark.

Bernanke, B. (1983), 'Nonmonetary effects of the financial crisis in the propagation of the Great Depression', *American Economic Review*, 73(3): 257–276.

Bernanke, B. (2000), *Essays on the Great Depression*, Princeton: Princeton University Press.

Bignon, V., Flandreau, M., and Ugolini, S. (2012), 'Bagehot for beginners: The making of lender-of-last-resort operations in the mid-nineteenth century', *Economic History Review*, 65(2): 580–608.

Bird, G. (1989), *Commercial Bank Lending and Third World Debt*, London: Macmillan.

Boot, H. M. (1984), *The Commercial Crisis of 1847*, Occasional Papers in Economic and Social History No. 11, Hull: Hull University Press.

Britton, A. (1986), *The Trade Cycle in Britain 1958–1982*, Cambridge: Cambridge University Press.

Broadberry, S. N., Campbell, B. M., Klein, A., Overton, M., and van Leeuwen, B. (2011), 'British economic growth, 1270–1870: An output-based approach', Department of Economic History, London School of Economics (18 December).

Broadberry, S. N., and van Leeuwen, B. (2010), 'British economic growth and the business cycle 1700–1870 annual estimates', Department of Economics, University of Warwick.

Bryer, R. A. (2003), 'Accounting for the "railway mania" of 1845—a great railway swindle?' *Accounting, Organisations and Society,* 16(5/6): 439–486.

Burk, K. (1989), *Morgan Grenfell 1838–1988,* Oxford: Oxford University Press.

Cairncross, A. K. (1953), *Home and Foreign Investment, 1870–1913: Studies in Capital Accumulation,* Cambridge: Cambridge University Press.

Calomiris, C. W. (2000), *U.S. Bank Deregulation in Historical Perspective,* Cambridge: Cambridge University Press.

Calomiris, C. W. (2011), 'Banking crises and the rules of the game', in G. Wood, T. C. Mills, and N. Crafts (eds), *Monetary and Banking History: Essays in Honour of Forrest Capie,* London: Routledge, 88–132.

Calomiris, C. W., and Kahn, C. M. (1991), 'The role of demandable debt in structuring optimal banking arrangements', *American Economic Review,* 81: 497–513.

Calvo, G. A. (1998), 'Capital flows and capital-market crises: the simple economics of sudden stops', *Journal of Applied Economics,* 1(1): 35–54.

Cameron, R. (1967), *Banking in the Early Stages of Industrialization: A Study in Comparative Economic History,* New York: Oxford University Press.

Capie, F. (1995), 'Commercial banking in Britain between the wars' in C. H. Feinstein (ed.) *Banking, Currency, and Finance in Europe between the Wars,* Oxford: Clarendon Press, 395–413.

Capie, F. (2002), 'The emergence of the Bank of England as a mature central bank', in D. Winch and P. K. O'Brien (eds) *The Political Economy of British Historical Experience 1688–1914,* Oxford: Oxford University Press, 295–315.

Capie, F. (2004), 'Money and economic development in eighteenth-century England', in L. Prados (ed.) *Exceptionalism and Industrialisation: Britain and its European Rivals, 1688–1815,* Cambridge: Cambridge University Press, 216–234.

Capie, F. (2010), *The Bank of England: 1950s to 1979,* Cambridge and New York: Cambridge University Press.

Capie, F., Goodhart, C. A. E., Fischer, S., and Schnadt, N. (1994), *The Future of Central Banking,* Cambridge: Cambridge University Press.

Capie, F., and Webber, A. (1985), *A Monetary History of the United Kingdom, 1870 to 1982,* London: Allen and Unwin.

Carr, J. L., and Mathewson, G. F. (1988), 'Unlimited liability as a barrier to entry', *Journal of Political Economy,* 96: 766–784.

Cassis, Y. (2011), *Crises and Opportunities: The Shaping of Modern Finance,* Oxford: Oxford University Press.

Casson, M. (2009a), 'The efficiency of the Victorian British railway network: A counterfactual analysis', *Networks and Spatial Economics,* 9: 339–378.

Casson, M. (2009b), *The World's First Railway System: Enterprise, Competition, and Regulation on the Railway Network in Victorian Britain,* Oxford: Oxford University Press.

Chamberlain, Sir Austen. (1935), *Down the Years*, London: Cassell.
Chapman, S. (1984), *The Rise of Merchant Banking*, London: Allen and Unwin.
Chatziioannou, M-C., and Harlaftis, G. (2007), 'From the Levant to the City of London: Mercantile credit in the Greek international commercial networks of the 18th and 19th Centuries', in P. L. Cottrell, E. Lange, and U. Olsson (eds) *Centres and Peripheries in Banking: The Historical Development of Financial Markets*, Aldershot: Ashgate, 13–40.
Checkland, S. (1975), *Scottish Banking: A History, 1695–1973*, Glasgow: Collins.
Chernow, R. (1990), *The House of Morgan*, London.
Clapham, J. (1966), *The Bank of England: A History, ii: 1797–1914*, Cambridge: Cambridge University Press.
Clarke, S. V. O. (1967), *Central Bank Co-operation, 1924–1931*, New York: Federal Reserve Bank.
Clay, Sir Henry, (1957), *Lord Norman*, London: Macmillan.
Clay, W. (1837), Speech of William Clay, Esq., M. P., *Moving for the Appointment of a Committee to Inquire into the Operation of the Act Permitting the Establishment of Joint-stock Banks*, London: J. Ridgway.
Cleary, E. J. (1965), *The Building Society Movement*, London: Elek Books.
Cleveland-Stevens, E. C. (1883), *English Railways: Their Development and their Relation to the State*, London: Routledge.
Collins, M. (1988), 'English banks and business cycles, 1848–89' in P. L. Cottrell and D.E. Moggridge (eds) *Money and Power*, London: Macmillan.
Collins, M. (1989), 'The banking crisis of 1878', *Economic History Review*, 42: 504–527.
Collins, M. (1990), *Money and Banking in the UK: A History*, London: Routledge.
Conti-Brown, P. (2011), 'Unlimited shareholder liability for systematically important financial institutions', Stanford University: Rock Center for Corporate Governance Working Paper.
Cottrell, P. L. (1988), 'Credit, morals and sunspots: The financial boom of the 1860s and trade cycle theory', in P. L. Cottrell and D. E. Moggridge (eds) *Money and Power*, London: Macmillan.
Cottrell, P. L. (2003), 'The financial system of the United Kingdom in the twentieth century', in L. De Rosa (ed.) *International Banking and Financial Systems: Evolution and Stability*, Aldershot: Ashgate.
Crafts, N. F. R., and Fearon, P. (2010), 'Lessons from the 1930s Great Depression', *Oxford Review of Economic Policy*, 26: 285–317.
Crick, W. F., and Wadsworth, J. E. (1936), *A Hundred Years of Joint Stock Banking*, London: Hodder and Stoughton.
Dale, R., Johnson, J. E. V., and Tang, L. (2005), 'Financial Markets can go mad: Evidence of irrational behaviour during the South Sea Bubble', *Economic History Review*, 58(2): 233–271.
Davies, A. (2012), 'The evolution of British monetarism: 1968–1979', Discussion Paper in Economic and Social History, no. 104, University of Oxford.
Davies, H., and Green, D. (2008), *Global Financial Regulation: The Essential Guide*, Cambridge: Polity Press.
Deane, P. (1968), 'New estimates of gross national product for the United Kingdom, 1830–1870', *Review of Income and Wealth Series*, 14: 95–112.

Deane, P. (1979), *The First Industrial Revolution*. 2nd edition, Cambridge: Cambridge University Press.

Devlin, R. (1989), *Debt and Crisis in Latin America: The Supply Side of the Story*, Princeton: Princeton University Press.

Dimsdale, N. H. (1981), 'British monetary policy and the exchange rate, 1920–1938', *Oxford Economic Papers*, 33: 306–349.

Dimsdale, N. H. (1990), 'Money, interest and cycles in Britain since 1830', *Greek Economic Review Supplement*, Autumn, 12: 153–196.

Dimsdale, N. H., and Horsewood, N. (1995), 'Fiscal policy and employment in interwar Britain: Some evidence from a new model', *Oxford Economic Papers*, 47: 369–396.

Dimsdale, N. H., Horsewood, N., and van Riel, A. (2006), 'Unemployment in interwar Germany: An analysis of the Labor Market, 1927–1936', *Journal of Economic History*, 66, 3: 778–808.

Dimsdale, N. H., Nickell, S. J., and Horsewood, N. (1989), 'Real wages and unemployment in Britain during the 1930s', *Economic Journal*, 99: 271–292.

Dornbusch, R., and Frenkel, J. A. (1984), 'The Gold Standard and the Bank of England in the Crisis of 1847', in M. D. Bordo and A. J. Schwartz (eds) *A Retrospective on the Classical Gold Standard, 1821–1931*, Chicago: University of Chicago Press.

Drees, B., and Pazarbasioglu, C. (1998), *The Nordic Banking Crises: Pitfalls in Financial Liberalization?* Washington DC: International Monetary Fund.

Duca, J. V., Muellbauer, J., and Murphy, A. (2010), 'Housing markets and the financial crisis of 2007–2009: Lessons for the future', *Journal of Financial Stability*, 6(4): 203–217.

Dun, J. (1876), 'The banking institutions, bullion reserves, and non-legal-tender note circulation of the United Kingdom statistically investigated', *Journal of the Statistical Society*, 39: 1–189.

Eichengreen, B. (1992), *Golden Fetters: The Gold Standard and the Great Depression 1919–1939*, Oxford: Oxford University Press.

Eichengreen, B., and Jeanne, O. (2000), 'Currency crisis and unemployment: Sterling in 1931', in P. Krugman (ed.) *Currency Crises*, Chicago: National Bureau of Economic Research.

Eichengreen, B., and Temin, P. (2000), 'The Gold Standard and the Great Depression', *Contemporary European History*, 9(2): 183–207.

England, C. (1988), 'Agency costs and unregulated banks: Could depositors protect themselves?' *Cato Journal*, 7: 771–797.

Esty, B. C. (1998), 'The impact of contingent liability on commercial bank risk taking', *Journal of Financial Economics*, 47: 189–218.

Evans, D. M. (1849), *The Commercial Crisis, 1847–1848*, London: Letts, Son and Steer; 1970 facsimile reprint of 2nd edition, Devon: David & Charles.

Feavearyear, A. E. (1963), *The Pound Sterling: A History of English Money*, 2nd edition revised by E. V. Morgan, Oxford: Oxford University Press.

Feiertag, O. (2005), 'The international opening-up of the Paris Bourse: Overdraft-economy curbs and market dynamics', in E. Bussière and Y. Cassis (eds) *London and Paris as International Financial Centres in the Twentieth Century*, Oxford: Oxford University Press, 229–246.

Feinstein, C. H. (1965), *Domestic Capital Formation in the United Kingdom, 1920–1938*, Cambridge: Cambridge University Press.

Feinstein, C. H. (1972), *National Income, Expenditure and Output of the United Kingdom: 1855–1965*, Cambridge: Cambridge University Press.

Fernandez-Corugedo, E., and Muellbauer, J. (2006), 'Consumer credit conditions in the United Kingdom', Discussion Paper, London: Centre for Banking Studies, Bank of England, and Nuffield College, Oxford.

Fetter, F. W. (1965), *Development of British Monetary Orthodoxy 1797–1875*, Cambridge, Massachusetts: Harvard University Press.

Fforde, J. (1970), 'Banking system (and credit control)'. Typescript memorandum, 24 December 1970, Bank of England.

Financial Services Authority (2009), *The Turner Review: A Regulatory Response to the Global Banking Crisis*, (March).

Flandreau, M., and Flores, J. (2009), 'Bonds and brands: Foundations of sovereign debt markets, 1820–1830', *Journal of Economic History*, 69(3): 646–684.

Flandreau, M., and Ugolini, S. (2013), 'Where it all began: Lending of last resort at the Bank of England during the Overend-Gurney panic of 1866', in M. D. Bordo and W. Roberds (eds) *The Origins, History, and Future of the Federal Reserve: A Return to Jekyll Island*, Cambridge: Cambridge University Press, 113–161.

Flannery, M. J. (2009), 'Stabilizing large financial institutions with contingent capital certificates', SSRN working paper available online at: <http://ssrn.com/abstract=1485689>.

Francis, J. (1851), *A History of the English Railway*, London: Longman, Brown, Green & Longmans.

Fraser, S. (2005), *Wall Street: A Cultural History*, London: Faber and Faber.

Garber, P. M. (2001), *Famous First Bubbles: The Fundamentals of Early Manias*, Cambridge, Massachusetts: MIT Press.

Gayer, A. D., Rostow, W. W., and Schwartz, A. J. (1953), *The Growth and Fluctuation of the British Economy, 1790–1850*, Oxford: Oxford University Press.

Gelpern, A. (2009), 'Financial crisis containment', *Connecticut Law Review*, 41(5): 493–548.

Giannini, C. (1999), *'Enemy of None but a Common Friend of All?' An International Perspective on the Lender-of-Last-Resort Function*, Princeton: Princeton University.

Gilbart, J. W. (1837), *The History and Principles of Banking*, 3rd edition. London: Longmans.

Gillett Brothers (1964), *The Bill on London*, London: Chapman Hall.

Goodhart, C. A. E. (1972), *The Business of Banking, 1891–1914*. London: Weidenfeld & Nicolson.

Goodhart, C. A. E. (1989), 'The conduct of monetary policy', *Economic Journal*, 99: 293–346.

Gorton, G. B. (2008), 'The panic of 2007', *FRB Kansas City*, Jackson Hole Conference (25 August).

Gorton, G. B. (2009), 'Information, liquidity, and the (ongoing) panic of 2007', *American Economic Review*, Papers & Proceedings, 99, 2.

Gorton, G. B., and Metrick, A. (2010), 'Securitised banking and the run on repo', Yale ICF Working Paper, 09–14 (9 November 2010).

Griffiths, B. (1973), 'The development of restrictive practices in the UK monetary system', *Manchester School*, 41: 3–18.

Grossman, R. S. (1994), 'The shoe that didn't drop: Explaining banking stability during the Great Depression', *Journal of Economic History*, 54(3): 654–682.

Grossman, R. S. (2001), 'Double liability and bank risk-taking', *Journal of Money, Credit and Banking*, 33: 143–159.

Grossman, R. S. (2010), *Unsettled Account: The Evolution of Banking in the Industrialized World since 1800*, Princeton: Princeton University Press.

Guex, S. (2000), 'The origins of the Swiss banking secrecy law and its repercussions for Swiss federal policy', *Business History Review*, 74: 237–266.

Haldane, A. G., and Alessandri, P. (2009), 'Banking on the State', originally presented at Federal Reserve Bank of Chicago (25 September). Available online at <http://www.bankofengland.co.uk/archive/Documents/historicpubs/speeches/2009/speech409.pdf> accessed 11 April 2014.

Hawtrey, R. G. (1919), *Currency and Credit*, London: Longmans.

Hendry, D. F. (1983), 'Econometric modelling: The consumption function in retrospect', *Scottish Journal of Political Economy*, 39: 193–220.

Herring, R. J., and Wachter, S. (1999), 'Real estate booms and banking busts: An international perspective', Financial Institutions Centre, 99-27, The Wharton School, University of Pennsylvania.

Hickson, C. R., and Turner, J. D. (2003), 'Trading in the shares of unlimited liability banks in nineteenth-century Ireland: The Bagehot hypothesis', *Journal of Economic History*, 63: 931–958.

Hickson, C. R., and Turner, J. D. (2004), 'Free banking and the stability of early joint stock banking', *Cambridge Journal of Economics*, 28: 903–919.

Hickson, C. R., and Turner, J. D. (2005), 'The genesis of corporate governance: Nineteenth-century Irish joint-stock banks', *Business History*, 47: 174–189.

Higonnet, R. P. (1957), 'Bank deposits in the United Kingdom, 1870–1914', *Quarterly Journal of Economics*, 71(3): 329–367.

Hills, S., Thomas, R., and Dimsdale, N. (2010), 'The UK recession in context—what do three centuries of data tell us?' *Bank of England Quarterly Bulletin*, 50 (4): 277–291.

Holgate, H. C. F. (1938), 'Loans, overdrafts and deposits', *Bankers' Magazine*, (November): 739–743.

Holmes, A. R., and Green, E. (1986), *Midland: 150 Years of Banking Business*, London: BT Batsford Ltd.

Honkaphoja, S. (2009), 'The 1990's Financial Crises in Nordic Countries', Discussion paper 5/2009, Bank of Finland, Helsinki.

Honohan, P., and Laeven, L. (eds) (2005), *Systemic Financial Crises: Containment and Resolution*, Cambridge: Cambridge University Press.

Horne, H. O. (1947), *A History of Savings Banks*, London and New York: Oxford University Press.

House of Commons (1875), *Report from the Select Committee on Loans to Foreign States: Together with the Proceedings of the Committee*, Minutes of Evidence, Appendix, and Index.

Howson, S. K. (1975), *Domestic Monetary Management in Britain, 1919–1938*, Cambridge: Cambridge University Press.

Howson, S. K. (1980), *Sterling's Managed Float: The Operation of the Exchange Equalisation Account, 1932–1939*, Princeton: Princeton University Press.

Hughes, J. R. T. (1960), *Fluctuations in Trade, Industry and Finance: A Study of British Economic Development, 1850–1860*, Oxford: Oxford University Press.

Jackson, P. (1996), 'Deposit protection and bank failures in the United Kingdom', *Bank of England Financial Stability Review*, Autumn.

James, H. (1992), 'Banks and bankers in the German interwar depression', in Y. Cassis (ed.), *Finance and Financiers in European History, 1880–1960*, Cambridge: Cambridge University Press, 263–281.

Janeway, W. H. (1995–6), 'The 1931 sterling crisis and the independence of the Bank of England', *Journal of Post Keynesian Economics*, 18: 311–325.

Jensen, M. C., and Meckling, W. (1976), 'Theory of the firm: Managerial behaviour, agency costs and capital structure', *Journal of Financial Economics*, 3: 305–360.

Jones, T. (1951), *Lloyd George*, London: Oxford University Press.

Jonker, J., and van Zenden, J. L. (1995), 'Methods in the madness? Banking crises between the Wars: An international comparison', in C.H. Feinstein (ed.), *Banking, Currency, and Finance in Europe between the Wars*, Oxford: Clarendon Press.

Jonung, L., Kiander, J., et al. (2009), *The Great Financial Crisis in Finland and Sweden: The Nordic Experience of Financial Liberalization*, Cheltenham: Edward Elgar.

Juglar, C. (1889), *Des crises commerciales et de leur retour périodique en France, en Angleterre et aux États-Unis*, 2nd edition. Paris: Guillaumin.

Kaul, C. (2004–10), 'Montagu, Edwin Samuel (1879–1924)', *Oxford Dictionary of National Biography*, Oxford: Oxford University Press.

Kerr, A. W. (1884), *History of Banking in Scotland*, London: Adam and Charles Black.

Keynes, J. M. (1914), 'War and the financial system, August 1914', *Economic Journal*, 24 (September).

Keynes, J. M. (1925), 'The economic consequences of Mr Churchill', *Collected Writings of J. M .Keynes*, ix: *Essays in Persuasion*, London: Macmillan, 1972.

Keynes, J. M. (1929), 'Can Lloyd George do it?' *Collected Writings of J. M .Keynes*, ix: *Essays in Persuasion*, London: Macmillan, 1972.

Kindleberger, C. P. (1978), *Manias, Panics and Crashes: A History of Financial Crises*, London: Macmillan.

Kindleberger, C. P. (2000), *Manias, Panics and Crashes: A History of Financial Crises*, 4th edition. New York: John Wiley and Sons.

Kindleberger, C. P., and Aliber, R. Z. (2011), *Manias, Panics, and Crashes: A History of Financial Crises*, Basingstoke: Palgrave Macmillan.

King, W. T. C. (1935), 'The extent of the London discount market in the middle of the nineteenth century', *Economica* (New Series), 2(7): 321–326.

King, W. T. C. (1936), *A History of the London Discount Market*, London: Cass.

Kirkaldy, A. W. (1921), *British Finance During and After the War, 1914–1921*. London: Pitman.

Kostal, R. W. (1994), *Law and English Railway Capitalism*, Oxford: Oxford University Press.

Kremer, D. (2012), 'Market liberalism and the state: Corporate capture, corruption, and influence under the UK's Private Finance Initiative, c.1992-2012', MSc thesis, University of Oxford.

Kroszner, R. S., and Rajan, R. G. (1994), 'Is the Glass-Steagall Act justified? A study of the U.S. experience with universal banking before 1933', *American Economic Review*, 84(4): 810–832.

Krugman, P. (1979), 'A model of balance of payments crises', *Journal of Money Credit and Banking*, 11: 311–325.

Kynaston, D. (1999), *The City of London*, iii: *Illusions of Gold, 1914–1945*, London: Chatto and Windus.

Lawson, W. R. (1915), *British War Finance, 1914–1915*, London: Constable.

Layard, P. R. G., Nickell, S. J., and Jackman, R. (1991), *Unemployment: Macroeconomic Performance and the Labour Market*, Oxford: Oxford University Press.

Leaf, W. (1935), *Banking*, London: Butterworth.

Leamer, E. E. (2007), 'Housing is the business cycle', Cambridge, Mass.: National Bureau of Economic Research Working Paper Series 13428.

Levi, L. (1880), 'The reconstruction of joint stock banks on the principle of limited liability', *Bankers' Magazine*, 40: 468–479.

Lewin, H. G. (1936), *The Railway Mania and its Aftermath, 1845–1852*, London: The Railway Gazette.

Livingston, J. (1986), *The Origins of the Federal Reserve System: Money, Class and Corporate Capitalism, 1890–1913*, Ithaca and London: Cornell University Press.

Lloyd George, D. (1938), *War Memoirs of David Lloyd George*, I, London: Odhams.

London and Cambridge Economic Service (1971), *The British Economy 1900–1970: Key Statistics*, London: Times Newspapers.

Macey, J. R., and Miller, G. P. (1992), 'Double liability of bank shareholders: History and implications', *Wake Forest Law Review*, 27: 31–62.

Macleod, H. D. (1891), *The Theory of Credit*, II: pt. 2, London: Longmans.

Macmillan Committee (1931), *Committee on Finance and Industry*, Cmd 3897, London: HMSO.

Mahate, A. A. (1994), 'Contagion effects of three late nineteenth-century British bank failures', *Business and Economic History*, 23(1): 102–115.

Marichal, C. (1989), *A Century of Debt Crises in Latin America: From Independence to the Great Depression, 1820–1930*, Princeton: Princeton University Press.

Matthews, K. G. P. (1986), 'Was sterling overvalued in 1925?' *Economic History Review*, 39: 572–587.

Matthews, R. C. O. (1954), *A Study in Trade Cycle History*, Cambridge: Cambridge University Press.

Matthews, R. C. O. (1972), 'The trade cycle in Britain 1790–1850', reprinted in D. H. Aldcroft and P. Fearon (eds) *British Economic Fluctuations, 1790–1939*. London: Macmillan.

Matthews, R. C. O., Feinstein, C. H., and Odling Smee, J. C. (1982), *British Economic Growth: 1856–1973*, Oxford: Oxford University Press.

Matthews, W. R. (1969), *Memories and Meanings*, London: Hodder & Stoughton.

May Committee (1931), Report of Committee on National Expenditure, Cmd 3920, London: HMSO.

McCartney, S., and Arnold, A. J. (2003), 'The railway mania of 1845–1847: Market irrationality or collusive swindle based on accounting distortions?' *Accounting, Auditing and Accountability Journal*, 16(5): 821–852.

Michie, R. C. (2007), 'The City of London as a global financial centre, 1880–1939: Finance, foreign exchange, and the First World War', in P.L. Cottrell, E. Lange, and U. Olsson (eds), *Centres and Peripheries in Banking*, Aldershot: Ashgate.

Michie, R. C. (1999), *The London Stock Exchange: A History*, Oxford: Oxford University Press.

Middleton, R. (2004–10), 'Sir George Paish (1867–1957)', *Oxford Dictionary of National Biography*, Oxford: Oxford University Press.

Middleton, R. (2010), 'British monetary and fiscal policy', *Oxford Review of Economic Policy*, 26: 414–441.

Minsky, H. P. (2008), *Stabilizing an Unstable Economy*, 2nd edition. New York: Macmillan.

Mitchell, B. R. (1964), 'The coming of the railway and United Kingdom economic growth', *Journal of Economic History*, 24(3): 315–336.

Mitchell, B. R. (1988), *British Historical Statistics*, Cambridge: Cambridge University Press.

Mitchell, B. R. (2003), *International Historical Statistics: Europe 1750–2000*, London: Palgrave Macmillan.

Moggridge, D. E. (1972), *British Monetary Policy 1924–1931: The Norman Conquest of $4.86*, Cambridge: Cambridge University Press.

Morgan, E. V. (1952), *Studies in British Financial Policy, 1914–1925*, London: Macmillan.

Morris, S., and Shin, H. S. (1998), 'Unique equilibrium in a model of self-fulfilling currency attacks', *American Economic Review*, 88: 587–597.

Munn, C. W. (1981), *The Scottish Provincial Banking Companies, 1747–1864*, Edinburgh: John Donald.

National Housing Federation (2012), 'House prices rise three times as much as incomes over ten years', available online at: <http://www.housing.org.uk/media/news/house_prices_rise_three_times.aspx>, accessed 17 August 2012.

National Monetary Commission (1910), Interviews on the banking and currency systems of England, France, Germany, Switzerland, and Italy, under the direction of the Hon. Nelson W. Aldrich, chairman, Washington, National Monetary Commission, 61st Congress, 2nd session, Senate Doc. No. 405.

Neal, L. (1998), 'The financial crisis of 1825 and the restructuring of the British financial system', *Bank of St Louis Economic Review*, 80 (May/June): 53–76.

Nishimura, S. (1971), *The Decline of Inland Bills in the London Money Market, 1855–1913*, Cambridge: Cambridge University Press.

Norman, B., Shaw, R., and Speight, G. (2011), 'The history of interbank settlement arrangements: Exploring central banks' role in the payment system', Bank of England Working Paper 412.

O'Brien, D. P., and Creedy, J. (2010), *Darwin's Clever Neighbour: George Wade Norman and His Circle*, Cheltenham: Edward Elgar.

Offer, A. (1981), *Property and Politics, 1870–1914: Landownership, Law, Ideology and Urban Development in England*, Cambridge: Cambridge University Press.

Offer, A. (1983), 'Empire and social reform: British overseas investment and domestic politics, 1908–1914', *Historical Journal*, 26: 119–138.

Offer, A. (2006), *The Challenge of Affluence: Self-Control and Well-Being in the United States and Britain since 1950*, Oxford: Oxford University Press.

Offer, A. (2008), 'British manual workers: From producers to consumers, c.1950–2000', *Contemporary British History*, 22(4): 538–571.

Offer, A. (2012), 'The economy of obligation: Incomplete contracts and the cost of the welfare state', Discussion Paper in Economic and Social History, No. 103, University of Oxford.

Offer, A. (2014), 'Consumption and affluence', in R. Floud, J. Humphries, and P. Johnson (eds) *Cambridge Economic History of Modern Britain*, II: ch. 8, Cambridge: Cambridge University Press.

ONS (Office for National Statistics) (2013), *Quarterly National Accounts Time Series Dataset Q1 2013*, 16 July 2013 update, available: <http://www.ons.gov.uk/ons/rel/naa2/quarterly-national-accounts/q1-2013/tsd-quarterly-national-accounts–q1-2013.html> accessed 26 July 2013.

Ogden, T. (1991), 'An analysis of Bank of England discount and advances behaviour, 1870–1914', in J. Foreman-Peck (ed.) *New Perspectives on the Late Victorian Economy*, Cambridge: Cambridge University Press, 305–343.

Orbell, J., and Turton, A. (2001), *British Banking: A Guide to Historical Records*, Aldershot: Ashgate.

Pagan, A. R. (2003), 'Report on modelling and forecasting at the Bank of England', *Bank of England Quarterly Bulletin*, 43(1): 60–88.

Parliamentary Papers (1844, I). Bank of England Charter. A bill [as amended by the Committee] to Regulate the Issue of Bank Notes, and for giving to the Governor and Company of the Bank of England Certain Privileges for a Limited Period.

Parliamentary Papers (1844, IV). Railways. A bill to attach certain conditions to the construction of future railways, authorized or to be authorized by any act of the present or succeeding sessions of Parliament, and for other purposes in relation to railways.

Parliamentary Papers (1844, IV: 435). Railways. A bill (as amended by the Committee) to Attach Certain Conditions to the Construction of Future Railways, Authorized or to be Authorized by any Act of the Present or Succeeding Sessions of Parliament, and for other Purposes in Relation to Railways.

Parliamentary Papers (1844, XI: 5). Third report from the Select Committee on railways.

Parliamentary Papers (1844, XI: 6). Fifth report from the Select Committee on railways; together with the minutes of evidence, appendix and index.

Parliamentary Papers (1845, XXXIX). Railways. A return of the railway bills and projects, classified in their groups, which have been considered by the committees to whom they were referred; and whether such railway bills and projects were recommended or rejected by the said committees; the names of the members selected; and the number of days that the committee on each group has sat.

Parliamentary Papers (1846, I: 423). Corn importation. A bill to amend the laws relating to the importation of corn.

Parliamentary Papers (1847, I: 205). Corn, &c., importation. A bill to suspend, for a time to be limited, the duties on the importation of corn, maize, rice, grain, meal, flour, biscuit, and certain other similar articles.

Parliamentary Papers (1847–1848, VIII, Pt. I). Reports from the Secret Committee on Commercial Distress; with an Index.

Parliamentary Papers (1847–1848, VIII, Pt. II). Second report from the Secret Committee on Commercial Distress; with the minutes of evidence.

Parliamentary Papers (1847–1848, VIII, Pt. III). Report from the Secret Committee of the House of Lords appointed to inquire into the causes of the distress which has for some time prevailed among the commercial classes, and how far it has been affected by the laws for regulating the issue of bank notes payable on demand. Together with the minutes of evidence, and an appendix.

Parliamentary Papers (1847–1848, LXIII: 25). Railways. Return of the railway companies who have made application to the Commissioners of Railways under the 1st section of the act 11 Vict. c. 3, for an extension of the periods limited by their acts for the purchase of lands, or the completion of works, &c.

Parliamentary Papers (1850, XXXIII: 202–211). Bank of England, &c. Account of the Notes, Securities, Bullion, &c. of the Bank of England, as Published Weekly in the Gazette; and the Monthly Average Aggregate Amount of Promissory Notes, Payable to Bearer on Demand, in Circulation in the United Kingdom, from January 1846 to June 1849.

Parliamentary Papers (1852–53, LVII: 328–335). Bullion, &c. Account of the Notes, Securities, Bullion, &c. of the Bank of England, as Published Weekly in the Gazette; the Quarterly Averages of the Weekly Liabilities and Assets of the Bank of England; and the Monthly Average Aggregate Amount of Promissory notes, from January 1849 to June 1853.

Parliamentary Papers (1857, X). Report from the Select Committee on Bank Acts; together with the proceedings of the committee, minutes of evidence, appendix and index. Part I. Report and evidence.

Patterson, R. H. (1870), 'On our home monetary drains, and the crisis of 1866', *Journal of the Statistical Society of London*, 33(2): 216–242.

Peters, J. (1993), 'The British government and the City-Industry divide: The case of the 1914 financial crisis', *Twentieth Century British History*, 4(2): 142–147.

Plumptre, C. C. M. (1882), *Grant's Treatise on the Law Relating to Bankers and Banking Companies*, London: Butterworths.

Pressnell, L. (1956), *Country Banking in the Industrial Revolution*, Oxford: Clarendon Press.

Pressnell, L. S. (1968), 'Gold flows, banking reserves, and the Baring Crisis of 1890', in C. R. Whittlesey and J. S. G. Wilson (eds) *Essays in Money and Banking in Honour of R. S. Sayers*, Oxford: Oxford University Press.

Radcliffe Committee (1959), *Committee on the Working of the Monetary System*, Cmnd 827, London: HMSO.

Rae, G. (1885), *The Country Banker: His Clients, Cares and Work*, London: John Murray.

Railway Investment Guide (1845), *The Railway Investment Guide: How to Make Money in Railway Shares: A Series of Hints and Advice to Parties Speculating*, London: G. Mann.

Rawlinson, K. (2011), 'Families now spend half their income on rent', *The Independent*. 19 October 2011. London.

Redmond, J. (1980), 'An indicator of the effective exchange rate of the pound in the 1930s', *Economic History Review*, 33: 83–91.
Redmond, J. (1984), 'The sterling overvaluation in 1925: a multilateral approach', *Economic History Review*, 37: 520–532.
Reid, M. (1982), *The Secondary Banking Crisis, 1973–1975: Its Causes and Course*, London: Macmillan.
Reinhart, C. M., and Rogoff, K. S. (2009), *This Time Is Different: Eight Centuries of Financial Folly*, Princeton: Princeton University Press.
Richardson, H. W. (1967), *Economic Recovery in Britain 1932–1939*, London: Weidenfeld and Nicolson.
Roberts, R. (1992), *Schroders: Merchants and Bankers*, Basingstoke and London: Macmillan.
Romer, C. D. (1990), 'The Great Crash and the Onset of the Great Depression', *Quarterly Journal of Economics*, 105(3): 597–624.
Samuelson, P. A., and Samuelson, W. (1980), *Economics*, New York: McGraw-Hill.
Samy, L. (2010), 'The building society promise: the accessibility, risk, and efficiency of building societies in England, c.1880–1939', DPhil thesis, University of Oxford.
Sayers, R. S. (1967), *Modern Banking*, Oxford: Clarendon Press.
Sayers, R. S. (1976), *The Bank of England 1891–1944*, 2 vols. Cambridge: Cambridge University Press.
Schwartz, A. J. (1986), 'Real and pseudo financial crises', in F. Capie and G. E. Wood (eds) *Financial Crises and the World Banking System*, London: Macmillan, 11–31.
Schwartz, A. J. (1987), 'Real and Pseudo-Financial Crises', in A. J. Schwartz (ed.) *Money in Historical Perspective*, Chicago: University of Chicago Press, 271–288.
Schwartz, A. J. (1995), 'Why financial stability depends on price stability', *Economic Affairs*, 15(4): 21–25.
Seyd, E. (1868), *Bullion and Foreign Exchanges, Theoretically and Practically Considered*, London: Effingham Wilson.
Sheppard, D. K. (1971), *The Growth and Role of U.K. Financial Institutions, 1880–1962*, London: Methuen.
Shiwakoti, R. K., Ashton, J. K., et al. (2004), 'Conversion, performance and executive compensation in UK building societies', *Corporate Governance*, 12(3): 361–370.
Skidelsky, R. (1983), *John Maynard Keynes*, i: *Hopes Betrayed 1883–1920*, London: Macmillan.
Smith, G. D., and Sylla, R. (1993), 'Wall Street and the U.S. capital markets in the twentieth century', *Financial Markets, Institutions, and Instruments*, Cambridge, Massachusetts.
Solomou, S., and Weale, M. (1997), 'Personal sector wealth in the United Kingdom, 1920–56', *Review of Income and Wealth*, 43(3): 297–318.
Sonne, H. C. (1915), *The City: Its Finance July 1914 to July 1915 and Future*, London: Effingham Wilson.
Speight, G. (2000), 'Building society behaviour and the mortgage-lending market in the interwar period: Risk-taking by mutual institutions and the interwar house-building boom', DPhil thesis, University of Oxford.
Spero, J. E. (1979), *The Failure of the Franklin National Bank: Challenge to the International Banking System*, New York: Columbia University Press.

Spring-Rice, D. (1923), 'The money market since the War', *Bankers' Magazine*, 115 (March).

Straus, A. (1992), 'Structures financières et performances des entreprises industrielles en France dans la seconde moitié du XXe siècle', *Entreprises et Histoire*, 2: 19–33.

Sykes, J. (1926), *The Amalgamation Movement in English Banking, 1825–1924*, London: P. S. King & Son.

Sykes, J. (1928), *The Present Position of English Joint Stock Banking*, London: Ernest Benn Ltd.

Sykes, E. (1915), 'Some effects of the war on the London money market', *Journal of the Institute of Bankers*, 36(2).

Takeshita, T., and Ida, M. (2003), 'An empirical study of economic reporting and public opinion', Seiki ronsô (Meiji University), 72(1): 1–42 (translated from Japanese by M. Bourqui).

Taylor, J. B. (1993), 'Discretion versus policy rules in practice', Carnegie-Rochester Conference Series on Public Policy, 39: 195–214.

Temin, P. (1974), 'The Anglo-American business cycle, 1820–1860', *Economic History Review*, 27: 201–221.

Thomas, M. (1983), 'Rearmament and recovery in the late 1930s', *Economic History Review*, 36: 552–579.

Thomas, S. E. (1934), *The Rise and Growth of Joint-Stock Banking*, London: Pitman.

Thornton, H. (1802), *An Enquiry into the Nature and Effects of the Paper Credit of Great Britain*, London: Hatchard, (London: Allen and Unwin, edition with introduction by F. A. Hayek, 1939; Fairfield, NJ: Augustus M. Kelley, 1978).

Transparency International UK (2011), *Cabs for Hire? Fixing the Revolving Door between Government and Business*, London: Transparency International UK.

Treasury, H. M. and Bank of England (1980), *Green Paper on Monetary Control*, Cmnd. 7858, London: HMSO.

Treasury Select Committee (2009–2010), *Too Important to Fail—Too Important to Ignore*. House of Commons-261-II, London: The Stationery Office.

Truptil, R. J. (1936), *British Banks and the London Money Market*, London: Jonathan Cape.

Tucker, P. (2004), 'Managing the central bank's balance sheet: Where monetary policy meets financial stability', *Bank of England Quarterly Bulletin*, 44(3): 359–382.

Turner, J. D. (2009a), 'The last acre and sixpence: Views on bank liability regimes in nineteenth-century Britain', *Financial History Review*, 16: 111–128.

Turner, J. D. (2009b), 'Wider share ownership? Investors in English bank shares in the nineteenth century', *Economic History Review*, 62: 167–192.

Ugolini, S. (2010), 'The international monetary system 1844–1870: Arbitrage, efficiency, liquidity', Norges Bank Working Paper 2010/23.

Ugolini, S. (2012), 'Foreign exchange reserve management in the nineteenth century: The National Bank of Belgium in the 1850s', in A. Ögren and L. F. Øksendal (eds) *The Gold Standard Peripheries: Monetary Policy, Adjustment and Flexibility in a Global Setting*, Basingstoke: Palgrave Macmillan, 107–129.

Velde, F. R. (2007), 'John Law's System', *American Economic Review*, 97(2): 276–279.

Vickers Commission (2011), *Final Report of the Independent Commission on Banking*, London: The Stationery Office (12 September).

Viner, J. (1937), *Studies in the Theory of International Trade*, London: George Allen & Unwin.
Vogler, R. (2001), 'The genesis of Swiss banking secrecy: Political and economic environment', *Financial History Review*, 8(1): 73–84.
Waley, S. D. (1964), *Edwin Montagu*, London: Asia Publishing House.
Ward-Perkins, C. N. (1962), 'The commercial crisis of 1847', reprinted in E. M. Carus Wilson (ed.) *Essays in Economic History*, iii, London: Arnold.
Wells, H. G. (1916), *Mr Britling Sees It Through*, London: Cassell.
Wetenhall, J. (1843–1850), *Course of the Exchange*, London.
White, E. N. (1983), *The Regulation and Reform of the American Banking System, 1900–1929*, Princeton: Princeton University Press.
White, E. N. (1986), 'Before the Glass-Steagall Act: An analysis of the investment banking activities of the national banks', *Explorations in Economic History*, 23: 33–54.
White, E. N. (2000), 'Banking and finance in the twentieth century', in S. L. Engerman and R. E. Gallman (eds) *The Cambridge Economic History of the United States*, iii: *The Twentieth Century*, Cambridge: Cambridge University Press.
White, L. H. (1995), *Free Banking in Britain: Theory, Experience and Debate 1800–1845*, 2nd edition, London: Institute of Economic Affairs.
Wicker, E. (2000), *Banking Panics of the Gilded Age*, Cambridge: Cambridge University Press.
Wilson, A. (1879), *Banking Reform: An Essay on the Prominent Dangers and the Remedies They Demand*, London: Longmans, Green and Co.
Winton, A. (1993), 'Limitation of liability and the ownership structure of the firm', *Journal of Finance*, 48: 487–512.
Wirth, M. (1890), *Geschichte der Handelskrisen*, 4th edition, Frankfurt am Main: Sauerländer.
Withers, H. (1909), *The Meaning of Money*, London: Smith and Elder.
Withers, H. (1910), 'The English banking system', in R. H. I. Palgrave, E. Sykes, and R. M. Holland, *The English Banking System* (Sixty-First Congress, Second Session, Senate Document No. 492: 3–148), Washington, DC: US Government Printing Office.
Withers, H. (1915), *War and Lombard Street*, London: Smith, Elder.
Withers, H., and Palgrave, R. H. I. (1910), *National Monetary Commission: The English Banking System*, Washington, DC: Government Printing Office.
Wood, E. (1939), *English Theories of Central Banking Control 1819–1858*, Cambridge, Massachusetts: Harvard University Press.
Woodward, S. (1985), 'Limited liability in the theory of the firm', *Journal of Institutional and Theoretical Economics*, 141: 601–611.
Wormell, J. (2000), *The Management of the National Debt of the United Kingdom, 1900–1932*, London: Routledge.
Worswick, G. D. N. (1984), 'The sources of recovery in the UK in the 1930s', *National Institute Economic Review*, 110: 85–93.
Xenos, S. T. (1869), *Depredations: Or, Overend, Gurney & Co., and the Greek and Oriental Steam Navigation Company*, London: The author.
Ziegler, P. (1988), *The Sixth Great Power: Barings, 1762–1929*. London: Collins.

作者简介

加雷斯·坎贝尔(Gareth Campbell)是贝尔法斯特(Belfast)女王大学(Queen's University)的金融学讲师。他那些专门研究资产定价泡沫和金融史问题的成果已经发表在了《经济史评论》(Economic History Review)、《经济史探索》(Exploration in Economic History)、《商业史评论》(Business History Review)和《金融史评论》(Financial History Review)等学术期刊上。他目前在教公司金融与金融数学课,并且担任女王大学金融学学士课程主任。

福雷斯特·卡皮(Forrest Capie)是伦敦城市大学(City University)卡斯商学院(CASS Business School)经济史荣誉教授,曾在伦敦经济学院(London School of Economics)、华威大学(Warwick University)和利兹大学(University of Leeds)任课。他是在纽约美国统计局工作的英国人文与社会科学院海外院士,也是法国埃克斯—马赛大学(University of Aix-Marseille)和英国伦敦经济学院的客座教授,并且还在国际货币基金组织做过访问学者。福雷斯特·卡皮在货币、银行、贸易和商业政策等研究领域著述颇丰,他在1989~1992年间担任过伦敦城市大学银行与金融学系主任,1993~1999年担任过《经济史评论》杂志的主编。近几年,他完成了英格兰银行史这个委托项目(2010年剑桥大学出版社出版)。他[与G.E.伍德(G.E.Wood)合著]的最新专著是《两个世纪以来的货币》(*Money over Two Centuries*,2012年牛津大学出版社出版)。

尤瑟夫·卡西斯(Youssef Cassis)是欧洲大学研究所(European University Institute)经济史学教授,他的研究主要聚焦于银行和金融史以及更一般的商业史。他已经发表或者出版很多银行和金融史著述,包括《城市银行家:1890~1914年》(*City Bankers, 1890－1914*,1994年剑桥大学出版社出版)、《大企业:20世纪欧洲的经验》(*Big Business：Experience in the Twentieth Century*,1997年牛津大学出版社出版)、《资本之都:1780~2005年的国际金融中心史》(*Capitals of Capital：A History of International Financial Centres, 1780－2005*,2006年剑桥大学出版社出版)和《危机与机遇:现代金融的形成》(*Crises and Opportunities：Shaping of Modern Finance*,2011年剑桥大学出版社出版)。他还于1994年与其他学者一起创办了《金融史评论》杂志。

尼古拉·蒂姆斯戴尔是牛津大学女王学院(Queen's College Oxford)的经济学荣誉研究员和菲尔德学院的外籍研究员,现在已经作为大学经济学讲师和研究员退休。他的研究兴趣包括货币经济学、宏观经济学史和金融史。他的论文都在相关领域的主要学术期刊上发表,并且作为主编出版了多本专著。他曾担任《牛津经济学论文集》(*Oxford Economic Papers*)主编多年,现在仍是《牛津经济学论文集》编委会成员,并且已经成为温顿货币史研究所(Winton Institute for Monetary History)正式研究员,与安东尼·霍特森有过密切的合作,包括本书的编纂。

马克·弗朗德罗(Marc Flandreau)毕业于巴黎高等师范学院(Ecole Normale Superieure)。弗朗德罗教授于2008年加盟日内瓦高等研究所

(Institute de Hautes Etudes),并且同时在国际史学部和国际经济学部供职。他的专业领域涉及国际货币和金融体系史、银行史、白领声誉和犯罪史以及金融信息史。在加盟日内瓦高等研究所之前,他曾在位于巴黎的法国国家科学研究中心从事教学和研究工作(研究成果曾获得过该中心的奖项),2003~2008年在巴黎政治学院担任国际金融学教授。目前,他将要结束《证券交易所中的人类学家》(Anthropologists in the Stock Exchange)的撰写工作。该书重述了英国维多利亚时期科学、权力和白领犯罪之间的关系。

尼古拉·豪斯伍德(Nicolas Horsewood)是英国伯明翰大学(University of Birmingham)资深讲师,也是该校理科硕士教学部和国际关系部主任。在过去的12年里,他一直是英国皇家经济学会培训学校(Royal Economic Society's Training Schools)伯明翰地区组织者。他的研究兴趣不拘一格,已经在学术刊物上发表过30多篇论文,并且与尼古拉·蒂姆斯戴尔合作完成了多篇经济学论文。他曾在世界银行担任过咨询顾问,并且还参加过多个关于居者有其屋在欧盟国家经济中作用的欧盟资助项目。

安东尼·霍特森是英国剑桥大学金融史研究中心的助理研究员,同时又是牛津大学沃弗森学院(Wolfson College)研究人员。20世纪80年代,他曾在英格兰银行供职,随后成为市场从业者,最近在牛津大学温顿货币史研究所做研究工作,并且在那里与尼古拉·蒂姆斯戴尔有过不少合作,包括编纂本书。霍特森博士目前在教金融史课,并且与人合编了一本论述撒切尔政府和1981年度预算问题的专著。他现在还是桑克斯证券公司(Cenkos Securities plc)的非执行董事。

艾弗纳·奥弗尔(Avner Offer)是英国牛津大学奇切尔(Chichele)讲席经济学史荣誉教授和万灵学院(All Souls College)研究员。他起初专门致力于研究土地占有制和战争经济学,已经出版《财产与政治:1870~

1914年》(Property and Politics 1780~1914,1981年牛津大学出版社出版)和《第一次世界大战:一种土地视角的阐释》(The First World War: An Agrarian Interpretation,1989年牛津大学出版社出版)两本专著,另外还发表过很多文章。后来,他致力于消费和生活质量研究,并且出版了《富裕的挑战:1950年以来美国和英国的自制与幸福感》(The Challenge of Affluence: Self-control and Well-Being in the United States and Britain since 1950,2006年牛津大学出版社出版)。目前,他正在研究从社会民主到市场自由主义的转型问题,并且正在完成一本论述诺贝尔经济学奖起源和成果的著作。

理查德·罗伯茨(Richard Roberts)是英国剑桥大学国王学院当代金融史教授,也是金融机构、银行和市场发展问题专家,已经出版或者发表了很多这个领域的专著或论文,包括《施罗德家族:商人和银行家》(Schroders: Merchants and Bankers,1992年麦克米伦出版社出版)、《带上你的合伙人:俄里翁、银团银行和欧洲货币市场变迁》(Take Yours Partners: Orion, and Consortium Bank and the Transformation of the Euromarkets,2001年麦克米伦出版社出版)、《拯救伦敦城:1914年金融大危机》(Saving the City: The Great Financial Crisis of 1914,2013年牛津大学出版社出版)、《媒体与金融危机》[The Media and Financial Crisis,与史蒂夫·西弗勒斯(Steve Schifferes)合著,2014年劳特里奇(Routledge)出版社出版]和《狮子醒了:汇丰银行现代史》[The Lion Wakes: A Modern History of HSBC,与戴维·基纳斯顿(David Kynaston)合著,2015年轮廓出版公司(Profice)出版]。他还发表过很多有关国际金融中心的著述,包括与戴维·基纳斯顿合著的《城市国家:伦敦城当代史与货币如何胜出》(City State: A Contemporary History of the City of London and How Money Triumphed,2001年轮廓出版公司出版)、《华尔街》(Wall Street,《经济学家》,2002)以及《伦敦城》(The City,

《经济学家》,2008)。他还与伦敦城伦巴第街研究公司负责金融时事问题长期展望的咨询顾问一起撰写报告,最近完成了《是否任何人都能从公平生活中学到知识? 金融危机的教训和知识》(*Did Anyone Learn Anything from Equitable Life? Lessons and Learning from Financial Crises*,当代英国历史学会和国王学院,2012)。

约翰·特纳(John Turner)是贝尔法斯特女王大学金融学与金融史教授,并且是女王大学经济学史研究中心创始人和主任。他主要致力于研究银行业的长期演化和发展、银行业危机、泡沫、公司法和金融市场等问题。他还写博客(http://www.financelongrun.co.uk),内容主要集中在金融的过去、现在和未来这个问题上。他曾经兼职做过多次高级访问学者——英格兰银行霍布伦—诺曼(Houblon-Norman)基金会研究员、哈佛商学院阿尔弗雷德·D. 钱德勒(Alfred D. Chandler)基金会研究员。他最近出版了《陷入危机的银行业:1800年迄今英国银行业的稳定性起伏》(*Banking in Crisis: The Rise and Fall of British Banking Stability, 1800 to the Present*,2014年剑桥大学出版社出版)。

斯蒂法诺·乌戈利尼(Stefano Ugolini)是法国图卢兹第一大学(University of Toulouse Ⅰ)政治研究所和经济、整治和社会系统研究室(LEREPS)经济学助理教授。乌戈利尼从比萨高等师范学院(Scuola Normale Superiore di Pisa)毕业后,在巴黎政治学院获得了国际金融博士学位。他主要致力于研究货币和金融史,他的研究成果在《经济史评论》和《欧洲经济史评论》(*European Review of Economic History*)等国际经济学期刊上发表。他还向包括美联储、法兰西银行、挪威银行和卢森堡中央银行等中央银行提供经济史专业咨询服务。